www.ingramcontent.com/pod-product-compliance
Lightning Source LLC
Chambersburg PA
CBHW080631170426
43209CB00008B/1539
9781778922558

به نام خالق عشق

انتشارات بین المللی کیدزوکادو
و انتشارات پارسیان البرز
تقدیم می کنند

خسرو و شیرین

حکیم نظامی گنجه‌ای

سریال کتاب: H2525100243
عنوان: خسرو و شیرین
شاعر: حکیم الیاس نظامی گنجوی
تصحیح: حسن وحید دستگردی
ویراستاری: سید علی هاشمی
گردآوری و نسخه خوانی: مهری صفری اسکویی
صفحه‌آرایی: یاسر صالحی، محبوبه لعل‌پور
طراح جلد: زهرا بگدلی، نغمه کشاورز
ISBN/شابک: 978-1-77892-176-6
موضوع: شعر
متا دیتا: Farsi، Poem
مشخصات کتاب: گالینگور، رنگی
تعداد صفحات: 354
تاریخ نشر در کانادا: 2025May
به کوشش: سید علی هاشمی، نغمه کشاورز
انتشارات همکار: موسسه انتشارات پارسیان البرز
منتشر شده توسط: خانه انتشارات کیدزوکادو
ونکوور، کانادا

Kidsocado Publishing House

خانه انتشارات کیدزوکادو
ونکوور، کانادا
تلفن : ۸٦٥٤ ٦٢٢ ٨٣٣ ١ +
واتس آپ: ٧٢٤٨ ٢٢٢ ٢٢٦ ١+
ایمیل: info@kidsocado.com
وبسایت انتشارات: https://kidsocado.com

کسی کز عشق خالی شد، فسرده‌ست
گَرَش صد جان بوَد، بی عشق مُرده‌ست

مقدمه

داستان‌سرایان بزرگ فارسی‌زبان در قرن ششم هجری است که در شهر گنجه (امروزه در کشور آذربایجان قرار دارد) زندگی می کرده است. آن‌چنان که از آثار این شاعر مشخص است؛ گویا مادر او از ایرانیان کردنژاد و پدرش، احتمالاً از اهالی تفرش یا فراهان بوده است. با وجود این، اطلاعات دقیق بیشتری دربارهٔ زندگی این شاعر وجود ندارد.

کتاب «خسرو و شیرین» یکی از مهم‌ترین آثار عاشقانهٔ نظامی گنجوی است. این کتاب با موضوع عشق خسرو پرویز، پادشاه ساسانی به شیرین، شاهزادهٔ ارمنی سروده شده است. این کتاب، دومین مثنوی بلند نظامی و برگرفته از داستان‌های ایران باستان است. فضای عاشقانهٔ داستان در ترکیب با احوالات روحی و عاطفی شاعر، باعث شده است که این اثر، تبدیل به یکی از زیباترین آثار عاشقانهٔ ادبیّات فارسی شود.

مجموعهٔ حاضر، با هدف گسترش ارتباط ایرانیان و فارسی‌زبانان سراسر دنیا با اشعار نظامی گنجه‌ای آماده شده است. در این اثر، مثنوی عاشقانه خسرو و شیرین به شکلی زیبا و درست فراهم شده و به حضور شما خواننده گرامی تقدیم می‌شود. چاپ‌های متعدّدی از کتاب خسرو و شیرین نظامی، توسط پژوهشگران و اندیشمندان زبان و ادبیّات فارسی، منتشر و روانه بازار شده است که هر یک در جایگاه خود، حائز اهمّیّت و قدر و ارزش هستند؛ اما از آنجا که بنای ما در این کتاب بر ارائهٔ یک اثر کم‌غلط و خواندنی برای عموم مردم بوده است؛ دست از نکته‌سنجی‌های موشکافانه کشیدیم و آن را به فرصتی دیگر وانهادیم؛ ازاین‌رو کتاب حاضر را با ویرایش مناسب و بر مبنای چاپ استاد حسن وحید دستگردی از کتاب خسرو و شیرین نظامی فراهم کردیم. یکی دیگر از ویژگی‌های کتاب حاضر، رعایت علائم سجاوندی و حرکت‌گذاری متن، برای کمک به خوانش صحیح کلمات، توسط مخاطبان است. امیدواریم که این تلاش، بتواند جلوه‌گر فرهنگ عظیم ایران باشد.

شاد و سرخوش و خوش‌دل باشید.

خسرو و شیرین

فهرست مطالب

در توحید باری ۲۰

در استدلال نظر و توفیق شناخت ۲۳

در نعت رسول اکرم، صلّی‌الله علیه و سلّم ۲۷

در سابقه نظم کتاب فرماید ۲۹

در ستایش طغرل ارسلان ۳۱

ستایش اتابک اعظم، شمس‌الدین ابوجعفر، محمّدبن ایلدگز ۳۳

خطاب زمین‌بوس ۳۶

در مدح شاه مظفرالدّین قزل ارسلان ۳۹

حکایت ۴۱

در پژوهش این کتاب ۴۲

سخنی چند در عشق ۴۵

عذرانگیزی در نظم کتاب ۴۷

آغاز داستان خسرو و شیرین ۵۰

صفت بزرگ‌امید ۵۲

عشرت خسرو در مَرغزار و سیاست هرمز ۵۳

شفیع انگیختن خسرو، پیران را پیش پدر ۵۵

به خواب دیدن خسرو، نیای خویش انوشیروان را ۵۶

حکایت کردن شاپور از شیرین و شبدیز ۵۷

وصف جمال شیرین ۵۹

۹

خسرو و شیرین

صفت شبدیز	۶۱
رفتن شاپور در ارمن، به طلب شیرین	۶۲
در نژاد شبدیز	۶۴
نمودن شاپور، صورت خسرو را بار اوّل	۶۵
نمودن شاپور، صورت خسرو را بار دوم	۶۷
نمودن شاپور، صورت خسرو را بار سوم	۶۸
پیدا شدن شاپور	۷۰
گریختن شیرین از نزد مهین‌بانو به مداین	۷۷
اندام شستن شیرین، در چشمهٔ آب	۸۰
دیدن خسرو، شیرین را در چشمه‌سار	۸۱
رسیدن شیرین به مشکُوی خسرو در مداین	۸۸
ترتیب کردن کوشک برای شیرین	۹۰
رسیدن خسرو به ارمن، نزد مهین‌بانو	۹۱
مجلس بزم خسرو و بازآمدن شاپور	۹۳
آگاهی دادن شاپور، خسرو را از شیرین	۹۵
رفتن شاپور دیگر بار، به طلب شیرین	۹۸
آگاهی خسرو از مرگ پدر	۱۰۱
بر تخت نشستن خسرو به جای پدر	۱۰۳
بازآوردن شاپور، شیرین را پیش مهین‌بانو	۱۰۴
گریختن خسرو از بهرام چوبین	۱۰۵
به هم رسیدن خسرو و شیرین در شکارگاه	۱۰۷
اندرز و سوگند دادن مهین‌بانو، شیرین را	۱۰۹

چوگان باختن خسرو با شیرین	۱۱۱
صفت بهار و عیش خسرو و شیرین	۱۱۳
شیر کشتن خسرو در بزمگاه	۱۱۵
افسانه گفتن خسرو و شیرین و شاپور و دختران	۱۱۷
افسانه‌سرایی ده دختر	۱۱۹
(افسانه گفتن فرنگیس)	۱۱۹
(افسانه گفتن سهیل)	۱۲۰
(افسانه گفتن عجب‌نوش)	۱۲۰
(افسانه گفتن فلک‌ناز)	۱۲۰
(افسانه گفتن همیلا)	۱۲۰
(افسانه گفتن همایون)	۱۲۰
(افسانه گفتن سمن‌ترک)	۱۲۰
(افسانه گفتن پری‌زاد)	۱۲۱
(افسانه گفتن ختن‌خاتون)	۱۲۱
(افسانه گفتن گوهرملک)	۱۲۱
(افسانه گفتن شاپور)	۱۲۱
(افسانه گفتن شیرین)	۱۲۲
(افسانه گفتن خسرو)	۱۲۲
آزردن خسرو از شیرین و رفتن به جانب روم	۱۲۵
پاسخ دادن خسرو، شیرین را	۱۲۸
لابه کردن خسرو پیش شیرین	۱۳۱
دمیدن روز	۱۳۲

خسرو و شیرین

رفتن خسرو از پیش شیرین	۱۳۴
جنگ خسرو با بهرام و گریختن بهرام	۱۳۷
بر تخت نشستن خسرو به مدائن، بار دوم	۱۴۰
نالیدن شیرین در جدایی خسرو	۱۴۳
وصیّت کردن مهین‌بانو، شیرین را	۱۴۶
نشستن شیرین به پادشاهی	۱۴۹
آمدن شیرین به مداین	۱۵۱
آگهی خسرو از مرگ بهرام چوبین	۱۵۱
بزم‌آرایی خسرو	۱۵۶
(سی لحن باربد)	۱۵۶
اول - گنج بادآورد	۱۵۶
دوم - گنج گاو	۱۵۷
سوم - گنج سوخته	۱۵۷
چهارم - شادروان مروارید	۱۵۷
پنجم - تخت طاقدیسی	۱۵۷
ششم و هفتم - ناقوسی و اورنگی	۱۵۷
هشتم - حقّۀ کاوس	۱۵۷
نهم - ماه بر کوهان	۱۵۷
دهم – مشک‌دانه	۱۵۷
یازدهم - آرایش خورشید	۱۵۸
دوازدهم - نیمروز	۱۵۸

سیزدهم - سبز در سبز	۱۵۸
چهاردهم - قفل رومی	۱۵۸
پانزدهم - سروستان	۱۵۸
شانزدهم - سرو سهی	۱۵۸
هفدهم - نوشین‌باده	۱۵۸
هیجدهم - رامش جان	۱۵۸
نوزدهم - ناز نوروز یا ساز نوروز	۱۵۹
بیستم - مشکویه	۱۵۹
بیست و یکم - مهرگانی	۱۵۹
بیست و دوم - مروای نیک	۱۵۹
بیست و سوم - شبدیز	۱۵۹
بیست و چهارم - شب فرّخ	۱۵۹
بیست و پنجم - فرّخ‌روز	۱۵۹
بیست و ششم - غنچه کبک دری	۱۵۹
بیست و هفتم - نخجیرگان	۱۶۰
بیست و هشتم - کین سیاوش	۱۶۰
بیست و نهم - کین ایرج	۱۶۰
سی‌ام - باغ شیرین	۱۶۰
شفاعت کردن خسرو پیش مریم، از شیرین	۱۶۱
فرستادن خسرو، شاپور را به طلب شیرین	۱۶۳
عتاب کردن شیرین به شاپور	۱۶۴
آغاز عشق فرهاد	۱۷۳

آمدن شیرین به دیدن فرهاد	۱۷۷
زاری کردن فرهاد از عشق شیرین	۱۷۸
آگاهی یافتن خسرو از عشق فرهاد	۱۸۲
رأی زدن خسرو در کار فرهاد	۱۸۳
مناظرهٔ خسرو با فرهاد	۱۸۴
کوه کندن فرهاد و زاری او	۱۸۷
رفتن شیرین به کوه بیستون و سقط شدن اسب وی	۱۹۴
آگاهی خسرو از رفتن شیرین، نزد فرهاد	۱۹۶
تعزیت‌نامهٔ خسرو به شیرین از راه طنز	۲۰۱
تعزیت‌نامه شیرین به خسرو، در مرگ مریم از راه بادافراه	۲۰۶
رسیدن نامه شیرین به خسرو	۲۰۸
صفت داد و دهش خسرو	۲۱۰
به می نشستن خسرو بر تخت طاقدیسی	۲۱۰
شنیدن خسرو اوصاف شکر اسپهانی را	۲۱۳
رفتن خسرو به اصفهان در تمنّای شکر	۲۱۵
تفحّص خسرو در کار شکر و خواستاری او	۲۱۹
تنها ماندن شیرین و زاری کردن وی	۲۲۲
ستایش صبحگاه	۲۲۵
نیایش کردن شیرین با یزدان پاک	۲۲۵
رفتن خسرو سوی قصر شیرین، به بهانه شکار	۲۲۷
دیدن خسرو، شیرین را و سخن گفتن با شیرین	۲۳۳
پاسخ دادن شیرین، خسرو را	۲۳۴

خسرو و شیرین

پاسخ دادن خسرو، شیرین را	۲۳۷
پاسخ دادن شیرین، خسرو را	۲۴۰
پاسخ شیرین، خسرو را	۲۴۳
پاسخ دادن شیرین به خسرو	۲۴۵
پاسخ دادن خسرو، شیرین را	۲۴۹
پاسخ دادن شیرین، خسرو را	۲۵۲
پاسخ خسرو، شیرین را	۲۵۶
پاسخ دادن شیرین، خسرو را	۲۵۹
بازگشتن خسرو از قصر شیرین	۲۶۲
پشیمان شدن شیرین از رفتن خسرو	۲۶۷
خواب دیدن خسرو و تعبیر شاپور	۲۶۹
مجلس آراستن خسرو در شکارگاه	۲۷۰
غزل گفتن نکیسا از زبان شیرین	۲۷۳
سرود گفتن باربد از زبان خسرو	۲۷۵
سرود گفتن نکیسا از زبان شیرین	۲۷۶
سرود گفتن باربد از زبان خسرو	۲۷۸
سرود گفتن نکیسا از زبان شیرین	۲۸۰
غزل گفتن باربد از زبان خسرو	۲۸۲
سرود گفتن نکیسا از زبان شیرین	۲۸۳
سرود گفتن باربد از زبان خسرو	۲۸۵
بیرون آمدن شیرین از خرگاه	۲۸۸
آوردن خسرو، شیرین را از قصر به مدائن	۲۹۱

خسرو و شیرین

زفاف خسرو و شیرین	۲۹۳
اندرز شیرین خسرو را در داد و دانش	۳۰۱
سؤال و جواب خسرو با بزرگ‌امید	۳۰۳
اوّلین جنبش	۳۰۳
چگونگی فلک	۳۰۳
اجرام کواکب	۳۰۴
مبدأ و معاد	۳۰۴
گذشتن از جهان	۳۰۴
در بقای جان	۳۰۵
در چگونگی دیدار کالبد در خواب	۳۰۵
در یاد کردن دوره زندگی پس از مرگ	۳۰۵
چگونگی زمین و هوا	۳۰۶
در پاس تندرستی از راه اعتدال	۳۰۶
چگونگی رفتن جان از جسم	۳۰۷
تمثیل موبد اوّل	۳۰۷
تمثیل موبد دوم	۳۰۷
تمثیل موبد سوم	۳۰۷
تمثیل موبد چهارم	۳۰۸
در نبوّت پیغمبر اکرم	۳۰۸
گفتن چهل قصّه از کلیله و دمنه با چهل نکته	۳۰۹
۱- گاو شتربه و شیر	۳۰۹
۲- نجّاری بوزینه	۳۰۹

3- روباه و طبل	309
4- زاهد ممسک خرقه به دزد باخته	309
5- زاغ و مار	310
6- مرغ ماهی‌خوار و خرچنگ	310
7- خرگوش و شیر	310
8- سه ماهی و رستن یکی از شست	310
9- سازش شغال و گرگ و زاغ بر کشتن شتر	310
10- طیطوی با موج دریا	310
11- بط و سنگ‌پشت	310
12- مرغ و کپّی و کرم شب‌تاب	310
13- بازرگان دانا و بازرگان نادان	311
14- غوک و مار و راسو	311
15- موش آهن‌خوار و بازِ کودک‌بر	311
16- زن نقّاش چادرسوز	311
17- طبیب نادان که دارو را با زهر آمیخت	311
18- کبوتر مطوّقه و رهانیدن کبوتران از دام	311
19- هم‌عهدی زاغ و موش و آهو و سنگ‌پشت	311
20- موش و زاهد و یافتن زر	311
21- گرگی که از خوردن زه کمان جان داد	312
22- زاغ و بوم	312
23- راندن خرگوش، پیلان را از چشمۀ آب	312
24- گربۀ روزه‌دار با دُرّاج و خرگوش	312

۲۵- ربودن دزد، گوسفند زاهد را به نام سگ	۳۱۲
۲۶- شوهر و زن دزد	۳۱۲
۲۷- دیو و دزد و زاهد	۳۱۲
۲۸- زن و نجّار و پدرزن	۳۱۲
۲۹- برگزیدن دختر موش، نژاد موش را	۳۱۳
۳۰- بوزینه و سنگ‌پشت	۳۱۳
۳۱- فریفتن روباه، خر را و به شیر سپردن	۳۱۳
۳۲- زاهد نسیه‌اندیش و کوزۀ شهد و روغن	۳۱۳
۳۳- کشتن زاهد راسوی امین را	۳۱۳
۳۴- کشتن کبوتر نر، کبوتر ماده را	۳۱۳
۳۵- بریدن موش دام گربه را	۳۱۳
۳۶- قُبّره با شاه و شاهزاده	۳۱۳
۳۷- شغال زاهد و سعایت جانوران پیش شیر	۳۱۴
۳۸- سیّاح و زرگر و مار	۳۱۴
۳۹- چهار بچۀ بازرگان و بزرگر و شاهزاده و توانگر	۳۱۴
۴۰- رفتن شیر به شکار و شکار شدن بچّه‌های او	۳۱۴
حکمت و اندرزسرایی حکیم نظامی	۳۱۴
صفت شیرویه و انجام کار خسرو	۳۱۵
نشستن خسرو به آتش‌خانه	۳۱۷
کشتن شیرویه خسرو را	۳۲۰
تمثیل	۳۲۱
بیدار شدن شیرین	۳۲۲

خواستگاری شیرویه شیرین را	۳۲۲
جان دادن شیرین در دخمه خسرو	۳۲۳
نکوهش جهان	۳۲۶
در موعظه	۳۲۸
نتیجه افسانه خسرو و شیرین	۳۳۰
در نصیحت فرزند خود، محمّد، گوید	۳۳۰
در خواب دیدن خسرو، پیغمبر اکرم را	۳۳۱
نامه نبشتن پیغمبر به خسرو	۳۳۴
معراج پیغمبر	۳۳۸
اندرز و ختم کتاب	۳۴۰
نکوهش حسودان	۳۴۴
طلب کردن طغرل‌شاه حکیم نظامی را	۳۴۶
تأسّف بر مرگ شمس‌الدّین محمّد جهان‌پهلوان	۳۵۳

خداوندا درِ توفیق بگشای / نظامی را ره تحقیق بنمای
دلی ده کاو یقینت را بشاید / زبانی کآفرینت را سراید
مده ناخوب را بر خاطرم راه / بدار از ناپسندم دست کوتاه
درونم را به نور خود برافروز / زبانم را ثنای خود درآموز
به داوودی دلم را تازه گردان / زبورم را بلندآوازهٔ گردان
عروسی را که پروردم به جانش / مبارک‌روی گردان در جهانش
چنان کز خواندنش فرّخ شود رای / ز مشک افشاندنش خَلُّخ شود جای
سوادش دیده را پُرنور دارد / سماعش مغز را معمور دارد
مفرّح‌نامهٔ دل‌هاش خوانند / کلید بند مشکل‌هاش دانند
معانی را بدو دِه سربلندی / سعادت را بدو کن نقش‌بندی
به چشم شاه شیرین کن جمالش / که خود بر نام شیرین است فالش
نسیمی از عنایت یار او کن / ز فِیضت قطره‌ای در کار او کن
چو فیّاض عنایت کرد یاری / بیار ای کان معنی، تا چه داری

در توحید باری

به نام آن که هستی نام از او یافت / فلک جنبش، زمین آرام از او یافت
خدایی کآفرینش در سجودش / گواهی مطلق آمد بر وجودش
تعالی‌الله یکی بی‌مثل‌ومانند / که خوانندش خداوندان خداوند
فلک‌برپای‌دار و انجم‌افروز / خرد را بی‌میانجی حکمت‌آموز

جواهربخش فکرت‌های باریک	به روز آرندهٔ شب‌های تاریک
غم و شادی نگار و بیم و امّید	شب و روز آفرین و ماه و خورشید
نگه‌دارندهٔ بالا و پستی	گوا بر هستیِ او جمله هستی
وجودش بر همه موجود قاهر	نشانش بر همه بیننده ظاهر
کواکب را به قدرت کارفرمای	طبایع را به صنعت گوهرآرای
مراد دیدهٔ باریک‌بینان	انیس خاطر خلوت‌نشینان
خداوندی که چون نامش بخوانی	نیابی در جوابش «لَن تَرانی»
نیاید پادشاهی زوت بهتر	وُرا کن بندگی، هم اوت بهتر
وَرای هرچه در گیتی اساسی است	برون از هرچه در فکرت قیاسی است
به جست‌وجوی او بر بام افلاک	دریده وهم را نعلینِ ادراک
خرد در جُستنش هشیار برخاست	چو دانستش، نمی‌داند چپ از راست
شناساییش بر کس نیست دشوار	ولیکن هم به حیرت می‌کِشد کار
نظر دیدش چو نقش خویش برداشت	پس آن‌گاهی حجاب از پیش برداشت
مُبرّا حکمش از زودی و دیری	منزّه ذاتش از بالا و زیری
حروف کائنات اَر بازجویی	همه در توست و تو در لوح اویی
چو گل صدپاره کن خود را در این باغ	که نتوان تندرست آمد بدین داغ
تو زآنجا آمدی کاینجا دویدی	از اینجا درگذر کآنجا رسیدی
ترازوی همه ایزدشناسی	چه باشد جز دلیلی یا قیاسی؟
قیاس عقل تا آنجاست بر کار	که صانع را دلیل آید پدیدار

۲۱

مَدِه اندیشه را زین پیش‌تر راه
که یا کوه آیدت در پیش یا چاه

چو دانستی که معبودی تو را هست
بدار از جست‌وجوی چون و چه دست

ز هر شمعی که جویی روشنایی
به وحدانیّتش یابی گوایی

گه از خاکی چو گل رنگی برآرد
گه از آبی چو ما نقشی نگارد

خرد بخشید تا او را شناسیم
بصارت داد تا هم زو هراسیم

فکند از هیئت نُه حرف افلاک
رقوم هندسی بر تختهٔ خاک

نبات روح را آب از جگر داد
چراغ عقل را پیه از بصر داد

جهت را شش گریبان در سر افکند
زمین را چار گوهر در برافکند

چنان کرد آفرینش را به آغاز
که پی بردن نداند کس بدان راز

چنانش در نَوَرد آرد سرانجام
که نتواند زدن فکرت در آن گام

نشاید بازجست از خود خدایی
خدایی برتر است از کدخدایی

بفرساید همه فرسودنی‌ها
هم او قادر بوَد بر بودنی‌ها

چو بخشاینده و بخشندهٔ جود
نخستین مایه‌ها را کرد موجود

به هر مایه نشانی داد از اخلاص
که او را در عمل کاری بوَد خاص

یکی را داد بخشش تا رساند
یکی را کرد مُمسِک تا ستاند

نه بخشنده خبر دارد ز دادن
نه آنکس کو پذیرفت از نهادن

نه آتش را خبر کاو هست سوزان
نه آب آگه که هست از جان‌فروزان

خداوندیش با کس مشترک نیست
همه حمّال فرمان‌اند و شک نیست

که را زَهره ز حمّالان راهش
که تخلیطی کند در بارگاهش؟

بسنجد خاک و مویی برندارد
بیارد باد و بویی برندارد

زهی قدرت که در حیرت فزودن
چنین ترتیب‌ها داند نمودن

در استدلال نظر و توفیق شناخت

خبر داری که سیّاحان افلاک
چرا گردند گِرد مرکز خاک؟

در این محرابگه معبودشان کیست؟
و زین آمدشدن مقصودشان چیست؟

چه می‌خواهند از این محمل کشیدن؟
چه می‌جویند از این منزل بریدن؟

چرا این ثابت است، آن مُنقَلب نام؟
که گفت این را بجنب آن را بیارام؟

قبا بسته چو گل در تازه‌رویی
پرستش را کمر بستند گویی

مرا حیرت بر آن آورد صدبار
که بندم در چنین بتخانه زُنّار

ولی چون کرد حیرت تیزگامی
عنایت بانگ برزد کای نظامی

مشو فتنه بر این بت‌ها که هستند
که این بت‌ها نه خود را می‌پرستند

همه هستند سرگردان چو پرگار
پدیدآرندهٔ خود را طلبکار

تو نیز آخر هم از دست بلندی
چرا بتخانه‌ای را در نبندی؟

چو ابراهیم با بت عشق می‌باز
ولی بتخانه را از بت بپرداز

نظر بر بت نَهی صورت‌پرستی
قدم بر بت نَهی رفتی و رَستی

نمودار که از مَه تا به ماهی‌ست
طلسمی بر سر گنج الهی‌ست

طلسم بسته را با رنج یابی
چو بگشایی به زیرش گنج یابی

طبایع را یکایک میل درکش
بدین خوبی خرد را نیل درکش

مبین در نقش گردون کآن خیال است
گشودن بند این مشکل محال است

خسرو و شیرین

مـرا بـر سِـرّ گـردون رهـبری نیست / جز آن کاین نقش دانم سرسری نیست
اگـر دانستنی بـودی خـود ایـن راز / یـکی زیـن نـقش‌ها دردادی آواز
از ایـن گـردنـده گـنبدهای پـرنور / به‌جز گردش چه شاید دیدن از دور؟
درست آن شد که این گردش به کاری‌ست / در ایـن گـردندگی هـم اختیاری‌ست
بـلی در طبع هـر دانـنده‌ای هست / کـه بـا گـردنـده گـردانـنده‌ای هست
از آن چـرخـه کـه گـردانَـد زن پیر / قـیاس چـرخ گـردنـده هـمان گیر
اگـرچـه از خـلـل یـابـی درسـتش / نـگـردد تـا نـگـردانـی نخستش
چـو گـردانـد وُرا دسـت خـردمـند / بـدان گـردش بـمانـد ساعـتی چند
هَمیدون دور گـردون زین قیاس است / شناسد هرکه او گـردون‌شناس است
اگـر نـارَد نـمـودار خـدایـی / در اُصـطُـرلاب فـکـرت روشـنـایی
نـه ز ابـرو جَـسـتن آیـد نـامـهٔ نو / نـه از آثـار نـاخـن جـامـهٔ نو
بـدو جـویـی، بـیابـی از شَـبَـه نـور / نیابی چون نه زو جویی، ز مَه نور
ز هـر نـقشی کـه بـنمود او جمالی / گـرفـتـند اخـتـران زآن نـقش فالی
یـکی ده دانـه جـو، مـحراب کـرده / یـکی سنگی دو، اصـطـرلاب کـرده
ز گـردش‌هـای ایـن چـرخ سـبک‌رو / هـمـان آیـد کـزآن سـنگ و از آن جو
مـگـو ز ارکـان پـدیـد آیـنـد مـردم / چـنـان کـاَرکـان پـدیـد آیند از انجم
کـه قـدرت را حـوالـت کـرده بـاشـی / حـوالـت را بـه آلـت کـرده بـاشـی
اگـر تـکـویـن بـه آلـت شـد حـوالـت / چـه آلـت بـود در تـکـویـن آلـت؟
اگـرچـه آب و خـاک و بـاد و آتـش / کـنـنـد آمـدشـدی بـا یـکدگـر خـوش

همی تا زو خط فرمان نیاید
به شخص هیچ پیکر جان نیاید

نه هر ایزدپرست، ایزد پرستد
چو خود را قبله سازد، خود پرستد

ز خود برگشتن است ایزدپرستی
ندارد روز با شب همنشستی

خدا از عابدان آن را گزیند
که در راه خدا خود را نبیند

نظامی جام وصل آنگه کنی نوش
که بر یادش کنی خود را فراموش

آمرزش خواستن

خدایا چون گِلِ ما را سرشتی
وثیقت‌نامه‌ای بر ما نوشتی

به ما بر خدمت خود عرض کردی
جزای آن به خود بر فرض کردی

چو ما با ضعف خود در بند آنیم
که بگزاریم خدمت تا توانیم

تو با چندان عنایت‌ها که داری
ضعیفان را کجا ضایع گذاری

بدین امیدهای شاخ در شاخ
کَرم‌های تو ما را کرد گستاخ

وگرنه ما کدامین خاک باشیم
که از دیوار تو رنگی تراشیم

خلاصی ده که روی از خود بتابیم
به خدمت کردنت توفیق یابیم

ز ما خود خدمتی شایسته ناید
که شادُروان عزّت را بشاید

ولی چون بندگی‌مان گوشه‌گیر است
ز خدمت بندگان را ناگزیر است

اگر خواهی به ما خط درکشیدن
ز فرمانت که یارَد سرکشیدن؟

وگر گردی ز مشتی خاک خشنود
تو را نبوَد زیان، ما را بوَد سود

در آن ساعت که ما مانیم و هویی
ز بخشایش فرومگذار مویی

بیامرز از عطای خویش ما را
کرامت کن لقای خویش ما را

من آن خاکم که مغزم دانهٔ توست
بدین شمعی، دلم پروانهٔ توست

تویی کاوّل ز خاکم آفریدی / به فضلم ز آفرینش برگزیدی
چو روی افروختی، چشمم برافروز / چو نعمت دادی‌ام، شکرم درآموز
به‌سختی، صبر ده، تا پای دارم / در آسانی مکن فرموشکارم
شناسا کن به حکمت‌های خویشم / برافکن بُرقَعِ غفلت ز پیشم
هدایت را ز من پرواز مَستان / چو اوّل دادی آخر بازمَستان
به تقصیری که از حد بیش کردم / خجالت را شفیع خویش کردم
به هر سَهوی که در گفتارم افتد / قلم درکش کزین بسیارم افتد
رهی دارم به هفتاد و دو هنجار / از آن یک ره گل و هفتاد و دو خار
عقیده‌م را در آن ره کش عماری / که هست آن راه، راه رستگاری
تو را جویم ز هر نقشی که دانم / تو مقصودی ز هر حرفی که خوانم
ز سرگردانی توست اینکه پیوست / به هر نااهل و اهلی می‌زنم دست
به عزم خدمتت برداشتم پای / گر از ره یاوه گشتم، راه بنمای
نیت بر کعبه آورده‌ست جانم / اگر در بادیه میرَم ندانم
به هر نیک و بدی کاندر میانه‌ست / کَرم بر توست و آن دیگر بهانه‌ست
یکی را پای بشکستی و خواندی / یکی را بال و پر دادی و راندی
ندانم تا منِ مسکین کدامم / ز محرومان و مقبولان چه نامم
اگر دین دارم وگر بت‌پرستم / بیامرزم به هر نوعی که هستم
به فضل خویش کن فضلی مرا یار / به عدل خود مکن با فعل من کار
ندارد فعل من آن زور بازو / که با عدل تو باشد همترازو
بلی از فعل من فضل تو بیش است / اگر بنوازی‌ام بر جای خویش است

به خدمت خاص کن خرسندی‌ام را
به کس مگذار حاجتمندی‌ام را

چنان دارم که در نابود و در بود
چنان باشم کزو باشی تو خشنود

فراغم ده ز کار این جهانی
چو افتد کار با تو، خود تو دانی

منه بیش از کشش تیمار بر من
به قدر زور من، نِه بار بر من

چراغم را ز فیض خویش دِه نور
سرم را زآستان خود مکن دور

دل مست مرا هشیار گردان
ز خواب غفلتم بیدار گردان

چنان خُسبان چو آید وقت خوابم
که گر ریزد گِلم مانند گلابم

زبانم را چنان ران بر شهادت
که باشد ختم کارم بر سعادت

تنم را در قناعت زنده‌دل دار
مزاجم را به طاعت معتدل دار

چو حکمی رانْد خواهی یا قضایی
به تسلیم، آفرین در من رضایی

دماغ دردمندم را دوا کن
دواش از خاک پای مصطفی کن

در نعت رسول اکرم، صلّی‌الله علیه و سلّم

محمد کآفرینش هست خاکش
هزاران آفرین بر جان پاکش

چراغ‌افروزِ چشمِ اهلِ بینِش
طِراز کارگاه آفرینش

سر و سرهنگْ میدانِ وفا را
سپه‌سالار و سرخیلْ انبیا را

مرقّع برکشِ نرمادِه‌ای چند
شفاعت‌خواهِ کارافتاده‌ای چند

ریاحین‌بخشِ باغ صبحگاهی
کلید مخزن گنج الهی

یتیمان را نوازش در نسیمش
از آنجا نام شد دُرِّ یتیمش

به معنی، کیمیای خاک آدم / به صورت توتیای چشم عالم
سرای شرع را چون چار حد بست / بنا بر چار دیوار ابد بست
ز شرع خود نبوّت را نوی داد / خرد را در پناهش پیروی داد
اساس شرع او ختم جهان است / شریعت‌ها بدو منسوخ از آن است
جوان‌مردی رحیم و تند چون شیر / زبانش گه کلید و گاه شمشیر
اَیازی خاص و از خاصان گزیده / ز مسعودی به محمودی رسیده
خدایش تیغ نصرت داده در چنگ / کز آهن نقش داند بست بر سنگ
به معجز بدگمانان را خجل کرد / جهانی سنگ‌دل را تنگ‌دل کرد
چو گل بر آبروی دوستان شاد / چو سرو از آبخورد عالم آزاد
فلک را داده سَروَش سبزپوشی / عمامه‌ش باد را عنبرفروشی
زده در موکب سلطان سوارش / به نوبت پنج نوبت چار یارش
سریر عرش را نعلین او تاج / امین وحی و صاحب‌سِرِّ معراج
ز چاهی برده مهدی را به انجم / ز خاکی کرده دیوی را به مردم
خلیل از خیلتاشان سپاهش / کلیم از چاوشان بارگاهش
به رنج و راحتش در کوه و غاری / حرم ماری و محرم سوسماری
گهی دندان به دست سنگ داده / گهی لب بر سرِ سنگی نهاده
لب و دندانْش از آن در سنگ زد چنگ / که دارد لعل و گوهر جای در سنگ
سر دندان‌کَنَش را زیر چنبر / فلک دندان‌کُنان آورده بر در
بصر در خواب و دل در استقامت / زبانش اُمّتی گو تا قیامت
من آن تشنه‌لبِ غمناکِ اویم / که او آب من و من خاک اویم

به خدمت کرده‌ام بسیار تقصیر
چه تدبیر ای نبی‌الله؟ چه تدبیر؟

کنم درخواستی زآن روضهٔ پاک
که یک خواهش کنی در کار این خاک

برآری دست از آن بُردِ یمانی
نمایی دست‌برد آنگه که دانی

کِالهی بر نظامی کار بگشای
ز نفس کافرش زنّار بگشای

دلش در مخزن آسایش آور
بر آن بخشودنی بخشایش آور

اگرچه جرم او کوه گران است
تو را دریای رحمت بی‌کران است

بیامرزش روان‌آمرزی آخر
خدای رایگان‌آمرزی آخر

در سابقه نظم کتاب فرماید

چو طالع موکب دولت روان کرد
سعادت روی در روی جهان کرد

خلیفت‌وار نور صبحگاهی
جهان بستد سپیدی از سیاهی

فلک را چَتر بُد، سلطان ببایست
که الحق چتر بی‌سلطان نشایست

درآوردند مرغانِ دُهُل‌ساز
سحرگه پنج نوبت را به آواز

بدین تخت روان با جام جمشید
به سلطانی برآمد نام خورشید

ز دولت‌خانهٔ این هفت فَغفور
سخن را تازه‌تر کردند منشور

طُغان‌شاهِ سخن بر مُلک شد چیر
قراخانِ قلم را داد شمشیر

بدین شمشیر هر کاو کار کم کرد
قلم شمشیر شد، دستش قلم کرد

من از ناخُفتن شب مست مانده
چو شمشیری قلم در دست مانده

بدین دل کز کدامین در درآیم؟
کدامین گنج را سر برگشایم؟

چه طرز آرَم که ارز آرد زبان را؟
چه برگیرم که درگیرد جهان را؟

خسرو و شیرین

درآمد دولت از در شاد در روی
هزارم بوسهٔ خوش داد بر روی

که کار آمد برون از قالب تنگ
کلیدت را گشادند آهن از سنگ

چنین فرمود شاهنشاهِ عالم
که عشقی نو برآر از راه عالم

که صاحب‌حالتان یک‌باره مردند
ز بی‌سوزی همه چون یخ فسردند

فلک را از سرِ خنجر زبانی
تراشیدی ز سر موی معانی

عطارد را قلم مِسمار کردی
پرند زهره بر تن خار کردی

چو عیسی روح را درسی درآموز
چو موسی عشق را شمعی برافروز

ز تو پیروزه بر خاتم نهادن
ز ما مُهر سلیمانی گشادن

گرت خواهیم کردن حق‌شناسی
نخواهی کردن آخر ناسپاسی

وگر با تو دمِ ناساز گیریم
چو فردوسی ز مزدت بازگیریم

توانی مُهر یخ بر زر نهادن
فُقاعی را توانی سر گشادن

دلم چون دید دولت را هم‌آواز
ز دولت کرد بر دولت یکی ناز

وگر چون مقبلان دولت‌پرستی
طمع را میل درکش بازرَستی

که وقت یاری آمد یاری‌ای کن
در این خون خوردنم غمخواری‌ای کن

ز من فربه‌تران کاین جنس گفتند
به بازوی ملوک این لعل سُفتند

به دولت داشتند اندیشه را پاس
نشاید لعل سُفتن جز به الماس

سخن‌هایی ز رفعت تا ثریّا
به اسباب مهیّا، شد مهیّا

منم روی از جهان در گوشه کرده
کفی پستِ جوین ره‌توشه کرده

چو ماری بر سر گنجی نشسته
ز شب تا شب به گردی روزه بسته

چو زنبوری که دارد خانهٔ تنگ
در آن خانه بود حلوای صد رنگ

به فَرِّ شَه که روزی‌ریز شاخ است
کَرَم گر تنگ شد، روزی فراخ است

چو خواهم مرغم از روزن درآید
زمین بشکافد و ماهی برآید

از آن دولت که باد اعداش بر هیچ
به همّت یاری‌ای خواهم دگر هیچ

بسا کارا که شد روشن‌تر از ماه
به همّت خاصه همّت، همّتِ شاه

گر از دنیا وجوهی نیست در دست
قناعت را سعادت باد، کآن هست

در ستایش طغرل ارسلان

چون سلطان جوان شاه جوان‌بخت
که برخوردار باد از تاج و از تخت

سریر افروز اقلیمِ معانی
ولایت‌گیر مُلک زندگانی

پناهِ مُلک شاهنشاه طغرل
خداوند جهان سلطان عادل

ملک طغرل که دارای وجود است
سپهر دولت و دریای جود است

به سلطانی به تاج و تخت پیوست
به جای ارسلان بر تخت بنشست

من این گنجینه را درمی‌گشادم
بنای این عمارت می‌نهادم

مبارک بود طالع نقش بستم
فلک گفتا مبارک باد و هستم

بدین طالع که هست این نقش را فال
مرا چون نقش خود نیکو کند حال

چو نقش از طالع سلطان نماید
چو سلطان گر جهان‌گیرست شاید

ازین پیکر که معشوق دل آمد
به کم‌مدّت فراغت حاصل آمد

درنگ از بهر آن افتاد در راه
که تا از شغل‌ها فارغ شود شاه

حَبَش را زلف بر طَمغاج بندد / طراز شوشتر در چاج بندد
به بازِ چتر عنقا را بگیرد / به تاجِ زر ثریا را بگیرد
شکوهش چتر بر گردون رساند / سمندش کوه از جیحون جهاند
به فتح هفت کشور سر برآرد / سر نُه چرخ را در چنبر آرد
گهش خاقان خراج چین فرستد / گهش قیصر گَزیت دین فرستد
بحمدالله که با قدر بلندش / کمالی درنیابد جز سپندش
من از شفقت سپند مادرانه / به دود صبحدم کردم روانه
به شرط آنکه گر بویی دهد خوش / نهد بر نام من نعلی بر آتش
بدان لفظ بلند گوهرافشان / که جانِ عالم است و عالمِ جان
اتابک را بگوید کِای جهان‌گیر / نظامی وآنگهی صدگونه تقصیر؟
نیامد وقت آن کاو را نوازیم؟ / ز کار افتاده‌ای را کار سازیم؟
به چشمی، چشم این غمگین گشاییم؟ / به ابروییش از ابرو، چین گشاییم؟
ز ملک ما که دولت راست بنیاد / چه باشد گر خرابی گردد آباد؟
چنین گوینده‌ای، در گوشه تا کی؟ / سخن‌دانی چنین، بی‌توشه تا کی؟
از آن شد خانهٔ خورشید معمور / که تاریکان عالم را دهد نور
سخای ابر از آن آمد جهان‌گیر / که در طفلی گیاهی را دهد شیر
کنون عمری‌ست کاین مرغ سخن‌سنج / به شکر نعمت ما می‌برد رنج
نخورده جامی از میخانهٔ ما / کند از شکرها شکرانهٔ ما
شفیعی چون من و چون او غلامی / چو تو کیخسروی کمتر ز جامی
نظامی چیست این گستاخ‌رویی / که با دولت کنی گستاخ‌گویی؟

خداوندی که چون خاقان و فغفور
به صد حاجت، دری بوسندش از دور
چه عذر آری تو ای خاکی‌تر از خاک
که گویایی در این خطِّ خطرناک؟
یکی عذر است کاو در پادشاهی
صفت دارد ز درگاه الهی
بدان در هرکه بالاتر، فروتر
کسی کافکنده‌تر، گستاخ‌روتر
نبینی برق، کآهن را بسوزد
چراغ پیره‌زن چون برفروزد؟
همان دریا که موجش سهمناک است
گلی را باغ و باغی را هلاک است
سلیمان است شه با او در این راه
گهی ماهی سخن گوید، گهی ماه
دبیران را به آتشگاه سبّاک
گهی زر در حساب آید، گهی خاک
خدایا تا جهان را آب و رنگ است
فلک را دور و گیتی را درنگ است
جهان را خاص این صاحبقران کن
فلک را یار این گیتی‌ستان کن
مُمَتِّع دارش از بخت و جوانی
ز هر چیزش فزون ده زندگانی
مبادا دولت از نزدیک او دور
مبادا تاج را بی‌فرق او نور
فراخی باد از اقبالش جهان را
ز چترش سربلندی آسمان را
مقیم جاودانی باد جانش
حریم زندگانی آستانش

ستایش اتابک اعظم، شمس‌الدین ابوجعفر، محمّدبن ایلدگز

به فرّخ‌فالی و فیروزمندی
سخن را دادم از دولت بلندی
طراز آفرین بستم قلم را
زدم بر نام شاهنشه رقم را
سر و سرخیلِ شاهان، شاه آفاق
چو ابرو با سری هم جفت و هم طاق

ملک اعظم، اتابک، داورِ دَور
که افکند از جهان آوازهٔ جور

ابوجعفر محمد کز سرِ جود
خراسان‌گیر خواهد شد چو محمود

جهان‌گیر آفتاب عالم‌افروز
به هر بقعه قِران‌ساز و قرین‌سوز

دلیل آن کآفتاب خاص و عام است
که شمس‌الدّین و الدّنیاش نام است

چنان‌چون شمس کانجم را دهد نور
دهد ما را سعادت چشم بد دور

در آن بخشش که رحمت عام کردند
دو صاحب را محمد نام کردند

یکی ختم نبوت گشته ذاتش
یکی ختم ممالک بر حیاتش

یکی برج عرب را تا ابد ماه
یکی ملک عجم را از ازل شاه

یکی دین را ز ظلم آزاد کرده
یکی دنیا به عدل آباد کرده

زهی نامی که کرد از چشمهٔ نوش
دو عالم را دو میمش حلقه در گوش

ز رشک نام او عالم دو نیم است
که عالم را یکی، او را دو میم است

به ترکان نِه قلم بی‌نسخ تاراج
یکی میمش کمر بخشد، یکی تاج

به نور تاج‌بخشی چون درخش است
بدین تأیید نامش تاج‌بخش است

چو طوفی سوی جود آرد وجودش
ز جودی بگذرد طوفان جودش

فلک با او که را گوید که برخیز؟
که هست این قایم‌افکن، قایم‌آویز

محیط از شرم جودش زیر افلاک
جبین‌واری عرق شد بر سر خاک

چو دریا دُر دهد، بی‌تلخ‌رویی
گهر بخشد چو کان، بی‌تنگ‌خویی

به بارش تیغ او چون آهنین میغ
کلید هفت کشور نام آن تیغ

جهت شش طاق او بر دوش دارد
فلک نُه حلقه هم در گوش دارد

جهان چون مادران گشته مطیعش
به نام عدل زاده چون ربیعش

خبرهایی که بیرون از اثیر است
به کشف خاطر او در ضمیر است
کدامین علم کاو در دل ندارد؟
کدام اقبال کاو حاصل ندارد؟
به سرپنجه چو شیرانِ دلیر است
بدین شیرافکنی یارب چه شیر است؟
نه با شیری کسی را رنجه دارد
نه از شیران کسی همپنجه دارد
سنانُش از موی، باریکی سترده
ز چشم موی‌بینان، موی برده
ز هر مِقراضه کاو چون صبح رانده
عدو چون میخ در مقراض مانده
ز هر شمشیر کاو چون صبح جسته
مخالف چون شفق در خون نشسته
سمندش در شتاب آهنگ بیشی
فلک را هفت میدان داده پیشی
زمین زیر عنانش گاوْریش است
اگرچه هم‌عنان گاومیش است
کُلَه بر چرخ دارد فرق بر ماه
کله‌داری چنین باید زهی شاه
همه عالم گرفت از نیک‌رایی
چنین باشد بلی ظِلِّ خدایی
سیاهی و سپیدی هرچه هستند
گذشت از کردگار، او را پرستند
زره‌پوشان دریای شکن‌گیر
به فرق دشمنش پوینده چون تیر
طرفداران کوه آهنین چنگ
به رَجم حاسدش برداشته سنگ
گلوی خصم وی سنگین‌درای است
چو مغناطیس از آن آهن‌ربای است
نشد غافل ز خصم، آگاهی این است
نخسبد، شرط شاهنشاهی این است
اتابک ایلدگز شاهِ جهان‌گیر
که زد بر هفت کشور چار تکبیر
دو عالم را بدین یک جان سپرده‌ست
چو جانش هست، نتوان گفت مرده‌ست
جهان زنده بدین صاحبقران است
در این شک نیست، کاو جان جهان است
جز این یک سر ندارد شخص عالم
مبادا کز سرش مویی شود کم

کس از مادر بدین دولت نزاده‌ست
حبش تا چین بدین دولت گشاده‌ست

فکنده در عراق او باده در جام
فتاده هیبتش در روم و در شام

صلیب زنگ را بر تارک روم
به دندان ظفر خاییده چون موم

سپاه روم را کز ترک شد پیش
به هندی تیغ، کرده هندوی خویش

شکارستان او اَبخاز و دربند
شبیخونش به خوارزم و سمرقند

ز گنجه، فتح خوزستان که کرده است؟
ز عمان تا به اصفاهان که خورده است؟

ممیراد این فروغ از روی این ماه
میفتاد این کلاه از فرق این شاه

هر آن چیزی که او را نیست مقصود
به آتش سوخته، گر هست خود عود

هر آن‌کس کز جهان با او زند سر
در آب افتاد اگر خود هست شکّر

هر آن شخصی که او را هست از او رنج
به زیر خاک باد ار خود بوَد گنج

خطاب زمین‌بوس

زهی دارندۀ اورنگ شاهی
حوالتگاه تأیید الهی

پناه سلطنت، پشت خلافت
ز تیغت تا عدم، مویی مسافت

فریدون دوم، جمشید ثانی
غلط گفتم که حشو است این معانی

فریدون بود طفلی گاوپرورد
تو بالغ‌دولتی، هم شیر و هم مرد

ستد جمشید را، جان، مارِ ضحّاک
تو را جان بخشد اژدرهای افلاک

گر ایشان داشتندی تخت با تاج
تو تاج و تخت می‌بخشی به محتاج

کند هر پهلوی خسرو نشانی
تو خود هم خسروی، هم پهلوانی

سلیمان را نگین بود و تو را دین
سکندر داشت آیینه، تو آیین

ندیدند آنچه تو دیدی ز ایّام / سکندر ز آینه، جمشید از جام
زهی ملک جوانی خرّم از تو / اساس زندگانی محکم از تو
اگر صد تخت خود بر پشت پیل است / چو بی‌نقش تو باشد تخت نیل است
به تیغِ آهنین عالم گرفتی / به زرّین‌جام، جای جم گرفتی
به آهن چون فراهم شد خزینه / از آهن وقف کن بر آبگینه
به دستوری حدیثی چند کوتاه / بخواهم گفت اگر فرمان دهد شاه
من از سِحرِ سَحَر پیکان راهم / جرس‌جنبانِ هاروتانِ شاهم
نخستین مرغ بودم من در این باغ / گَرَم بلبل کنی کُنیَت وگر زاغ
به عرض بندگی دیر آمدم، دیر / وگر دیر آمدم، شیر آمدم، شیر
چه خوش گفت این سخن، پیر جهان‌گرد / که دیر آی و درست آی، ای جوانمرد
در این اندیشه بودم مدّتی چند / که نُزلی سازم از بهر خداوند
نبودم تحفهٔ چیپال و فغفور / که پیش آرَم زمین را بوسم از دور
بدین مشتی خیال فکرت‌انگیز / بساط بوسه را کردم شکرریز
اگرچه مور، قربان را نشاید / ملخ نُزل سلیمان را نشاید
نبود آبی جز این در مغز میغم / وگر بودی، نبودی جان دریغم
به ذرّه آفتابی را که گیرد؟ / به گنجشکی عقابی را که گیرد؟
چه سود افسوس من کز کدخدایی / جز این مویی ندارم در کیایی
حدیث آنکه چون دل گاه و بی‌گاه / ملازم نیستم در حضرتِ شاه
نباشد بر مَلِک پوشیده رازم / که من جز با دعا با کس نسازم
نظامی اکدشی خلوت‌نشین است / که نیمی سرکه، نیمی انگبین است

ز طبعِ تر گشاده چشمهٔ نوش ... به زهد خشک، بسته بار بر دوش

دهانِ زهدم ارچه خشک خانی‌ست ... لسانِ رَطبَم آبِ زندگانی‌ست

چو مشک از ناف عزلت بو گرفتم ... به تنهایی چو عنقا خو گرفتم

گل بزم از چو من خاری نیاید ... ز من غیر از دعا کاری نیاید

ندانم کرد خدمت‌های شاهی ... مگر لَختی سجود صبحگاهی

رعونت در دماغ از دام ترسم ... طمع در دل ز کار خام ترسم

طمع را خرقه برخواهم کشیدن ... رعونت را قبا خواهم دریدن

من و عشقی مجرّد باشم آن‌گاه ... بیاسایم چو مفرد باشم آن‌گاه

سر خود را به فتراکت سپارم ... ز فتراکت چو دولت سر برآرم

گَرَم دور افکنی در بوسم از دور ... وگر بنوازی‌ام نُورٌ علی نور

به یک خنده گَرَت باید چو مهتاب ... شب‌افروزی کنم چون کِرمِ شب‌تاب

چو دولت هرکه را دادی به خود راه ... نِبِشتی بر سرش یا میر یا شاه

چو چشم صبح در هرکس که دیدی ... پلاسِ ظلمت از وی درکشیدی

به هر کشور که چون خورشید راندی ... زمین را بَدره بَدره زر فشاندی

زرافشانت همه‌ساله چنین باد ... چو تیغت حِصن جانت آهنین باد

جهان بیرون مباد از حکم و رایت ... زمین خالی مباد از خاکِ پایت

سرت زیر کلاه خسروی باد ... به خسروزادگان پشتت قوی باد

به هر منزل که مشک‌افشان کنی راه ... منوّر باش چون خورشید و چون ماه

به هر جانب که روی آری به تقدیر ... رکابت باد چون دولت، جهان‌گیر

جنابت بر همه آفاق منصور ... سپاهت قاهر و اَعدات مقهور

در مدح شاه مظفرالدّین قزل ارسلان

سبک باش ای نسیم صبحگاهی   تفضّل کن بدان فرصت که خواهی
زمین را بوسه ده در بزم شاهی   که دارد بر ثریّا بارگاهی
جهان‌بخش آفتاب هفت کشور   که دین و دولت از وی شد مظفّر
شهِ مشرق که مغرب را پناه است   قزل‌شه کَافسرش بالای ماه است
چو مهدی گرچه شد مغرب وثاقش   گذشت از سرحد مشرق یتاقش
نگینش گر نهد یک نقش بر موم   خراج از چین ستاند جزیَت از روم
اگر خواهد به آب تیغ گل‌رنگ   برآرد رود روس از چشمهٔ زنگ
گرش باید به یک فتحِ الهی   فروشوید ز هندستان سیاهی
ز بیم وی که جور از دور بُرده‌ست   چو برق اَر فتنه‌ای زاده‌ست، مُرده‌ست
چو ابر از جودهای بی‌دریغش   جهان روشن شده مانند تیغش
سخای ابر چون بگشاید از بند   به صد تری فشاند قطره‌ای چند
ببخشد دست او صد بحر گوهر   که در بخشش نگردد ناخنش تر
به خورشیدی سریرش هست موصوف   به مه بر کرده معروفیش معروف
زمین هفت است وگر هفتاد بودی   اگر خاکش نبودی باد بودی
زحل گر نیستی هندوی این نام   بدین پیری درافتادی از این بام
ارس را در بیابان جوش باشد   چو در دریا رسد خاموش باشد
اگر دشمن رساند سر به افلاک   بدین درگه چه بوسد جز سر خاک؟
اگر صد کوه دربندد به بازو   نباشد سنگ با زر هم‌ترازو
از آن منسوج کاو را دور داده‌ست   به چار ارکان کمربندی فتاده‌ست

وزآن خلعت که اقبالش بریده‌ست / به هفت اختر کُلَه‌واری رسیده‌ست
وزآن آتش که الماسش فروزد / عدوگر آهنین باشد بسوزد
چو دیو از آهنش دشمن گریزد / که بر هر شخص کُافتد برنخیزد
ز تیغی کآن‌چنان گردن گذارد / چه خارد خصم، اگر گردن نخارد؟
زگال از دود خصمش عود گردد / که مرّیخ از ذَنَب مسعود گردد
حیاتش با مسیحا همرکاب است / صبوحش تا قیامت در حساب است
به آب و رنگ تیغش برده تفضیل / چو نیلوفر هم از دجله، هم از نیل
به هر حاجت که خلق آغاز کرده / دری دارد چو دریا باز کرده
کس از دریای فضلش نیست محروم / ز درویش خزر تا مُنعِم روم
پی موری‌ست از کین تا به مِهرَش / سر موییست از سر تا سپهرش
هر آن موری که یابد بر درش بار / سلیمانیش باید نوبتی دار
هر آن پشّه که برخیزد ز راهش / سرِ نمرود زیبد بارگاهش
ز ناف نکته نامش مشک ریزد / چو سنبل خورد از آهو مشک خیزد
ز ادراکش عطارد خوشه‌چین است / مگر خود نام خانه‌اش خوشه، زین است
چو بر دریا زند تیغ پلالک / به ماهی، گاو گوید «کَیفَ حالک»
گر از نعلش هلال اندازه گیرد / فلک را حلقه در دروازه گیرد
ضمیرش کاروان‌سالار غیب است / توانا را ز دانایی چه عیب است؟
به مجلس گر می و ساقی نماند / چو باقی ماند او باقی نماند
از آن عهده که در سر دارد این عهد / بدین مهدی توان رستن از این مهد
اگر طوفانِ بادی، سهمناک است / سلیمانی چنین داری، چه باک است؟

اگر خود مار ضحّاکی زند نیش / چو در خیل فریدونی میندیش

بر اهل روزگار از هر قرانی / نیامد بی‌ستمکاری زمانی

ز خَسف این قِران ما را چه بیم است / که دارا دادگر، داور رحیم است

قرانی را که با این داد باشد / چو فال از باد باشد، باد باشد

جهان از درگهش طاقی کمینه‌ست / بر این طاق، آسمان جام آبگینه‌ست

بر آن اوج از چو ما گردی، چه خیزد؟ / که ابر آنجا رسد آبش بریزد

بر آن درگه چو فرصت یابی ای باد / بیار این خواجه‌تاش خویش را یاد

زمین‌بوسی کن از راه غلامی / چنان گو کاین چنین گوید نظامی

که گر بودم ز خدمت دور یک چند / نبودم فارغ از شغل خداوند

چو شد پرداخته در سِلک اوراق / مسجّل شد به نام شاه آفاق

چو دانستم که این جمشید ثانی / که بادش تا قیامت زندگانی

اگر برگ گلی بیند در این باغ / به نام شاه آفاقش کند داغ

مرا این رهنمونی بخت فرمود / که تا شه باشد از من بنده خشنود

حکایت

شنیدستم که دولت‌پیشه‌ای بود / که با یوسف‌رُخیش اندیشه‌ای بود

چنان در کار آن دلدار دل بست / که از تیمار کار خویشتن رست

چنان در دل نشاند آن دلستان را / که با جانش مسلسل کرد جان را

گرش صد باغ بخشیدندی از نور / نبردی منّت یک خوشه انگور

چو دادندی گلی بر دست یارش / رخ از شادی شدی چون نوبهارش

به حکم آنکه یار، او را چو جان بود
مدام از شادی او شادمان بود

مراد شه که مقصود جهان است
بعینه با برادر هم، چنان است

مباد این دُرج دولت را نوردی
میُفتاد اندر این نوشاب گردی

جمالش باد دائم عالمافروز
شبش معراج باد و روز نوروز

به قدر آنکه باد از زلف مشکین
گهی هندوستان سازد گهی چین

همه ترکان چین بادند هندوش
مباد از چینیان چینی بر ابروش

حسودش بستهٔ بند جهان باد
چو گردد دوست، بستش پرنیان باد

مطیعش را ز می پُر باد کشتی
چو یاغی گشت بادش تیز دُشتی

چنین نزلی که یابی پُر معانیش
مبارک باد بر جان و جوانیش

در پژوهش این کتاب

مرا چون هاتف دل دید دمساز
برآورد از رواق همّت آواز

که بشتاب ای نظامی زود دیر است
فلک بدعهد و عالم زودسیر است

بهاری نو برآر از چشمهٔ نوش
سخن را دستبافی تازه درپوش

در این منزل به همّت ساز بردار
در این پرده بهوقت آواز بردار

کمین سازند اگر بیوقت رانی
سر اندازند اگر بیوقت خوانی

زبان بگشای چون گل روزکی چند
کز این کردند سوسن را زبانبند

سخن پولاد کن چون سکّهٔ زر
بدین سکّه درم را سکّه میبر

نخست آهنگری با تیغ بنمای
پس آنگه صیقلی را کار فرمای

سخن کآن از سر اندیشه ناید
نوشتن را و گفتن را نشاید
سخن را سهل باشد نظم دادن
بباید لیک بر نظم ایستادن
سخن بسیار داری، اندکی کن
یکی را صد مکن، صد را یکی کن
چو آب از اعتدال افزون نهد گام
ز سیرابی به غرق آرد سرانجام
چو خون در تن ز عادت بیش گردد
سزای گوشمال نیش گردد
سخن کم گوی تا بر کار گیرند
که در بسیار، بد بسیار گیرند
تو را بسیار گفتن گر سلیم است
مگو بسیار دشنامی عظیم است
سخن جان است و جان داروی جان است
مگر چون جان عزیز از بهر آن است
تو مردم بین که چون بی‌رای و هوش‌اند
که جانی را به نانی می‌فروشند
سخن گوهر شد و گوینده غوّاص
به سختی در کف آید گوهر خاص
ز گوهر سُفتن استادان هراس‌اند
که قیمتمَندی گوهر شناسند
نبینی وقت سفتن مرد حکّاک
به شاگردان دهد دُرّ خطرناک؟
اگر هشیار، اگر مخمور باشی
چنان زی کز تعرّض دور باشی
هزارت مُشرِف بی‌جامگی هست
به صد افغان کشیده سوی تو دست
به غفلت برمیاور یک نفس را
مدان غافل ز کار خویش کس را
نصیحت‌های هاتف چون شنیدم
چو هاتف روی در خلوت کشیدم
در آن خلوت که دل دریاست آنجا
همه سرچشمه‌ها آنجاست آنجا
نهادم تکیه‌گاه افسانه‌ای را
بهشتی کردم آتش‌خانه‌ای را
چو شد نقّاش این بتخانه دستم
جز آرایش بر او نقشی نبستم
اگرچه در سخن کآب حیات است
بوَد جایز هر آنچ از ممکنات است

چو بتوان راستی را دَرج کردن	دروغی را چه باید خرج کردن
ز کژگویی سخن را قدر کم گشت	کسی کاو راستگو شد، محتشم گشت
چو صبح صادق آمد راست‌گفتار	جهان در زر گرفتش محتشم‌وار
چو سرو از راستی برزد علم را	ندید اندر خزان تاراج غم را
مرا چون مخزن‌الاسرار گنجی	چه باید در هوس پیمود رنجی
ولیکن در جهان امروز کس نیست	که او را در هوس‌نامه هوس نیست
هوس پختم به شیرین دستکاری	هوسناکانِ غم را غمگساری
چنان نقش هوس بستم بر او پاک	که عقل از خواندنش گردد هوسناک
نه در شاخی زدم چون دیگران دست	که بر وی جز رطب چیزی توان بست
حدیث خسرو و شیرین نهان نیست	وزآن شیرین‌تر الحق داستان نیست
اگرچه داستانی دل‌پسند است	عروسی در وقایه شهربند است
بَیاضش در گزارش نیست معروف	که در بردع سوادش بود موقوف
ز تاریخ کهن‌سالان آن بوم	مرا این گنج‌نامه گشت معلوم
کهن‌سالان این کشور که هستند	مرا بر شُقّهٔ این شغل بستند
نیارد در قبولش عقل سستی	که پیش عاقلان دارد درستی
نه پنهان بر درستیش آشکار است	اثرهایی کز ایشان یادگار است
اساس بیستون و شکل شبدیز	همیدون در مداین کاخ پرویز
هوس‌کاری آن فرهاد مسکین	نشان جوی شیر و قصر شیرین
همان شهر و دو آب خوش‌گوارش	بنای خسرو و جای شکارش
حدیث باربد با ساز دهرود	همان آرامگاه شه به شهرود

حکیمی کاین حکایت شرح کرده‌ست　　حدیث عشق از ایشان طرح کرده‌ست
چو در شصت اوفتادش زندگانی　　خَدَنگ افتادش از شست جوانی
به عشقی در که شست آمد پسندش　　سخن گفتن نیامد سودمندش
نگفتم هرچه دانا گفت از آغاز　　که فرّخ نیست گفتن، گفته را باز
در آن جزوی که ماند از عشق‌بازی　　سخن راندم نِیَت بر مرد غازی

سخنی چند در عشق

مرا کز عشق بِه ناید شعاری　　مبادا تا زی‌اَم جز عشق کاری
فلک جز عشق محرابی ندارد　　جهان بی‌خاکِ عشق، آبی ندارد
غلام عشق شو کَاندیشه این است　　همه صاحب‌دلان را پیشه این است
جهان عشق است و دیگر زَرق‌سازی　　همه بازی است، الّا عشق‌بازی
اگر بی‌عشق بودی جان عالَم　　که بودی زنده در دوران عالَم؟
کسی کز عشق خالی شد، فسرده‌ست　　گرش صد جان بوَد، بی‌عشق مُرده‌ست
اگر خود عشق هیچ افسون نداند　　نه از سودای خویشت وارَهاند؟
مشو چون خر به خورد و خواب خرسند　　اگر خود گربه باشد دل در او بند
به عشق گربه گر خود چیر باشی　　از آن بهتر که با خود شیر باشی
نروید تخمِ کس بی‌دانهٔ عشق　　کس ایمن نیست جز در خانهٔ عشق
ز سوزِ عشق بهتر در جهان چیست؟　　که بی‌او گل نخندید، ابر نگْریست
همان گبران که بر آتش نشستند　　ز عشقِ آفتاب، آتش پرستند

مبین در دل که او سلطان جان است
قَدَم در عشق نِه، کاو جان جان است

هم از قبله سخن گوید، هم از لات
همش کعبه خزینه، هم خرابات

اگر عشق اوفتد در سینهٔ سنگ
به معشوقی زند در گوهری چنگ

که مغناطیس اگر عاشق نبودی
بدان شوق، آهنی را چون ربودی؟

وگر عشقی نبودی بر گذرگاه
نبودی کهربا جویندهٔ کاه

بسی سنگ و بسی گوهر به جایند
نه آهن را، نه کَه را می‌ربایند

هر آن جوهر که هستند از عدد بیش
همه دارند میل مرکز خویش

گر آتش در زمین منفذ نیابد
زمین بشکافد و بالا شتابد

وگر آبی بماند در هوا دیر
به میل طبع، هم راجع شود زیر

طبایع جز کشش کاری ندانند
حکیمان این کشش را عشق خوانند

گر اندیشه کنی از راه بینش
به عشق است ایستاده آفرینش

گر از عشق آسمان آزاد بودی
کجا هرگز زمین آباد بودی؟

چو من بی‌عشق خود را جان ندیدم
دلی بفروختم جانی خریدم

ز عشق آفاق را پردود کردم
خِرد را دیده خواب‌آلود کردم

کمر بستم به عشق این داستان را
صلای عشق دردادم جهان را

مبادا بهره‌مند از وی خسیسی
به جز خوش‌خوانی و زیبانویسی

ز من نیک آمد این ار بد نویسند
به مزد من گناه خود نویسند

عذرانگیزی در نظم کتاب

در آن مدّت که من در بسته بودم — سخن با آسمان پیوسته بودم
گهی برج کواکب می‌بریدم — گهی سِتر ملایک می‌دریدم
یگانه دوستی بودم خدایی — به صد دل کرده با جان آشنایی
تعصّب را کمر دربسته چون شیر — شده بر من سپر، بر خصم شمشیر
درِ دنیا به دانش بند کرده — ز دنیا دل بدین خرسند کرده
شبی در هم شده چون حلقهٔ زر — به نُقره، نَقره زد بر حلقهٔ در
درآمد سر گرفته سر گرفته — عتابی سخت با من درگرفته
که احسنت ای جهان‌دار معانی — که در ملک سخن صاحبقرانی
پس از پنجاه چلّه در چهل سال — مزن پنجه در این حرف ورق‌مال
در این روزه چو هستی پای بر جای — به مردار استخوانی، روزه مگشای
نکرده آرزو هرگز تو را بند — که دنیا را نبودی آرزومند
چو داری در سنان نوک خامه — کلید قفل چندین گنج‌نامه
مسی را زر براندودن، غرض چیست؟ — زر اندر سیمتر زین می‌توان زیست
چرا چون گنج قارون خاک‌بَهری؟ — نه استاد سخن‌گویان دهری؟
درِ توحید زن کآوازه داری — چرا رسم مغان را تازه داری؟
سخن‌دانان دلت را مرده دانند — اگرچه زندخوانان زنده خوانند
ز شورش کردن آن تلخ‌گفتار — ترُش‌رویی نکردم هیچ در کار
ز شیرین‌کاری شیرین دل‌بند — فروخواندم به گوشش نکته‌ای چند

وزآن دیبا که می‌بستم طرازش	نمودم نقش‌های دل‌نوازش
چو صاحب‌سنگ دید آن نقش ارژنگ	فروماند از سخن چون نقش بر سنگ
بدو گفتم ز خاموشی چه جویی؟	زبانت کو که احسنتی بگویی؟
به صد تسلیم گفت ای من غلامت	زبانم وقف بر تسبیح نامت
چو بشنیدم ز شیرین داستان را	ز شیرینی فروبردم زبان را
چنین سِحری تو دانی یاد کردن	بتی را کعبه‌ای بنیاد کردن
مگر شیرین بدان کردی دهانم	که در حلقم شکر گردد زبانم
اگر خوردم زبان را من شکروار	زبانِ چون تویی بادا شکربار
به پایان بر چو این ره برگشادی	تمامش کن چو بنیادش نهادی
در این گفتن ز دولت یاری‌ات باد	برومندی و برخورداری‌ات باد
چرا گشتی در این بیغوله پابست؟	چنین نقد عراقی بر کف دست
رکاب از شهربند گنجه بگشای	عنان شیر داری، پنجه بگشای
فَرَس بیرون فکن، میدان فراخ است	تو سرسبزی و دولت سبزشاخ است
زمانه نغز گفتاری ندارد	وگر دارد چو تو باری ندارد
همایی کن، برافکن سایه بر کار	ولایت را به جغدی چند مسپار
چراغاند این دو سه پروانهٔ خویش	پدیدار آمده در خانهٔ خویش
دو منزل گر شوند از شهر خود دور	نبینی هیچ‌کس را رونق و نور
تو آن خورشید نورانی قیاسی	که مشرق تا به مغرب روشناسی
چو تو حالی نهادی پای در پیش	به کنجی هرکسی گیرد سر خویش

هم آفـاق هنر یابـد حصاری	هم اقلـیـم سخن بینـد سـواری
بـه‌تندی گفتم ای بخت بلندم	نه تـو قصّـابی و مـن گـوسپندم
مَـدَم دم تـا چـراغ مـن نمیرد	کـه در مـوسـی دم عیسـی نگیرد
به حشوی چندم آتش برمی‌َفروز	که من خود چون چراغم خویشتن‌سوز
من آن شیشه‌م که گر بر من زنی سنگ	ز نـام و کُنیَـتم گیرد جهان ننگ
مسـی بینـی زری بـر وی کشیده	بـه مـرداری، کِـلابی بـردمیـده
نبینـی جـز هـوای خویش قوتم	بـه‌جـز بـادی نیابـی در بروتم
فلک در طالعم شیری نموده‌ست	ولیکن شیر پشمینم چه سود است
نـه آن شیـرم کـه بـا دشمـن بـرآیم	مـرا آن بـس کـه مـن بـا مـن بـرآیم
نشاطی پیش از این بود، آن قدم رفت	غـروری کـز جـوانـی بـود هـم رفت
حـدیـث کـودکی و خـودپـرسـتی	رهـا کـن، کـآن خیـالـی بـود و مستی
چو عمر از سی گذشتت یا خود از بیست	نمی‌شاید دگر چون غافلان زیست
نشاط عمر باشـد تا چهـل سـال	چهـل‌ساله فروریـزد پر و بـال
پس از پنجه نبـاشد تندرستی	بصر کنـدی پذیـرد، پـای سستی
چو شصت آمد، نشست آمد پدیدار	چو هفتـاد آمد، افتـاد آلـت از کار
به هشتاد و نـود چـون دررسیدی	بسا سختی کـه از گیتی کشیدی
وز آنجا گر به صد، منزل رسانی	بـوَد مـرگی بـه صـورت زندگانی
اگر صـد سال مـانی، ور یکـی روز	ببـاید رفت از ایـن کـاخ دل‌افروز
پس آن بهتر که خود را شاد داری	در آن شـادی خـدا را یـاد داری
به وقت خوش‌دلی چون شمع پُرتاب	دهـن پُرخنـده داری، دیـده پُرآب

چو صبح آن روشنان از گریه رستند / که برق خنده را بر لب ببستند
چو بی‌گریه نشاید بود خندان / وزین خنده نشاید بست دندان
بیاموزم تو را گر کار بندی / که بی‌گریه زمانی خوش بخندی
چو خندان گردی از فرخنده‌فالی / به خندان تنگ‌دستی را به مالی
نبینی آفتاب آسمان را / کز آن خندد که خنداند جهان را؟

آغاز داستان خسرو و شیرین

چنین گفت آن سخن‌گوی کهن‌زاد / که بودش داستان‌های کهن یاد
که چون شد ماه کسری در سیاهی / به هرمز داد تخت پادشاهی
جهان‌افروز هرمز داد می‌کرد / به داد خود جهان آباد می‌کرد
همان رسم پدر بر جای می‌داشت / دهش بر دست و دین بر پای می‌داشت
نسب را در جهان پیوند می‌خواست / به قربان از خدا فرزند می‌خواست
به چندین نذر و قربانش خداوند / نرینه داد فرزندی، چه فرزند
گرامی دُرّی از دریای شاهی / چراغی روشن از نور الهی
مبارک‌طالعی فرّخ‌سریری / به طالع تاجداری تخت‌گیری
پدر در خسروی دیده تمامش / نهاده خسروِ پرویز نامش
از آن شد نام آن شهزاده پرویز / که بودی دائم از هرکس پر آویز
گرفته در حریرش دایه چون مشک / چو مروارید تر در پنبهٔ خشک
رخی از آفتاب اندوه‌کش‌تر / شِکرخندیدنی از صبح خوش‌تر

چو میل شکّرش در شیر دیدند — به شیر و شکّرش می‌پروریدند
به بزم شاهش آوردند پیوست — به‌سان دستهٔ گل دست بر دست
چو کار از مهد با میدان فتادش — جهان از دوستی در جان نهادش
به هر سالی که دولت می‌فزودش — خرد تعلیم دیگر می‌نمودش
چو سالش پنج شد، در هر شگفتی — تماشا کردی و عبرت گرفتی
چو سال آمد به شش، چون سرو می‌رست — رسوم شش جهت را بازمی‌جست
چنان مشهور شد در خوب‌رویی — که مطلق یوسف مصر است گویی
پدر ترتیب کرد آموزگارش — که تا ضایع نگردد روزگارش
بر این گفتار بر بگذشت یک چند — که شد در هر هنر خسرو هنرمند
چنان قادر سخن شد در معانی — که بحری گشت در گوهرفشانی
فصیحی کاو سخن چون آب گفتی — سخن با او به اُصطرلاب گفتی
چو از باریک‌بینی موی می‌سفت — به باریکی سخن چون موی می‌گفت
پس از نه‌سالگی مکتب رها کرد — حساب جنگ شیر و اژدها کرد
چو بر ده‌سالگی افکند بنیاد — سر سی‌سالگان می‌داد بر باد
به سرپنجه شدی با پنجهٔ شیر — ستونی را قلم کردی به شمشیر
به تیر از موی بگشادی گره را — به نیزه حلقه بربودی زره را
در آن آماج کاو کردی کمان باز — ز طبل زهره کردی طبلک باز
کسی کاو ده کمان حالی کشیدی — کمانش را به حمّالی کشیدی
ز ده دشمن کمندش خامتر بود — ز نُه قبضه خدنگش تامتر بود
بُدی گر خود بُدی دیو سپیدی — به پیش بیدبرگش، برگ بیدی

چو برق نیزه را بر سنگ راندی
سنان در سینهٔ خارا نشاندی

چو عمر آمد به حدّ چارده سال
برآمد مرغ دانش را پر و بال

نظر در جستنی‌های نهان کرد
حساب نیک و بدهای جهان کرد

صفت بزرگ‌امید

بزرگ‌امّید نامی بود دانا
بزرگ‌امّید از عقل و توانا

زمین جو جو شده در زیر پایش
فلک را جو به جو پیموده رایش

به دست آورده اسرار نهانی
کلید گنج‌های آسمانی

طلب کردش به خلوت شاهزاده
زبان چون تیغ هندی برگشاده

جواهر جست از آن دریای فرهنگ
به چنگ آورد و زد بر دامنش چنگ

دل روشن به تعلیمش برافروخت
و زو بسیار حکمت‌ها درآموخت

ز پرگار زحل تا مرکز خاک
فروخواند آفرینش‌های افلاک

به اندک عمر شد دریا درونی
به هر فنّی که گفتی ذوفنونی

دل از غفلت به آگاهی رسیدش
قدم بر پایهٔ شاهی رسیدش

چو پیدا شد بر آن جاسوس اسرار
نهانی‌های این گردنده پرگار

ز خدمت خوش‌ترش نآمد جهانی
نبودی فارغ از خدمت زمانی

جهان‌دار از جهانش دوستر داشت
جهان چِبْوَد؟ ز جانش دوستر داشت

ز بهر جان‌درازیش از جهان شاه
ز هر دستی، درازی کرد کوتاه

منادی را ندا فرمود در شهر
که وای آن‌کس که او بر کس کند قهر

اگر اسبی چرد در کشتزاری
وگر غصبی رود بر میوه‌داری

وگر کس روی نامحرم ببیند
همان در خانهٔ ترکی نشیند
سیاست را ز من گردد سزاوار
بر این سوگندهایی خورد بسیار
چو شه در عدل خود ننمود سستی
پدید آمد جهان را تندرستی
خرابی داشت از کار جهان دست
جهان از دستکار این جهان رست

عشرت خسرو در مَرغزار و سیاست هرمز

قضا را از قضا یک روز شادان
به صحرا رفت خسرو بامدادان
تماشا کرد و صید افکند بسیار
دهی خرّم ز دور آمد پدیدار
به گرداگرد آن ده سبزهٔ نو
بر آن سبزه بساط افکنده خسرو
مِی سرخ از بساط سبزه می‌خورد
چنین تا پشت بنمود این گل زرد
چو خورشید از حصار لاجوردی
علم زد بر سر دیوار زردی
چو سلطان در هزیمت عود می‌سوخت
علَم را می‌درید و چتر می‌دوخت
عنان یک رکابی زیر می‌زد
دو دستی با فلک شمشیر می‌زد
چو عاجز گشت از این خاک جگرتاب
چو نیلوفر سپر افکند بر آب
ملک‌زاده در آن ده خانه‌ای خواست
ز سرمستی در او مجلس بیاراست
نشست آن شب به نوشانوش یاران
صبوحی کرد با شب‌زنده‌داران
سماع ارغنونی گوش می‌کرد
شراب ارغوانی نوش می‌کرد
صراحی را ز مِی پرخنده می‌داشت
به مِی جان و جهان را زنده می‌داشت
مگر کز توسنانش بدلگامی
دهن بر کِشته‌ای زد صبحِ بامی
وزین غوری غلامی نیز چون قند
ز غوره کرد غارت خوشه‌ای چند

سحرگه کآفتاب عالم‌افروز / سر شب را جدا کرد از تن روز
نهاد از حوصله زاغ سیه‌پر / به زیر پرّ طوطی خایهٔ زر
شب، اَنگِشت سیاه از پشت برداشت / ز حرف خاکیان انگشت برداشت
تنی چند از گران‌جانان که دانی / خبر بردند سوی شه نهانی
که خسرو دوش بی‌رسمی نموده‌ست / ز شاهنشه نمی‌ترسد، چه سود است؟
ملک گفتا نمی‌دانم گناهش / بگفتند آنکه بیداد است راهش
سمندش کشتزار سبز را خورد / غلامش غورهٔ دهقان تبه کرد
شب از درویش بستد جای تنگش / به نامحرم رسید آواز چنگش
گر این بیگانه‌ای کردی، نه فرزند / ببردی خان‌ومانش را خداوند
زند بر هر رگی فصّاد صد نیش / ولی دستش بلرزد بر رگ خویش
ملک فرمود تا خنجر کشیدند / تکاور مرکبش را پی بریدند
غلامش را به صاحب‌غوره دادند / گلابی را به آبی شوره دادند
در آن خانه که آن شب بود رختش / به صاحب‌خانه بخشیدند تختش
پس آنگه ناخن چنگی شکستند / ز روی چنگش ابریشم گسستند
سیاست بین که می‌کردند از این پیش / نه با بیگانه با دردانهٔ خویش
کنون گر خون صد مسکین بریزند / ز بند یک قراضه برنخیزند
کجا آن عدل و آن انصاف‌سازی؟ / که با فرزند از این‌سان رفت بازی
جهان ز آتش‌پرستی شد چنان گرم / که بادا زین مسلمانی تو را شرم
مسلمانیم ما، او گبر نام است / گر این گبری، مسلمانی کدام است؟
نظامی بر سر افسانه شو باز / که مرغ بند را تلخ آمد آواز

شفیع انگیختن خسرو، پیران را پیش پدر

چو خسرو دید کآن خواری بر او رفت / به کار خویشتن لَختی فرورفت
درستش شد که هرچ او کرد، بد کرد / پدر پاداش او بر جای خود کرد
به سر برزد ز دست خویشتن دست / وزآن غم ساعتی از پای ننشست
شفیع انگیخت پیران کهُن را / که نزد شه برند آن سروبن را
مگر شاه آن شفاعت درپذیرد / گناه رفته را بر وی نگیرد
کفن پوشید و تیغ تیز برداشت / جهان فریاد رستاخیز برداشت
به پوزش پیش می‌رفتند پیران / پس اندر، شاهزاده چون اسیران
چو پیش تخت شد نالید غمناک / به رسم مجرمان غلتید بر خاک
که شاها بیش از اینم رنج منمای / بزرگی کن به خردان بر ببخشای
بدین یوسف مبین کآلوده‌گرگ است / که بس خرد است، اگر جرمش بزرگ است
هنوزم بوی شیر آید ز دندان / مشو در خون من چون شیر خندان
عنایت کن که این سرگشته فرزند / ندارد طاقت خشم خداوند
اگر جرمی‌ست اینک تیغ و گردن / ز تو کشتن، ز من تسلیم کردن
که برگ هر غمی دارم در این راه / ندارم برگ ناخشنودی شاه
بگفت این و دگر ره بر سر خاک / چو سایه سر نهاد آن گوهر پاک
چو دیدند آن گروه آن بردباری / همه بگریستند الحق به زاری
وزآن گریه که زاری بر مه افتاد / ز گریه های‌هایی بر شه افتاد
که طفلی خرد با آن نازنینی / کند در کار از این‌سان خرده‌بینی
به فرزندی که دولت بد نخواهد / جز اقبال پدر با خود نخواهد

چه سازد با تو فرزندت بیندیش
همان بیند ز فرزندان، پسِ خویش

به نیک و بد مشو در بند فرزند
نیابت خود کند فرزند فرزند

چو هرمز دید کآن فرزند مقبل
مداوای روان و میوهٔ دل

بدان فرزانگی وآهسته‌رایی‌ست
بدانست او که آن فرّ خدایی‌ست

سرش بوسید و شفقت بیش کردش
ولیعهد سپاه خویش کردش

از آن حضرت چو بیرون رفت خسرو
جهان در ملک داد آوازهٔ نو

رُخش سیمای عدل از دور می‌داد
جهان‌داری ز رویش نور می‌داد

به خواب دیدن خسرو، نیای خویش انوشیروان را

چو آمد زلف شب در عطرسایی
به تاریکی فروشُد روشنایی

برون آمد ز پرده سحرسازی
شش‌اندازی به جای شیشه‌بازی

به طاعت‌خانه شد خسرو، کمر بست
نیایش کرد یزدان را و بنشست

به برخورداری آمد خواب نوشین
که بر ناخورده بود از خواب دوشین

نیای خویشتن را دید در خواب
که گفت ای تازه خورشید جهان‌تاب

اگر شد چار مولای عزیزت
بشارت می‌دهم بر چار چیزت

یکی چون ترشی آن غوره خوردی
چو غوره زآن ترُش‌رویی نکردی

دلارامی تو را در بر نشیند
کزو شیرین‌تری دوران نبیند

دوم چون مرکبت را پی بریدند
وزآن بر خاطرت گردی ندیدند

به شبرنگی رسی، شبدیز نامش
که صَرصَر درنیابد گرد گامش

سِیُم چون شه به دهقان داد تختت	وزآن تندی نشد شوریده بختت
به دست آری چنان شاهانه تختی	که باشد راست چون زرّین درختی
چهارم چون صبوری کردی آغاز	در آن پرده که مطرب گشت بی‌ساز
نواسازی دهندت باربد نام	که بر یادش گوارد زهر در جام
به جای سنگ خواهی یافتن زر	به جای چار مهره چار گوهر
ملک‌زاده چو گشت از خواب بیدار	پرستش کرد یزدان را دگربار
زبان را روز و شب خاموش می‌داشت	نمودار نیا را گوش می‌داشت
همه شب با خردمندان نخفتی	حکایت بازپرسیدی و گفتی

حکایت کردن شاپور از شیرین و شبدیز

ندیمی خاص بودش، نام شاپور	جهان گشته ز مغرب تا لَهاور
ز نقّاشی به مانی مژده داده	به رسّامی در اقلیدس گشاده
قلمزن چابکی، صورتگری چُست	که بی‌کلک از خیالش نقش می‌رست
چنان در لطف بودش آبدستی	که بر آب از لطافت نقش بستی
زمین بوسید پیش تخت پرویز	فروگفت این سخن‌های دلاویز
که گر فرمان دهد شاه جهانم	بگویم صد یک از چیزی که دانم
اشارت کرد خسرو کای جوانمرد	بگو گرم و مکن هنگامه را سرد
زبان بگشاد شاپور سخن‌گوی	سخن را بهره داد از رنگ و از بوی
که تا گیتی‌ست، گیتی بنده بادت	زمانه، سال و مه فرخنده بادت

جمالت را جوانی همنفس باد
همیشه بر مرادت دسترس باد

غمین باد آن که او شادت نخواهد
خراب آن‌کس که آبادت نخواهد

بسی گشتم در این خرگاه شش‌طاق
شگفتی‌ها بسی دیدم در آفاق

از آن سوی کهستان منزلی چند
که باشد فرضهٔ دریای دربند

زنی فرمانده است از نسل شاهان
شده جوش سپاهش تا سپاهان

همه اقلیم ارّان تا به اَرمَن
مقرّر گشته بر فرمان آن زن

ندارد هیچ مرزی بی‌خراجی
همه دارد، مگر تختی و تاجی

هزارش قلعه بر کوه بلند است
خزینه‌ش را خدا داند که چند است

ز جنس چارپا چندان که خواهی
به افزونی فزون از مرغ و ماهی

ندارد شوی و دارد کامرانی
به شادی می‌گذارد زندگانی

ز مردان بیشتر دارد سترگی
مهین‌بانوش خوانند از بزرگی

شمیرا نام دارد آن جهان‌گیر
شمیرا را مهین‌بانوست تفسیر

نشست خویش را در هر هوایی
به هر فصلی مهیّا کرده جایی

به فصل گل به موقان است جایش
که تا سرسبز باشد خاک پایش

به تابستان شود بر کوه ارمن
خرامد گل به گل، خرمن به خرمن

به هنگام خزان آید به ابخاز
کند در جستن نخجیر پرواز

زمستانش به بردع میل چیر است
که بردع را هوای گرمسیر است

چهارش فصل از این‌سان در شمار است
به هر فصلی هوایش اختیار است

نفس، یکیک به شادی می‌شمارد
جهان، خوش‌خوش به بازی می‌گذارد

در این زندان‌سرای پیچ بر پیچ
برادرزاده‌ای دارد دگر هیچ

وصف جمال شیرین

پری‌دختی، پری بگذار ماهی
به زیر مقنعه صاحب‌کلاهی

شب‌افروزی چو مهتاب جوانی
سیه‌چشمی چو آب زندگانی

کشیده‌قامتی چون نخل سیمین
دو زنگی بر سر نخلش رطب‌چین

ز بس کآورد یاد آن نوش‌لب را
دهان پر آب شکّر شد رطب را

به مروارید دندان‌های چون نور
صدف را آب‌دندان داده از دور

دو شکّر چون عقیق آب‌داده
دو گیسو چون کمند تاب‌داده

خم گیسوش تاب از دل کشیده
به گیسو سبزه را بر گل کشیده

شده گرم از نسیم مشک‌بیزش
دماغ نرگس بیمارخیزش

فسونگر کرده بر خود چشم خود را
زبان بسته به افسون چشم بد را

به سِحری کآتش دل‌ها کند تیز
لبش را صد زبان، هر صد شکرریز

نمک دارد لبش در خنده پیوست
نمک شیرین نباشد وآنِ او هست

تو گویی بینی‌اش تیغی‌ست از سیم
که کرد آن تیغ، سیبی را به دو نیم

ز ماهش صد قَصَب را رخنه یابی
چو ماهش رخنه‌ای بر رخ نیابی

به شمعش بر بسی پروانه بینی
ز نازش سوی کس پروانه بینی

صبا از زلف و رویش حلّه‌پوش است
گهی قاقُم، گهی قُندُز فروش است

موکّل کرده بر هر غمزه غَنجی
زَنَخ چون سیب و غبغب چون ترنجی

رُخش تقویم انجم را زده راه
فشانده دست بر خورشید و بر ماه

دو پستان چون دو سیمین نار نوخیز
بر آن پستان، گل بستان درمریز

ز لعلش بوسه را پاسخ نخیزد
که لعل اَر واگشاید دُر بریزد

خسرو و شیرین

نـهـاده گـردن آهـو، گـردنـش را
بـه آب چـشـم شـسـتـه دامـنـش را

بـه چـشـم آهـوان آن چـشـمـهٔ نـوش
دهـد شـیـرافـکـنـان را خـواب خـرگـوش

هـزار آغـوش را پـر کـرده از خـار
یـک آغـوش از گـلـش نـاچـیـده دیّـار

شبی صد کس فزون بیند به خوابش
نبیند کس شبی چون آفتابش

گر انـدازه ز چـشـم خـویـش گـیـرد
بـر آهـویـی صـد آهـو بـیـش گـیـرد

ز رشـک نـرگـس مـسـتـش خـروشـان
بـه بـازار ارم ریـحـان‌فـروشـان

بـه عـیـد آرای ابـروی هـلـالـی
نـدیـدش کـس کـه جـان نـسـپُـرد حـالـی

به حیرت مانده مجنون در خیالش
به قـایـم رانـده لـیـلـی بـا جـمـالـش

به فرمانی که خواهد خلق را کشت
به دستش ده قلم یعنی ده انگشت

مه از خوبیش خود را خال خوانده
شب از خالش کتاب فـال خـوانـده

ز گـوش و گـردنـش لـؤلـؤ خـروشـان
کـه رحـمـت بـر چـنـان لـؤلـؤفـروشـان

حـدیـثـی و هـزار آشـوب دلـبـنـد
لبی و صدهـزاران بـوسـه چـون قـنـد

سـرِ زلـفـی ز نـاز و دلـبـری پُـر
لـب و دنـدانـی از یـاقـوت و از دُر

از آن یـاقـوت و آن دُرّ شـکـرخـنـد
مـفـرّح سـاخـتـه سـودایـی‌ای چـنـد

خـرد سـرگـشـتـه بـر روی چـو ماهش
دل و جـان فـتـنـه بـر زلـف سـیـاهـش

هـنـر فـتـنـه شـده بـر جـان پـاکـش
نـبـشـتـه عـهـدهٔ عـنـبـر بـه خـاکـش

رُخـش نـسـریـن و بـویـش نـیـز نـسـریـن
لـبـش شـیـریـن و نـامـش نـیـز شـیـریـن

شکرلفظان لبش را نـوش خـوانـنـد
ولـیـعـهـد مـهـیـن‌بـانـوش دانـنـد

پـری‌رویـان کـز آن کـشـور امـیـرنـد
هـمـه در خـدمـتـش فـرمـان‌پـذیـرنـد

ز مـهـتـرزادگـان مـاه‌پـیـکـر
بـوَد در خـدمـتـش هـفـتـاد دخـتـر

به خوبی هر یکی آرام جانی
به زیبایی دلاویز جهانی
همه آراسته با رود و جامانـد
چو مه منزل به منزل می‌خرامند
گهی بر خرمن مَه مشک پوشند
گهی در خرمن گل باده نوشند
ز برقع نیستْشان بر روی بندی
که نآرد چشم‌زخم آنجا گزندی
به خوبی در جهان یاری ندارند
به گیتی جز طرب کاری ندارند
چو باشد وقت زور آن زورمندان
کَنند از شیر چنگ، از پیل دندان
به حمله جان عالم را بسوزند
به ناوَک چشم کوکب را بدوزند
اگر حور بهشتی هست مشهور
بهشت است آن طرف، وآن لعتبان حور
مهین‌بانو که آن اقلیم دارد
بسی زین‌گونه زرّ و سیم دارد

صفت شبدیز

بر آخُر بسته دارد ره‌نوردی
کز او در تک نیابد باد، گردی
سَبَق برده ز وَهم فیلسوفان
چو مرغابی نترسد زآب طوفان
به یک صفرا که بر خورشید رانده
فلک را هفت میدان بازمانده
به گاه کوه کندن آهنین‌سم
گهِ دریا بریدن خیزران دم
زمانه گردش و اندیشه رفتار
چو شب کارآگه و چون صبح بیدار
نهاده نام آن شبرنگ شبدیز
بر او عاشق‌تر از مرغ شب‌آویز
یکی زنجیر زر پیوسته دارد
بدان زنجیر، پایش بسته دارد
نه شیرین‌تر ز شیرین خلق دیدم
نه چون شبدیز شبرنگی شنیدم

چو برگفت این سخن شاپور هشیار / فراغت خفته گشت و عشق بیدار
یکایک مهر بر شیرین نهادند / بدان شیرین‌زبان اقرار دادند
که استادی که در چین نقش بندد / پسندیده بوَد هرچ او پسندد
چنان آشفته شد خسرو بدان گفت / کزآن سودا نیاسود و نمی‌خفت
همه‌روز این حکایت بازمی‌جست / جز این تخم از دماغش برنمی‌رست
در این اندیشه روزی چند می‌بود / به خشک افسانه‌ای خرسند می‌بود
چو کار از دست شد، دستی برآورد / صبوری را به سرپایی درآورد
به خلوت، داستان خواننده را خواند / بسی زین داستان با وی سخن راند
بدو گفت ای بکارآمد وفادار / به کار آیم کنون، کز دست شد کار
چو بنیادی بدین خوبی نهادی / تمامش کن که مردی اوستادی
مگو شکّر، حکایت مختصر کن / چو گفتی، سوی خوزستان گذر کن
تو را باید شدن چون بت‌پرستان / به دست آوردن آن بت را به دستان
نظر کردن که در دل، داد دارد؟ / سر پیوند مردم‌زاد دارد؟
اگر چون موم نقشی می‌پذیرد / بر او زن مُهر ما تا نقش گیرد
ور آهن‌دل بوَد منشین و برگرد / خبر دِه تا نکوبم آهن سرد

رفتن شاپور در ارمن، به طلب شیرین

زمین بوسید شاپور سخن‌دان / که دائم باد خسرو شاد و خندان
به چشم نیک بینادش نکوخواه / مبادا چشم بد را سوی او راه

چو بر شاه آفرین کرد آن هنرمند / جوابش داد کای گیتی‌خداوند
چو من نقش قلم را دَرکشم رنگ / کشد مانی قلم در نقش ارژنگ
بجنبد شخص کاو را من کنم سر / بپرّد مرغ کاو را من کنم پر
مدار از هیچ‌گونه گرد بر دل / که باشد گرد بر دل درد بر دل
به چاره کردن کار آن‌چنانم / که هر بیچارگی را چاره دانم
تو خوش‌دل باش و جز شادی میندیش / که من یک‌دل گرفتم کار در پیش
نگیرم در شدن یک لحظه آرام / ز گوران تک، ز مرغان پَر کنم وام
نخسبم تا نخسبانم سرت را / نیایم تا نیارم دلبرت را
چو آتش گر ز آهن سازد ایوان / چو گوهر گر شود در سنگ پنهان
برونْش آرَم به نیروی و به نیرنگ / چو آتش ز آهن و چون گوهر از سنگ
گهی با گل، گهی با خار سازم / ببینم کار و پس با کار سازم
اگر دولت بوَد کارم به دستش / چو دولت خود کنم خسرو پرستش
وگر دانم که عاجز گشتم از کار / کنم باری شهنشه را خبردار
سخن چون گفته شد، گوینده برخاست / بسیچ راه کرد از هر دری راست
بُرنده ره بیابان در بیابان / به کوهستان ارمن شد شتابان
که آن خوبان چو انبوه آمدندی / به تابستان در آن کوه آمدندی
چو شاپور آمد آنجا سبزه نو بود / ریاحین را شقایق پیشرو بود
گرفته سنگ‌های لاجوردی / ز کسوت‌های گل، سرخی و زردی
کشیده بر سر هر کوهساری / زُمرّدگون بساطی مَرغزاری
ز جَرَّم کوه تا میدان بغرا / کشیده خطّ گل طغرا به طغرا

در آن محراب کاو رکن عراق است / کمربند ستون اِنشراق است
ز خارا بود دِیری سال‌کرده / کشیشیانی بدو در، سال‌خورده
فرود آمد بدان دیر کهن‌سال / بر آن آیین که باشد رسم اَبدال

در نژاد شبدیز

سخن‌پیمای فرهنگی چنین گفت / به وقت آنکه دُرهای دَری سُفت
که زیر دامنِ این دِیر غاری‌ست / در او سنگی سیه، گویی سواری‌ست
ز دشت رم گله در هر قرانی / به گَشْن آید تکاور مادیانی
ز صد فرسنگی آید بر در غار / در او سُنبد، چو در سوراخ خود مار
بدان سنگ سیه رغبت نماید / به رغبت خویشتن بر سنگ ساید
به فرمان خدا زو گشن گیرد / خدا گفتی شگفتی دل پذیرد
هر آن کرّه کزآن تخمش بوَد بار / ز دوران تک بَرَد، وز باد رفتار
چنین گوید همیدون مرد فرهنگ / که شبدیز آمده‌ست از نسل آن سنگ
کنون زآن دِیر اگر سنگی بجویی / نیابی، گردبادش بُرد گویی
وزآن کرسی که خوانند انشراقش / سری بینی فتاده زیر ساقش
به ماتمداری آن کوهِ گل‌رنگ / سیه‌جامه نشسته یک جهان سنگ
به خشمی کآمده بر سنگلاخش / شکوفه‌وار کرده شاخ‌شاخش
فلک گویی شد از فریاد او مست / به سنگستان او در شیشه بشکست
خدا را گرچه عبرت‌هاست بسیار / قیامت را بس این عبرت نمودار
چو اندر چارصد سال از کم و بیش / رسد کوهی چنان را این‌چنین پیش

تو بر لَختی کلوخ آب‌خورده
چرایی تکیهٔ جاوید کرده؟

نظامی زین نَمَط در داستان پیچ
که از تو نشنوند این داستان هیچ

نمودن شاپور، صورت خسرو را بار اوّل

چو مشکین جعد شب را شانه کردند
چراغ روز را پروانه کردند

به زیر تخته‌نرد آبنوسی
نهان شد کعبتین سندروسی

برآمد مشتری منشور بر دست
که شاه از بند و شاپور از بلا رست

در آن دیر کهن فرزانه شاپور
فروآسود کز ره بود رنجور

درستی خواست از پیران آن دیر
که بودند آگه از چرخ کهن‌سیر

که فردا جای آن خوبان کدام است؟
کدامین آب و سبزیشان مقام است؟

خبر دادنش آن فرزانه پیران
ز نُزهَتگاه آن اقلیم‌گیران

که در پایان این کوه گران‌سنگ
چمن‌گاهی است، گردش بیشه‌ای تنگ

سحرگه آن سَهی سروان سرمست
بدان مشکین چمن خواهند پیوست

چو شد دوران سنجابی وَشَق‌دوز
سمور شب نهفت از قاقم روز

سر از البرز برزد جِرم خورشید
جهان را تازه کرد آیین جمشید

پگه‌تر زآن بتان عشرت‌انگیز
میان دربست شاپور سحرخیز

بر آن سبزه، شبیخون کرد پیشی
که با آن سرخ‌گل‌ها داشت خویشی

خجسته کاغذی بگرفت در دست
بعینه صورت خسرو در او بست

بر آن صورت چو صنعت کرد لختی
بدوسانید بر ساق درختی

وز آنجا چون پَری شد ناپدیدار
رسیدند آن پری‌رویان پریوار

به سرسبزی بر آن سبزه نشستند
گهی شمشاد و گه گل، دسته بستند

گه از گل‌ها گلاب انگیختندی
گه از خنده طبرزد ریختندی

عروسانی زناشویی ندیده
به کابین از جهان خود را خریده

نشسته هریکی چون دوست با دوست
نمی‌گنجید کس چون غنچه در پوست

مِی آوردند و در مِی دل نشاندند
گل آوردند و بر گل مِی فشاندند

نهاده باده بر کف ماه و انجم
جهان خالی ز دیو و دیومردم

همه تن شهوت آن پاکیزگان را
چنان کآیین بوَد دوشیزگان را

چو محرم بود جای از چشم اغیار
ز مستی رقصشان آورد در کار

گه این می‌داد بر گل‌ها درودی
گه آن می‌گفت با بلبل سرودی

ندانستند جز شادی شماری
نه جز خرّم‌دلی دیدند کاری

در آن شیرین‌لبان، رخسار شیرین
چو ماهی بود گرد ماه پروین

به یاد مهربانان عیش می‌کرد
گهی می‌داد باده، گاه می‌خورد

چو خودبین شد که دارد صورت ماه
بر آن صورت فتادش چشم ناگاه

به خوبان گفت کآن صورت بیارید
که کرده‌ست این رقم؟ پنهان مدارید

بیاوردند صورت پیش دل‌بند
بر آن صورت فروشُد ساعتی چند

نه دل می‌داد ازو دل برگرفتن
نه می‌شایستش اندر بر گرفتن

به هر دیداری از وی مست می‌شد
به هر جامی که خورد از دست می‌شد

چو می‌دید از هوس، می‌شد دلش سست
چو می‌کردند پنهان، باز می‌جست

نگهبانان بترسیدند از آن کار
کز آن صورت شود شیرین گرفتار

دریدند از هم آن نقش گزین را
که رنگ از روی بردی نقش چین را

چو شیرین نام صورت برد، گفتند — که آن تمثال را دیوان نهفتند
پری‌زار است، از این صحرا گریزیم — به صحرای دگر افتیم و خیزیم
از آن مجمر چو آتش گرم گشتند — سپندی سوختند و درگذشتند
کواکب را به دود آتش نشاندند — جَنیبت را به دیگر دشت راندند

نمودن شاپور، صورت خسرو را بار دوم

چو برزد بامدادن بور گل‌رنگ — غبار آتشین از نعل بر سنگ
گشاد از گنج در هر کنج رازی — چو دریا گشت هر کوهی طرازی
دگر ره بود پیشین رفته شاپور — به پیش‌آهنگ آن بِکران چون حور
همان تمثال اوّل ساز کرده — همان کاغذ برابر باز کرده
رسیدند آن بتان با دل‌نوازی — بر آن سبزه چو گل کردند بازی
زده بر ماه خنده، بر قَصَب راه — پرند آن قصب‌پوشان چون ماه
نشاطی نیم‌رغبت می‌نمودند — به‌تدریج اندک‌اندک می‌فزودند
چو در بازی شدند آن لعبتان باز — زمانه کرد لعبت‌بازی آغاز
دگرباره چو شیرین دیده بر کرد — در آن تمثال روحانی نظر کرد
به پرواز اندر آمد مرغ جانش — فروبست از سخن گفتن زبانش
بوَد سرمست را خوابی کفایت — گل نمدیده را آبی کفایت
به یاران بانگ برزد کاین چه حال است؟ — غلط می‌کرد خود را کاین خیال است
به سروی زآن سَهی سروان بفرمود — که آن صورت بیاور نزد من زود
برفت آن ماه و آن صورت نهان کرد — به گِل، خورشید پنهان چون توان کرد؟

بگفت این در پری برمی‌گشاید	پری زین‌سان بسی بازی نماید
وز آنجا رخت بربستند حالی	ز گل‌ها سبزه را کردند خالی

نمودن شاپور، صورت خسرو را بار سوم

شباهنگام کاین عنقای فرتوت	شکم پر کرد از این یک دانه یاقوت
به دشت انجرک آرام کردند	به نوشانوش می در جام کردند
در آن صحرا فروخفتند سرمست	ریاحین زیر پای و باده بر دست
چو روز از دامن شب سر برآورد	زمانه تاج زرّین بر سر آورد
بر آن پیروزه‌تخت آن تاجداران	رها کردند می بر جرعه‌خواران
وز آنجا تا در دیر پری‌سوز	پریدند آن پری‌رویان به یک روز
در آن مینوی میناگون چمیدند	فلک را رشته در مینا کشیدند
بساطی سبز چون جان خردمند	هوایی معتدل چون مهر فرزند
نسیمی خوشتر از باد بهشتی	زمین را دُر به دریا، گُل به کشتی
شقایق سنگ را بتخانه کرده	صبا جَعد چمن را شانه کرده
مسلسل گشته بر گل‌های حمری	نوای بلبل و آواز قمری
پرنده مرغکان گستاخ‌گستاخ	شمایل بر شمایل شاخ بر شاخ
به هر گوشه دو مرغک گوش بر گوش	زده بر گل صلای نوش بر نوش
بدان گلشن رسید آن نقش‌پرداز	همان نقش نخستین کرد آغاز
پری‌پیکر چو دید آن سبزهٔ خوش	به مِی بنشست با جمعی پریوش
دگر ره دید چشم مهربانش	در آن صورت که بود آرام جانش

خسرو و شیرین

شگفتی ماند از آن نیرنگ‌سازی		گذشت اندیشهٔ کارش ز بازی
دل سرگشته را دنبال برداشت		به پای خود شد آن تمثال برداشت
در آن آیینه دید از خود نشانی		چو خود را یافت، بی‌خود شد زمانی
چنان شد در سخن ناساز گفتن		کزآن گفتن نشاید بازگفتن
لعاب عنکبوتان مگس‌گیر		همایی را نگر چون کرد نخجیر
در آن چشمه که دیوان خانه کردند		پری را بین که چون دیوانه کردند
به چاره هر کجا تدبیر سازند		نه مردم، دیو را نخجیر سازند
چو آن گل‌برگ رویان بر سر خاک		گل صد برگ را دیدند غمناک
بدانستند کآن کار پری نیست		عجب کاری‌ست، کاری سرسری نیست
از آن پیشه پشیمانی گرفتند		بر آن صورت ثناخوانی گرفتند
که سربازی کنیم و جان فشانیم		مگر کاحوال صورت بازدانیم
چو شیرین دید کایشان راستگویند		به چاره راست کردن، چاره‌جویند
به یاری خواستن بنمود زاری		که یاران را ز یاران است یاری
تو را از یار نگریزد به هر کار		خدای است آن که بی‌مثل است و بی‌یار
بسا کارا که از یاری برآید		به باید یار تا کاری برآید
بدان بت‌پیکران گفت آن دلارام		کز این پیکر شدم بی‌صبر و آرام
بیا تا این حدیث از کس نپوشیم		بدین تمثال نوشین باده نوشیم
دگرباره نشاط آغاز کردند		مِی آوردند و عشرت ساز کردند
پیاپی شد غزل‌های فراقی		برآمد بانگ نوشانوش ساقی
بت شیرین، نبید تلخ در دست		از آن تلخی و شیرینی جهان مست

به هر نوبت که می بر لب نهادی / زمین را پیش صورت بوسه دادی
چو مستی عاشقی را تنگ‌تر کرد / صبوری در زمان آهنگ در کرد
یکی را زآن بتان بنشاند در راه / که هرکس را که بینی بر گذرگاه
نظر کن تا در این سامان چه پوید؟ / وزین صورت بپرسَش تا چه گوید؟
بسی پرسیده شد پنهان و پیدا / نمی‌شد سرّ آن صورت هویدا
تن شیرین گرفت از رنج سستی / کزآن صورت ندادش کس درستی
در آن اندوه می‌پیچید چون مار / فشاند از جزع‌ها لؤلؤی شهوار

پیدا شدن شاپور

برآمد ناگه آن مرغ فسون‌ساز / به آیین مغان بنمود پرواز
چو شیرین دید در سیمای شاپور / نشان آشنایی دادش از دور
به شاپور آن ظن او را بَذ نیفتاد / رقم زد گرچه بر کاغذ نیفتاد
اشارت کرد کآن مغ را بخوانید / وزین در قصّه‌ای با او برانید
مگر داند که این صورت چه نام است / چه آیین دارد و جایش کدام است
پرستاران به رفتن راه رفتند / به کهبد حال صورت بازگفتند
فسونی زیر لب می‌خواند شاپور / چو نزدیکی که از کاری بوَد دور
چو پای صید را در دام خود دید / در آن جنبش، صلاح آرام خود دید
به پاسخ گفت کاین دُر سفتنی نیست / وگر هست از سر پا گفتنی نیست
پرستاران برِ شیرین دویدند / بگفتند آنچه از کهبد شنیدند
چو شیرین این سخن ز ایشان نیوشید / ز گرمی در جگر خونش بجوشید

روانه شد چو سیمین‌کوه در حال	درافکنده به کوه آواز خلخال
بر شاپور شد بی‌صبر و سامان	به قامت چون سهی سروی خرامان
بر و بازو چو بلّورین حصاری	سر و گیسو چو مشکین نوبهاری
کمندی کرده گیسوش از تن خویش	فکنده در کجا، در گردن خویش
ز شیرین‌کاری آن نقش جمّاش	فروبسته زبان و دست نقاش
رخ چون لعبتش در دلنوازی	به لعبت‌باز خود می‌کرد بازی
دلش را برده بود آن هندوی چُست	به ترکی رخت هندو را همی‌جست
ز هندو جستن آن ترک‌تازش	همه ترکان شده هندوی نازش
نقاب از گوش گوهرکش گشاده	چو گوهر گوش بر دریا نهاده
لبی و صد نمک، چشمی و صد ناز	به رسم کهبدان دردادش آواز
که با من یک زمان چشم‌آشنا باش	مکن بیگانگی یک‌دم مرا باش
چو آن نیرنگ‌ساز آواز بشنید	درنگ آوردن آنجا مصلحت دید
زبان‌دان مرد را زآن نرگس مست	زبانی ماند و آن دیگر شد از دست
ثناهای پری‌رخ بر زبان راند	پری بنشست و او را نیز بنشاند
بپرسیدش که چونی؟ وز کجایی؟	که بینم در تو رنگ آشنایی
جوابش داد مرد کاردیده	که هستم نیک و بد بسیار دیده
خدای از هر نشیب و هر فرازی	نپوشیده‌ست بر من هیچ رازی
ز حدّ باختر تا بوم خاور	جهان را گشته‌ام کشور به کشور
زمین بگذار کز مه تا به ماهی	خبر دارم ز هر معنی که خواهی
چو شیرین یافت آن گستاخ‌رویی	بدو گفتا در این صورت، چه گویی؟

به پاسخ گفت رنگ‌آمیز شاپور — که باد از روی خوبت چشم بد دور
حکایت‌های این صورت دراز است — و زین صورت مرا در پرده راز است
یکایک هرچه می‌دانم سر و پای — بگویم با تو گر خالی بوَد جای
بفرمود آن صنم تا آن بتی چند — بناتُ‌النّعش‌وار از هم پراکند
چو خالی دید میدان آن سخن‌دان — درافکند از سخن گویی به میدان
که هست این صورت پاکیزه‌پیکر — نشان آفتاب هفت کشور
سکندر موکبی، دارا سواری — ز دارا و سکندر یادگاری
به خوبیش آسمان، خورشید خوانده — زمین را تخمی از جمشید مانده
شهنشه خسروِ پرویز کِامروز — شهنشاهی بدو گشته‌ست پیروز
و زین شیوه سخن‌هایی برانگیخت — که از جان‌پروری با جان درآمیخت
سخن می‌گفت و شیرین هوش داده — بدان گفتار شیرین گوش داده
به هر نکته فرومی‌شُد زمانی — دگر ره باز می‌جستش نشانی
سخن را زیر پرده رنگ می‌داد — جگر می‌خورد و لعل از سنگ می‌داد
از او شاپور دیگر راز ننهفت — سخن را آشکارا کرد و پس گفت
پری‌رویا نهان می‌داری اسرار — سخن در شیشه می‌گویی پری‌وار
چرا چون گل زنی در پوست خنده؟ — سخن باید چو شکّر پوست‌کنده
چو می‌خواهی که یابی روی درمان — مکن درد از طبیب خویش پنهان
بت زنجیرموی از گفتن او — برآشفت، ای خوشا آشفتن او
ولی چون عشق دامن‌گیر بودش — دگربار از ره غَدر آزمودش
حریفی جنس دید و خانه خالی — طَبَق‌پوش از طبق برداشت حالی

به گستاخی برِ شاپور بنشست
در ِ تنگ شکر را مُهر بشکست

که ای کهبد به حق کردگارت
که ایمن کن مرا در زینهارت

به حکم آنکه بس شوریده‌کارم
چو زلف خود دلی شوریده دارم

در این صورت بدان‌سان مِهر بستم
که گویی روز و شب صورت‌پرستم

به کار آی اندرین کارم به یک چیز
که روزی من به کار آیم تو را نیز

چو من در گوش تو پرداختم راز
تو نیز ار نکته‌ای داری درانداز

فسونگر در حدیث چاره‌جویی
فسونی بِه ندید از راستگویی

چو یاره دست‌بوسی رایش افتاد
چو خلخال زر اندر پایش افتاد

به صد سوگند گفت ای شمع یاران
سزای تخت و فخر تاجداران

ز شب، بدخواه تو تاریک‌دین‌تر
ز ماه نو دلت باریک‌بین‌تر

به حقّ آن که در زنهار اویم
که چون زنهار دادی راست گویم

من آن صورتگرم کز نقش پرگار
ز خسرو کردم این صورت نمودار

هر آن صورت که صورتگر نگارد
نشان دارد ولیکن جان ندارد

مرا صورتگری آموختستند
قبای جان دگر جا دوختستند

چو تو بر صورت خسرو چنینی
ببین تا چون بوَد کاو را ببینی

جهانی بینی از نور آفریده
جهان نادیده اما نور دیده

شگرفی، چابکی، چستی، دلیری
به مهر آهو، به کینه تند شیری

گلی بی‌آفت باد خزانی
بهاری تازه بر شاخ جوانی

هنوزش گرد گل نارُسته شمشاد
ز سوسن، سرو او چون سوسن آزاد

هنوزش پرّ یَغلِق در عقاب است
هنوزش برگ نیلوفر در آب است

هنوزش آفتاب از ابر پاک است — ز ابر و آفتاب او را چه باک است؟
به یک بوی از ارم صد در گشاده — به دوزخ ماه را دو رخ نهاده
بر اَدهَم زین نهد، رستمنهاد است — به می خوردن نشیند، کیقباد است
شبی کاو گنجبخشی را دهد داد — کلاه گنج قارون را برد باد
سخن گوید، دُر از مرجان برآرد — زند شمشیر، شیر از جان برآرد
چو درجنبد رکاب قطبوارش — عناندزدی کند باد از غبارش
نسب گویی، بِنامیزد، ز جمشید — حسب پرسی، بحمدالله، چو خورشید
جهان با موکبش ره تنگ دارد — علَم بالای هفت اورنگ دارد
چو زر بخشد، شتر باید به فرسنگ — چو وقت آهن آید، وای بر سنگ
چو دارد دشنهٔ پولاد را پاس — بسُنباند زره، ور باشد الماس
چو باشد نوبت شمشیربازی — خطیبان را دهد شمشیر غازی
قدمگاهش زمین را خسته دارد — شتابش چرخ را آهسته دارد
فلک با او به میدان کُند شمشیر — به گشتن نیز گه بالا و گه زیر
جمالش را که بزمآرای عید است — هنر اصلی و زیبایی مزید است
به اقبالش، دل استقبال دارد — چو هست اقبال، کار اقبال دارد
بدین فرّ و جمال آن عالمافروز — هوای عشق تو دارد شب و روز
خیالت را شبی در خواب دیدهست — از آن شب عقل و هوش از وی رمیدهست
نه مِی نوشد، نه با کس جام گیرد — نه شب خسبد، نه روز آرام گیرد
به جز شیرین نخواهد همنفس را — بدین تلخی مبادا عیش کس را
مرا قاصد بدین خدمت فرستاد — تو دانی نیک و بد کردم تو را یاد

از این دَر گونه‌گونه دُر همی‌سُفت / سخن چندان که می‌دانست می‌گفت
وزآن شیرین‌سخن، شیرین مدهوش / همی‌خورد آن سخن‌ها خوش‌تر از نوش
بدان آمد که صد بار افتد از پای / به صنعت خویشتن می‌داشت بر جای
زمانی بود و گفت ای مرد هشیار / چه می‌دانی کنون تدبیر این کار؟
بدو شاپور گفت ای رشک خورشید / دلت آسوده باد و عمر جاوید
صواب آن شد که نگشایی به کس راز / کنی فردا سوی نخجیر پرواز
چو مردان برنشین بر پشت شبدیز / به نخجیر آی و از نخجیر بگریز
نه خواهد کس تو را دامن کشیدن / نه در شبدیز شبرنگی رسیدن
تو چون سیاره می‌شو میل در میل / من آیم گر توانم خود به تعجیل
یکی انگشتری از دست خسرو / بدو بسپرد کاین برگیر و می‌رو
اگر در راه بینی شاه نو را / به شاه نو نمای این ماه نو را
سمندش را به زرّین نعل یابی / ز سر تا پا لباسش لعل یابی
کُلَه لعل و قبا لعل و کمر لعل / رُخَش هم لعل بینی، لعل در لعل
وگرنه از مداین راه می‌پرس / ره مُشکوی شاهنشاه می‌پرس
چو ره یابی به اقصای مداین / روان بینی خزاین بر خزاین
ملک را هست مُشکویی چو فَرخار / در آن مُشکو کنیزان‌اند بسیار
بدان مشکوی مشک‌آگین فرود آی / کنیزان را نگین شاه بنمای
در آن گلشن چو سرو آزاد می‌باش / چو شاخ میوهٔ تر، شاد می‌باش
تماشای جمال شاه می‌کن / مرادت را حساب آن‌گاه می‌کن
وگر من با توام چون سایه با تاج / بدین اندرز رایت نیست محتاج

چو از گفتن فراغت یافت شاپور / دمش در مَه گرفت و حیله در حور
از آنجا رفت جان و دل پر امّید / بماند آن ماه را تنها چو خورشید
دویدند آن شگرفان سوی شیرین / بنات‌النّعش را کردند پروین
بفرمود اختران را ماه تابان / کز آن منزل شوند آن شب شتابان
به نعل تازیان کوه‌پیکر / کنند آن کوه را چون کان گوهر
روان کردند مهد آن دل‌نوازان / چو مه تابان و چو خورشید تازان
سخن‌گویان سخن‌گویان، همه راه / به سر بردند ره را تا وطن‌گاه
از آن رفتن برآسودند یک چند / دل شیرین فرومانده در آن بند
شبی کز شب جهان پُردود کردند / جهان را دیده خواب‌آلود کردند
پرند سبز بر خورشید بستند / گلی را در میان بید بستند
به بانو گفت شیرین کای جهان‌گیر / برون خواهم شدن فردا به نخجیر
یکی فردا بفرما ای خداوند / که تا شبدیز را بگشایم از بند
بر او بنشینم و صحرا نوردم / شبانگه سوی خدمت بازگردم
مهین بانو جوابش داد کای ماه / به جای مرکبی، صد ملک درخواه
به حکم آنکه این شبرنگ شبدیز / به گاه پویه بس تند است و بس تیز
چو رعد تند باشد در غریدن / چو باد تیز باشد در وزیدن
مبادا کز سر تندی و تیزی / کند در زیر آب آتش‌ستیزی
وگر بر وی نشستن ناگزیر است / نه شب زیباتر از بدر منیر است
لگام پهلوانی بر سرش کن / به زیر خود ریاضت‌پرورش کن
چهره چون گلبرگ بشکفت‌رخ گل / زمین بوسید و خدمت کرد و خوش خفت

گریختن شیرین از نزد مهین‌بانو به مداین

چو برزد بامدادان خازن چین
به دُرج گوهرین بر قفل زرّین

برون آمد ز دُرج آن نقش چینی
شدن را کرده با خود نقش‌بینی

بتان چین به خدمت سر نهادند
به‌سان سرو بر پای ایستادند

چو شیرین دید روی مهربانان
به چربی گفت با شیرین‌زبانان

که بسم‌الله به صحرا می‌خرامم
مگر بِسمِل شود مرغی به دامم

بتان از سرسراغج باز کردند
دگرگون خدمتش را ساز کردند

به کردار کله‌داران چون نوش
قبا بستند بِکران قصب‌پوش

که رسمی بود کآن صحراخرامان
به صید آیند بر رسم غلامان

همه در گرد شیرین حلقه بستند
چو حالی برنشست او برنشستند

به صحرایی شدند از صحن ایوان
به سرسبزی چو خضر از آب حیوان

در آن صحرا روان کردند رهوار
وزآن صحرا به صحراهای بسیار

شدند آن روضهٔ حوران دلکش
به صحرایی چو مینو خرّم و خوش

زمین از سبزه نزهتگاه آهو
هوا از مشک پر، خالی ز آهو

سرانجام اسب را پرواز دادند
عنان خود به مرکب بازدادند

بت لشکرشکن بر پشت شبدیز
سواری تند بود و مرکبی تیز

چو مرکب گرم کرد از پیش یاران
برون افتاد ازآن همتک سواران

گمان بردند کاَسبش سر کشیده‌ست
ندانستند کاو سر درکشیده‌ست

بسی چون سایه دنبالش دویدند
ز سایه درگذر، گردش ندیدند

به جستن تا به شب دمساز گشتند
به نومیدی هم آخر بازگشتند

ز شــاه خویــش هـر یـک دور مانـده	بـه تـن رنجـه، بـه دل رنجـور مانـده
بـه درگـاه مهین‌بانـو شبانـگاه	شدنـد آن اخـتران بی‌طلعـت مـاه
بـه دیـده پیـش تختـش راه رفتنـد	بـه تلخـی حـال شیریـن بازگفتنـد
کـه سیّـاره چـه شب‌بـازی نمـودش	تـکِ طیّـاره چـون انـدر رُبـودش
مهین‌بانو چو بشنیـد ایـن سخـن را	صَـلا در داد غم‌هـای کهـن را
فـرود آمـد ز تخـت خویـش غمنـاک	بـه سـر بـر خـاک و سـر هـم بـر سـر خـاک
از آن غـم دست‌هـا بـر سـر نهـاده	ز دیـده سیـل طوفـان برگشـاده
ز شیریـن یـاد بی‌انـدازه می‌کـرد	بـدو سـوگ بـرادر تـازه می‌کـرد
بـه آب چشـم گفـت ای نازنیـن‌مـاه	ز مـن چشـم بـدت بربـود نـاگاه
گلـی بـودی کـه بـاد از بـارت افکنـد	نـدانـم بـر کدامیـن خـارت افکنـد
چـه افتـادت کـه مهـر از مـا بریـدی؟	کدامیـن مهـربـان بـر مـا گزیـدی؟
چـو آهـو زیـن غزالان سیـر گشتـی	گرفـتار کدامیـن شیـر گشتـی؟
چـو مـاه از اخـترانِ خـود جدایـی	نـه خورشیـدی، چنیـن تنهـا چرایـی؟
کجـا سـرو تـو کـز جانـم چمـن داشـت؟	بـه هـر شاخـی رگـی بـا جان مـن داشـت
رُخَـت مـاه اسـت تـا خـود بـر کـه تابـد؟	مَنَـش گـم کـرده‌ام تـا خـود کـه یابـد؟
همـه شـب تـا بـه روز ایـن نوحـه می‌کـرد	غمـش بـر غـم فـزود و درد بـر درد
چـو مهـر آمـد بـرون از چـاه بیـژن	شـد از نـورش جهـان را دیـده روشـن
همـه لشکـر بـه خدمـت سـر نهـادنـد	بـه نوبتگـاهِ فرمـان ایستـادنـد
کـه گـر بـانـو بفرمـایـد بـه شبگیـر	پـی شیریـن برانیـم اسـب چـون تیـر
مهین‌بانـو بـه رفتـن میـل ننمـود	نـه خـود رفـت و نـه کـس را نیـز فرمـود

چو در خواب این بلا را بود دیده / که بودی بازی از دستش پریده
چو حسرت خورد از پروازِ آن باز / همان باز آمدی بر دست او باز
بدیشان گفت اگر ما بازگردیم / وگر با آسمان همراز گردیم
نشد ممکن که در هیچ آبخوردی / بیابیم از پی شبدیز گردی
نشاید شد پی مرغ پریده / نه دنبال شکار دامدیده
کبوتر چون پرید از پس چه نالی؟ / که وا برج آید ار باشد حلالی
بلی چندان شکیبم در فراقش / که برقی یابم از نعل بُراقش
چو زآن گمگشته گنج آگاه گردم / دگر ره با طرب همراه گردم
به گنجینه سپارم گنج را باز / بدین شکرانه گردم گنج‌پرداز
سپه چون پاسخ بانو شنیدند / بِه از فرمانبری کاری ندیدند
وزآن سوی دگر شیرین به شبدیز / جهان را می‌نوشت از بهر پرویز
چو سیّاره شتاب‌آهنگ می‌بود / ز ره رفتن به روز و شب نیاسود
قبا دربسته بر شکل غلامان / همی‌شد ده به ده، سامان به سامان
نبود ایمن ز دشمن گاه و بی‌گاه / به کوه و دشت می‌شد راه و بی‌راه
رونده کوه را چون باد می‌راند / به تک در باد را چون کوه می‌ماند
نپوشد بر تو آن افسانه را راز / که در راهی زنی شد جادویی ساز
یکی آیینه و شانه درافکند / به افسونی به راهش کرد دربند
فلک این آینه وآن شانه را جست / کزین کوه آمد و زآن بیشه بررُست
زنی کاو شانه و آیینه بفکند / ز سختی شد به کوه و بیشه مانند
شده شیرین در آن راه از بس اندوه / غبارآلود چندین بیشه و کوه

رُخَش سیمای کمرختی گرفته
مزاج نازکش سختی گرفته

نشان می‌جست و می‌رفت آن دل‌افروز
چو ماه چارده شب، چارده روز

جَنیبت را به یک منزل نمی‌ماند
خبرپرسان خبرپرسان همی‌راند

تکاور دست‌برد از باد می‌برد
زمین را دور چرخ از یاد می‌برد

اندام شستن شیرین، در چشم آب

سپیده‌دم چو دم برزد سپیدی
سیاهی خواند حرف ناامیدی

هزاران نرگس از چرخ جهانگرد
فروشُد تا برآمد یک گل زرد

شتابان کرد شیرین بارگی را
به تلخی داد جان یکبارگی را

پدید آمد چو مینو مرغزاری
در او چون آب حیوان چشمه‌ساری

ز شرم آب آن رخشنده خانی
شده در ظلمت، آب زندگانی

ز رنج راه بود اندام خسته
غبار از پای تا سر برنشسته

به گِرد چشمه جولان زد زمانی
ده اندر ده ندید از کس نشانی

فرود آمد به یکسو بارگی بست
ره اندیشه بر نظّارگی بست

چو قصد چشمه کرد آن چشمهٔ نور
فلک را آب در چشم آمد از دور

سهیل از شعر شکّرگون برآورد
نفیر از شِعریِ گردون برآورد

پرندی آسمان‌گون بر میان زد
شد اندر آب و آتش در جهان زد

فلک را کرد کُحلی‌پوش پروین
موصّل کرد نیلوفر به نسرین

حصارش نیل شد یعنی شبانگاه
ز چرخ نیلگون سر برزد آن ماه

تن سیمینش می‌غلتید در آب چو غلتد قاقمی بر روی سنجاب
عجب باشد که گُل را چشمه شوید غلط گفتم که گُل بر چشمه روید
در آب انداخته از گیسوان شست نه ماهی بلکه ماه آورده در دست
ز مشک آرایش کافور کرده ز کافورش جهان کافور خورده
مگر دانسته بود از پیش‌دیدن که مهمانی نُوَش خواهد رسیدن
در آب چشمه‌سار آن شکّرِ ناب ز بهر میهمان می‌ساخت جُلّاب

دیدن خسرو، شیرین را در چشمه‌سار

سخن‌گوینده پیر پارسی‌خوان چنین گفت از ملوک پارسی‌دان
که چون خسرو به ارمن کس فرستاد به پرسش کردن آن سرو آزاد
شب و روز انتظار یار می‌داشت امید وعدهٔ دیدار می‌داشت
به شام و صبح اندر خدمت شاه کمر می‌بست چون خورشید و چون ماه
چو تخت‌آرای شد طرف کلاهش ز شادی تاج سر می‌خواند شاهش
گرامی بود بر چشم جهان‌دار چنین تا چشم‌زخم افتاد در کار
که از پولادکاری، خصم خون‌ریز درم را سکّه زد بر نام پرویز
به هر شهری فرستاد آن درم را بشورانید از آن شاه عجم را
ز بیم سکّه و نیروی شمشیر هراسان شد کهن‌گرگ از جوان‌شیر
چنان پنداشت آن منصوبه را شاه که خسرو باخت آن شطرنج ناگاه
بر آن دل شد که لَعبی چند سازد بگیرد شاه نو را بند سازد
حسابی برگرفت از روی تدبیر نبود آگه ز بازی‌های تقدیر

خسرو و شیرین

که نتوان راه خسرو را گرفتن / نه در عقده مه نو را گرفتن
چو هر کاو راستی در دل پذیرد / جهان گیرد، جهان او را نگیرد
بزرگ‌امّید از این معنی خبر یافت / شه نو را به خلوت جست و دریافت
حکایت کرد کَاختر در وبال است / ملک را با تو قصد گوشمال است
بباید زُفت روزی چند از این پیش / شتاب آوردن و بردن سر خویش
مگر کاین آتشت بی‌دود گردد / وبال اخترت مسعود گردد
چو خسرو دید کآشوب زمانه / هلاکش را همی‌سازد بهانه
به مشکو رفت پیش مشگ‌مویان / وصیّت کرد با آن ماه‌رویان
که می‌خواهم خرامیدن به نخجیر / دو هفته بیش و کم زین کاخ دل‌گیر
شما خندان و خرّم‌دل نشینید / طرب سازید و روی غم نبینید
گر آید نارپستانی در این باغ / چو طاووسی نشسته بر پر زاغ
فرود آرید کآن مهمان عزیز است / شما ماهید و خورشید آن کنیز است
بمانیدش که تا بی‌غم نشیند / طرب می‌سازد و شادی گزیند
وگر تنگ آید از مشکُوی خضرا / چو خضر آهنگ سازد سوی صحرا
در آن صحرا که او خواهد بتازید / بهشتی‌روی را قصری بسازید
بدان صورت که دل دادش گوایی / خبر می‌داد از الهام خدایی
چو گفت این قصّه، بیرون رفت چون باد / سلیمان‌وار با جمعی پری‌زاد
زمین‌کَن کوه خود را گرم کرده / سوی ارمن زمین را نرم کرده
ز بیم شاه می‌شد دل پر از درد / دو منزل را به یک منزل همی‌کرد
قضا را اسبشان در راه شد سست / در آن منزل که آن مه موی می‌شست

غلامان را بفرمود ایستادن
ستوران را علوفه برنهادن

تن تنها ز نزدیک غلامان
سوی آن مرغزار آمد خرامان

طوافی زد در آن فیروزه گلشن
میان گلشن، آبی دید روشن

چو طاووسی عقابی بازبسته
تذروی بر لب کوثر نشسته

گیا را زیر نعل آهسته می‌سفت
در آن آهستگی آهسته می‌گفت

گر این بت جانِ من بودی، چه بودی؟
ور این اسب آنِ من بودی، چه بودی؟

نبود آگه که آن شبرنگ و آن ماه
به برج او فرود آیند ناگاه

بسا معشوق کآید مست بر در
سَبَل در دیده باشد خواب در سر

بسا دولت که آید بر گذرگاه
چو مرد آگه نباشد گم کند راه

ز هر سو کرد بر عادت نگاهی
نظر ناگه درافُتادش به ماهی

چو لختی دید از آن دیدن خطر دید
که بیش آشفته شد تا بیشتر دید

عروسی دید چون ماهی مهیّا
که باشد جای آن مه بر ثریّا

نه ماه آیینهٔ سیماب داده
چو ماه نَخشَب از سیماب زاده

در آب نیلگون چون گل نشسته
پرندی نیلگون تا ناف بسته

همه چشمه ز جسم آن گل‌اندام
گل بادام و در گل مغز بادام

حواصل چون بوَد در آبِ چون رنگ؟
همان رونق در او از آب و از رنگ

ز هر سو شاخ گیسو شانه می‌کرد
بنفشه بر سر گل دانه می‌کرد

اگر زلفش غلط می‌کرد کاری
که دارم در بن هر موی ماری

نهان با شاه می‌گفت از بناگوش
که مولای توأم هان حلقه در گوش

چو گنجی بود گنجش کیمیاسنج
به بازی زلف او چون مار بر گنج

فسونگر مار را نگرفته در مشت
گمان بردی که مارافسای را کشت

کلید از دست بستانبان فتاده
ز بستان نار پستان درگشاده

دلی کان نار شیرین‌کار دیده
ز حسرت گشته چون نار کَفیده

بدان چشمه که جای ماه گشته
عجب بین کآفتاب از راه گشته

چو بر فرق آب می‌انداخت از دست
فلک بر ماه مروارید می‌بست

تنش چون کوه برفین تاب می‌داد
ز حسرت شاه را برفاب می‌داد

شه از دیدار آن بلّور دلکش
شده خورشید، یعنی دل پُرآتش

فشاند از دیده باران سحابی
که طالع شد قمر در برج آبی

سمن‌بَر غافل از نظّارهٔ شاه
که سنبل بسته بُد بر نرگسش راه

چو ماه آمد برون از ابر مشکین
به شاهنشه درآمد چشم شیرین

همایی دید بر پشت تذروی
به بالای خدنگی رُسته سروی

ز شرم چشم او در چشمهٔ آب
همی‌لرزید چون در چشمه مهتاب

جز این چاره ندید آن چشمهٔ قند
که گیسو را چو شب بر مه پراکند

عبیر افشاند بر ماه شب‌افروز
به شب خورشید می‌پوشید در روز

سوادی بر تن سیمین زد از بیم
که خوش باشد سواد نقش بر سیم

دل خسرو بر آن تابنده مهتاب
چنان چون زر درآمیزد به سیماب

ولی چون دید کز شیر شکاری
به هم در شد گوزن مَرغزاری

زبون‌گیری نکرد آن شیر نخجیر
که نبود شیر صیدافکن زبون‌گیر

به صبری کآورد فرهنگ در هوش
نشاند آن آتش جوشنده را جوش

جوانمردی خوش‌آمد را ادب کرد
نظرگاهش دگر جایی طلب کرد

به گِرد چشمه دل را دانه می‌کاشت / نظر جای دگر بیگانه می‌داشت
دو گل بین کز دو چشمه خار دیدند / دو تشنه کز دو آب آزار دیدند
هم آن را روز اوّل چشمه زد راه / هم این از چشمه‌ای افتاد در چاه
به سرچشمه گشاید هرکسی رخت / به چشمه نرم گردد توشهٔ سخت
جز ایشان را که رخت از چشمه بردند / ز نرمی‌ها به سختی‌ها سپردند
نبینی چشمه‌ای کز آتش دل / ندارد تشنه‌ای را پای در گل
نه خورشید جهان کاین چشمهٔ خون / بدین کار است گردان گرد گردون
چو شه می‌کرد مه را پرده‌داری / که خاتون بُرد نتوان بی‌عماری
برون آمد پری‌رخ چون پری تیز / قبا پوشید و شد بر پشت شبدیز
حسابی کرد با خود کاین جوانمرد / که زد بر گِرد من چون چرخْ ناوَرد
شگفت آید مرا گر یار من نیست / دلم چون بُرد؟ اگر دل‌دار من نیست
شنیدم لعل در لعل است کانش / اگر دل‌دار من شد، کو نشانش؟
نبود آگه که شاهان جامهٔ راه / دگرگونه کنند از بیم بدخواه
هوای دل رهش می‌زد که برخیز / گل خود را بدین شکّر برآمیز
گر آن صورت بُد، این رخشنده جان است / خبر بود آن و این باری عیان است
دگر ره گفت از این ره روی برتاب / روا نبوَد نمازی در دو محراب
ز یک دوران دو شربت خورد نتوان / دو صاحب را پرستش کرد نتوان
وگر هست این جوان آن نازنین شاه / نه جای پرسش است، او را در این راه
مرا بِه کز درون پرده بیند / که بر بی‌پردگان گردی نشیند
هنوز از پرده بیرون نیست این کار / ز پرده چون برون آیم به‌یک‌بار؟

خسرو و شیرین

عقاب خویش را در پویه پر داد / ز نعلش گاو و ماهی را خبر داد
تک از باد صبا پیشی گرفته / به جنبش با فلک خویشی گرفته
پری را می‌گرفت از گرم‌خیزی / به چشم دیو در می‌شد ز تیزی
پس از یک لحظه خسرو بازپس دید / به جز خود، ناکسم گر هیچ‌کس دید
ز هر سو کرد مرکب را روانه / نه دل دید و نه دلبر در میانه
فرود آمد بدان چشمه زمانی / ز هر سو جست از آن گوهر نشانی
شگفت آمد دلش را کاین‌چنین تیز / بدین زودی کجا رفت آن دلاویز؟
گهی سوی درختان دید گستاخ / که گویی مرغ شد، پرّید بر شاخ
گهی دیده به آب چشمه می‌شست / چو ماهی ماه را در آب می‌جست
زمانی پل بر آب چشم بستی / گهی بر آب چشمه پل شکستی
ز چشمش برده آن چشمه سیاهی / در او غلتید چون در چشمه ماهی
چنان نالید کز بس نالش او / پشیمان شد سپهر از مالش او
مه و شبدیز را در باغ می‌جست / به چشمی باز و چشمی زاغ می‌جست
ز هر سو حمله‌بر، چون باز نخجیر / که زاغی کرد بازش را گروگیر
از آن زاغ سبک‌پر مانده پُر داغ / جهان تاریک بر وی چون پرِ زاغ
شده زاغ سیه باز سپیدش / درخت خار گشته مشک‌بیدش
ز بیدش گربه‌بید انجیر کرده / سرشکش تخم بیدانجیر خورده
خمیده بیدش از سودای خورشید / بلی رسم است، چوگان کردن از بید
برآورد از جگر سوزنده آهی / که آتش در چو من مردم‌گیاهی
بهاری یافتم زو بر نخوردم / فراتی دیدم و لب تر نکردم

به نادانی ز گوهر داشتم چنگ
کنون می‌بایدم بر دل زدن سنگ

گلی دیدم، نچیدم بامدادش
دریغا چون شب آمد، برد بادش

در آبی نرگسی دیدم شکفته
چو آبی خفته، وز او آب خفته

شنیدم کآب خفتد، زر شود خاک
چرا سیماب گشت آن سرو چالاک؟

همایی بر سرم می‌داد سایه
سریرم را ز گردون کرد پایه

بر آن سایه چو مه دامن فشاندم
چو سایه لاجرم بی‌سنگ ماندم

نَمَدزینم نگردد خشک از این خون
بَتَر زینم تبرزین چون بود، چون؟

برون آمد گلی از چشمهٔ آب
نمی‌گویم به بیداری که در خواب

کنون کآن چشمه را با گل نبینم
چو خار آن بِه که بر آتش نشینم

که فرمودم که روی از مه بگردان؟
چو بخت آمد به راهت، ره بگردان؟

کدامین دیو، طبعم را بر این داشت
که از باغ ارم بگذشت و بگذاشت؟

همه جایی شکیبایی ستوده‌ست
جز این یک‌جا که صید از من ربوده‌ست

چو برق از جان چراغی برفروزم
شکیب خام را بر وی بسوزم

اگر من خوردمی زآن چشمه آبی
نبایستی ز دل کردن کبابی

نصیحت بین که آن هندو چه فرمود
که چون مالی بیابی، زود خور زود

در این باغ از گل سرخ و گل زرد
پشیمانی نخورد آن‌کس که بر خورد

من و زین پس جگر در خون کشیدن
ز دل پیکانِ غم بیرون کشیدن

زنم چندان طپانچه بر سر و روی
که یا رب یا ربی خیزد ز هر موی

مگر کآسوده‌تر گردم در این درد
تنور آتشم لَختی شود سرد

ز بحر دیده چندان دُر ببارم
که جز گوهر نباشد دَر کنارم

کسی کاو را ز خون آماس خیزد
کی آسوده شود تا خون نریزد؟
زمانی گشت گرد چشمه نالان
به گریه دست‌ها بر چشم مالان
زمانی بر زمین افتاد مدهوش
گرفت آن چشمه را چون گل در آغوش
از آن سرو روان کز چنگ رفته
ز سروش آب و از گل رنگ رفته
سهی‌سروش فتاده بر سر خاک
شده لرزان چنان کز باد خاشاک
به دل گفتا گر این ماه آدمی بود
کجا آخر قدمگاهش زَمی بود
وگر بود او پری دشوار باشد
پری بر چشمه‌ها بسیار باشد
به کس نتوان نمود این داوری را
که خسرو دوست می‌دارد پری را
مرا زین کار کامی برنخیزد
پری پیوسته از مردم گریزد
به جفت مرغ آبی باز کی شد؟
پری با آدمی دمساز کی شد؟
سلیمانم بباید نام کردن
پس آن‌گاهی پری را رام کردن
از این اندیشه لختی بازمی‌گفت
حکایت‌های دل‌پرداز می‌گفت
به نومیدی دل از دل‌خواه برداشت
به دارالمُلک ارمن راه برداشت

رسیدن شیرین به مشکُوی خسرو در مداین

فلک چون کارسازی‌ها نماید
نخست از پرده بازی‌ها نماید
به دهقانی چو گنجی داد خواهد
نخست از رنج‌بردش یاد خواهد
اگر خار و خَسَک در ره نماند
گل و شمشاد را قیمت که داند؟
بباید داغ دوری روزکی چند
پس از دوری خوش آید مهر و پیوند

چو شیرین از برِ خسرو جدا شد ز نزدیکی به دوری مبتلا شد
به پرسش‌پرسش از درگاه پرویز به مشکوی مداین راند شبدیز
به آیین عروسی شوی جسته وز آیین عروسی روی شسته
فرود آمد رقیبان را نشان داد درون شد باغ را سرو روان داد
چو دیدند آن شگرفان روی شیرین گَزیدند از حسد لب‌های زیرین
به رسم خسروی بنواختندش ز خسرو هیچ وا نشناختندش
همی‌گفتند خسرو با نکویی به آتش خواستن رفته‌ست گویی
بیاورد آتشی چون صبح دلکش وزآن آتش به دل‌ها دَرزَد آتش
پس آنگه حال او دیدن گرفتند نشانش بازپرسیدن گرفتند
که چونی؟ وز کجایی و چه نامی؟ چه اصلی و چه مرغی؟ وز چه دامی؟
پری‌رخ زآن بتان پرهیز می‌کرد دروغی چند را سر تیز می‌کرد
که شرح حال من لختی دراز است به حاضر گشتن خسرو نیاز است
چو خسرو در شبستان آید از راه شما را خود کند زین قصّه آگاه
ولیک این اسب را دارید بی‌رنج که هست این اسب را قیمت بسی گنج
چو برگفت این سخن مهمان طنّاز نشاندند آن کنیزانش به صد ناز
فشاندند آب گل بر چهرهٔ ماه ببستند اسب را بر آخور شاه
دگرگون زیوری کردند سازش ز دُر بستند بر دیبا طرازش
گل وصلش به باغ وعده بشکفت فروآسود و ایمن گشت و خوش خفت
رقیبانی که مشکو داشتندی شکرلب را کنیز انگاشتندی
شکرلب با کنیزان نیز می‌ساخت کنیزانه بدیشان نرد می‌باخت

ترتیب کردن کوشك برای شیرین

چو شیرین در مداین مهد بگشاد
ز شیرین‌لب طبق‌ها شهد بگشاد

پس از ماهی کز آسایش اثر یافت
ز بیرون رفتن خسرو خبر یافت

که از بیم پدر شد سوی نخجیر
وز آنجا سوی ارمن کرد تدبیر

به درد آمد دلش زآن بی‌دوایی
که کارش داشت الحق بینوایی

چنین تا مدّتی در خانه می‌بود
ز بی‌صبری دلش دیوانه می‌بود

حقیقت شد وِرا کآن یکسواره
که می‌کرد اندر او چندان نظاره

جهان‌آرای خسرو بود کز راه
نظر می‌کرد چون خورشید در ماه

بسی از خویشتن بر خویشتن زد
فروخورد آن تَغابُن را و تن زد

صبوری کرد روزی چند در کار
نمود آنگه که خواهم گشت بیمار

مرا قصری به خرّم مَرغزاری
بباید ساختن بر کوهساری

که کوهستانی‌ام گُلزار پرورد
شد از گرمی گلِ سرخم، گل زرد

بدو گفتند بت‌رویان دمساز
که ای شمع بتان، چون شمع مگداز

تو را سالار ما فرمود جایی
مهیّا ساختن در خوش هوایی

اگر فرمان دهی تا کارفرمای
به کوهستان تو را پیدا کند جای

بگفت آری بباید ساختن زود
چنان قصری که شاهنشاه فرمود

کنیزانی کز او در رشک ماندند
به خلوت مرد بنّا را بخواندند

که جادویی‌ست اینجا کاردیده
ز کوهستان بابل نورسیده

زمین را گر بگوید کِای زمین خیز
هوا بینی گرفته ریز بر ریز

فلک را نیز اگر گوید بیارام
بماند تا قیامت بر یکی گام

ز ما قصری طلب کرده‌ست جایی
کزآن سوزنده‌تر نبوَد هوایی

بدان تا مردم آنجا کم شتابند
ز جادو جادویی‌ها درنیابند

بدین جادو شبیخونی عجب کن
هوایی هرچه ناخوش‌تر طلب کن

بساز آنجا چنان قصری که باید
ز ما درخواست کن، مزدی که شاید

پس آنگه از خز و دیبا و دینار
وجوه خرج دادندش به خروار

چو بنّا شاد گشت از گنج بردن
جهان‌پیمای شد در رنج بردن

طلب می‌کرد جایی دور از انبوه
حوالی بر حوالی کوه بر کوه

به دست آورد جایی گرم و دل‌گیر
کز او طفلی شدی در هفته‌ای پیر

به ده فرسنگ از کرمانشهان دور
نه از کرمانشهان، بل از جهان دور

بدان‌جا رفت و آنجا کارگه ساخت
به دوزخ در چنان قصری بپرداخت

که داند هرکه آنجا اسب تازد
که حوری را چنان دوزخ نسازد

چو از شب گشت مشکین‌روی آن عصر
ز مشکو رفت شیرین سوی آن قصر

کنیزی چند با او نارسیده
خیانت‌کاری شهوت، ندیده

در آن زندان‌سرای تنگ می‌بود
چو گوهر شهربند سنگ می‌بود

غم خسرو رقیب خویش کرده
درِ دل بر دو عالم پیش کرده

رسیدن خسرو به ارمن، نزد مهین‌بانو

چو خسرو دور شد زآن چشمهٔ آب
ز چشم آب‌ریزش دور شد خواب

به هر منزل کز آنجا دورتر گشت
ز نومیدی دلش رنجورتر گشت

دگر ره شادمان می‌شد به امّید
که بَر نامَد هنوز از کوه خورشید

چو من زین ره به مشرق می‌شتابم
مگر خورشید روشن را بیابم

چو گل بر مرز کوهستان گذر کرد / نسیمش مرزبانان را خبر کرد
عمل‌داران برابر می‌دویدند / زر و دیبا به خدمت می‌کشیدند
بتانی دید بزم‌افروز و دل‌بند / به روشن رویِ خسرو آرزومند
خوش آمد با بتان پیوندش آنجا / مقام افتاد روزی چندش آنجا
از آنجا سوی موقان سر به در کرد / ز موقان سوی باخَرزان گذر کرد
مهین‌بانو چو زین حالت خبر یافت / به خدمت کردن شاهانه بشتافت
به استقبال شاه آورد پرواز / سپاهی ساخته با برگ و با ساز
گرامی نُزل‌های خسروانه / فرستاد از ادب سوی خزانه
ز دیبا و غلام و گوهر و گنج / دبیران را قلم در خط شد از رنج
فرود آمد به درگاه جهان‌دار / جهان‌دارش نوازش کرد بسیار
به زیر تخت شه کرسی نهادند / نشست اوی و دگر قوم ایستادند
شهنشه بازپرسیدش که چونی؟ / که بادت نو به نو عیشی فزونی
به مهمانیت آوردم گرانی / مبادت دردسر زین میهمانی
مهین‌بانو چو دید آن دل‌نوازی / ز خدمت داد خود را سرفرازی
نفس بگشاد چون باد سحرگاه / فروخواند آفرین‌ها درخور شاه
بدان طالع که پشتش را قوی کرد / پناهش بارگاه خسروی کرد
یکی هفته به نوبتگاهِ خسرو / روان می‌کرد هر دم تحفهٔ نو
پس از یک هفته، روزی کان‌چنان روز / ندیده‌ست آفتاب عالم‌افروز
به سرسبزی نشسته شاه بر تخت / چو سلطانی که باشد چاکرش بخت
ز مرزنگوش خطّ نو دمیده / بسی دل را چو طرّه سر بریده

بساط شه ز یغمایی غلامان
چو باغی پر سهی سرو خرامان

به جوش آمد سخن در کام هرکس
به مولایی برآمد نام هرکس

به رامش ساختن بی‌دفع شد کار
به حاجت خواستن بی‌رفع شد یار

مهین‌بانو زمین بوسید و برجست
به خسرو گفت ما را حاجتی هست

که دارالملک بردع را نوازی
زمستانی در آنجا عیش سازی

هوای گرمسیر است آن طرف را
فراخی‌ها بوَد آب و علف را

اجابت کرد خسرو گفت برخیز
تو می‌رو کآمدم من بر اثر نیز

سپیده‌دم ز لشکرگاه خسرو
سوی باغ سپید آمد روارو

وطن خوش بود، رخت آنجا کشیدند
ملک را تاج و تخت آنجا کشیدند

ز هر سو خیمه‌ها کردند بر پای
گرفتند از حوالی هرکسی جای

مهین‌بانو به درگاه جهان‌گیر
نکرد از شرط خدمت هیچ تقصیر

شه آنجا روز و شب عشرت همی‌کرد
می تلخ و غم شیرین همی‌خورد

مجلس بزم خسرو و بازآمدن شاپور

یکی شب از شب نوروز خوش‌تر
چه شب کز روز عید اندوه‌کش‌تر

سماع خرگهی در خرگه شاه
ندیمی چند موزون‌طبع و دل‌خواه

مقالت‌های حکمت باز کرده
سخن‌های مضاحک ساز کرده

به گرداگرد خرگاه کیانی
فروهشته نمدهای اَلانی

دمه بر در کشیده تیغ فولاد
سر نامحرمان را داده بر باد

خسرو و شیرین

درون خرگه از بوی خجسته				بخور عود و عنبر کلّه بسته
نَبید خوشگوار و عشرت خوش				نهاده منقل زرّین پُرآتش
زگال ارمنی بر آتش تیز				سیاهانی چو زنگی عشرت‌انگیز
چو مشک نافه در نشو گیاهی				پس از سرخی همی‌گیرد سیاهی
چرا آن مشکبید عود کردار				شود بعد از سیاهی، سرخ رخسار؟
سیه را سرخ چون کرد آذرنگی				چو بالای سیاهی نیست رنگی
مگر کز روزگار آموخت نیرنگ				که از موی سیاه ما بَرَد رنگ
به باغ مشعله دهقان انگِشت				بنفشه می‌درود و لاله می‌کِشت
سیه پوشیده چون زاغان کهسار				گرفته خون خود در نای و منقار
عقابی تیر خود کرده پر خویش				سیه‌ماری فکنده مهره در پیش
مَجوسی ملّتی هندوستانی				چو زردشت آمده در زَندخوانی
دبیری از حبش رفته به بلغار				به شَنگَرفی مدادی کرده بر کار
زمستان گشته چون ریحان از او خوش				که ریحان زمستان آمد آتش
صُراحی چون خروسی ساز کرده				خروسی کاو به وقت آواز کرده
ز رشک آن خروس آتشین‌تاج				گهی تیهو بر آتش، گاه درّاج
روان گشته به نقلان کبابی				گهی کبک دری، گه مرغ آبی
ترنج و سیب لب بر لب نهاده				چو در زرّین صراحی لعل باده
ز نرگس، وز بنفشه صحن خرگاه				گلستانی نهاده در نظرگاه
ز بس نارنج و نار مجلس‌افروز				شده در حقّه‌بازی باد نوروز
جهان را تازه‌تر دادند روحی				به سر بردند صبحی در صبوحی

ز چنگ ابریشم دستان‌نوازان	دریده پرده‌های عشق‌بازان
سرود پهلوی در نالهٔ چنگ	فکنده سوز آتش در دل سنگ
کمانچه آه موسی‌وار می‌زد	مغنّی راه موسیقار می‌زد
غزل برداشته رامشگر رود	که بدرود ای نشاط و عیش بدرود
چه خوش باغی است، باغ زندگانی	گر ایمن بودی از باد خزانی
چه خرّم کاخ شد، کاخ زمانه	گرش بودی اساس جاودانه
از آن سرد آمد این کاخ دلاویز	که چون جا گرم کردی، گویدت خیز
چو هست این دیر خاکی سست‌بنیاد	به باده‌ش داد باید زود بر باد
ز فردا و ز دی، کس را نشان نیست	که رفت آن از میان، وین در میان نیست
یک امروز است ما را نقد ایّام	بر او هم اعتمادی نیست تا شام
بیا تا یک دهن پُرخنده داریم	به می جان و جهان را زنده داریم
به ترک خواب می‌باید شبی گفت	که زیر خاک می‌باید بسی خفت

آگاهی دادن شاپور، خسرو را از شیرین

ملک سرمست و ساقی باده در دست	نوای چنگ می‌شد، شست در شست
درآمد گل‌رخی چون سرو آزاد	ز دلداران خسرو با دل شاد
که بر دربار خواهد بنده شاپور	چه فرمایی؟ درآید یا شود دور
ز شادی خواست جَستن خسرو از جای	دگر ره عقل را شد کارفرمای
بفرمودش درآوردن به درگاه	ز دلگرمی به جوش آمد دل شاه

که بددل در بَرَش ز امّید و از بیم / به شمشیر خطر گشته به دو نیم
همیشه چشم بر ره، دل دو نیم است / بلای چشم بر راهی عظیم است
اگرچه هیچ غم بی‌دردسر نیست / غمی از چشم بر راهی بتر نیست
مبادا هیچ‌کس را چشم بر راه / کز او رخ زرد گردد، عمر کوتاه
درآمد نقش‌بند مانَوی‌دست / زمین را نقش‌های بوسه می‌بست
زمین بوسید و خود بر جای می‌بود / به رسم بندگان بر پای می‌بود
گرامی کردش از تمکین خود شاه / نشاند او را و خالی کرد خرگاه
بپرسید از نشان کوه و دشتش / شگفتی‌ها که بود از سرگذشتش
دعا برداشت اوّل مرد هشیار / که شه را زندگانی باد بسیار
مظفّر باد بر دشمن سپاهش / میُفتاد از سر دولت کلاهش
مرادش با سعادت رهسپر باد / ز نو هر روزش اقبالی دگر باد
حدیث بنده را در چاره‌سازی / بساطی هست با لختی درازی
چو شه فرمود گفتن، چون نگویم؟ / رضای شاه جویم، چون نجویم؟
وز اوّل تا به آخر آنچه دانست / فروخواند آنچه خواندن می‌توانست
از آن پنهان شدن چون مرغ از انبوه / وزآن پیدا شدن چون چشمه در کوه
به هر چشمه شدن هر صبحگاهی / برآوردن مُقَنَّع‌وار ماهی
وزآن صورت به صورت بازخوردن / به افسون فتنه‌ای را فتنه کردن
وزآن چون هندوان بردن ز راهش / فرستادن به ترکستان شاهش
سخن چون زآن بهار نو برآمد / خروشی بی‌خود از خسرو برآمد
به خواهش گفت کآن خورشیدرخسار / بگو تا چون به دست آمد دگربار؟

مهندس گفت کردم هوشیاری | دگر اقبال خسرو کرد یاری
چو چشم تیرگر جاسوس گشتم | به دکّان کمانگر برگذشتم
به دست آوردم آن سرو روان را | بت سنگین‌دل سیمین‌میان را
چه دیدم؟ تیزرایی تازه‌رویی | مسیحی بسته در هر تار مویی
همه رخ گل، چو بادامه ز نغزی | همه تن دل، چو بادام دو مغزی
میانی یافتم کز ساق تا روی | دو عالم را گره بسته به یک موی
دهانی کرده بر تنگیش زوری | چو خوزستانی اندر چشم موری
نبوسیده لبش بر هیچ هستی | مگر آیینه را آن هم به مستی
نکرده دست او با کس درازی | مگر با زلف خود، وآن هم به بازی
بسی لاغرتر از مویش میانش | بسی شیرین‌تر از نامش دهانش
اگرچه فتنهٔ عالم شد آن ماه | چو عالم فتنه شد بر صورت شاه
چو مه را دل به رفتن تیز کردم | پس آنگه چارهٔ شبدیز کردم
رونده ماه را بر پشت شبرنگ | فرستادم به چندین رنگ و نیرنگ
من اینجا مدّتی رنجور ماندم | بدین عذر از رکابش دور ماندم
کنون دانم که آن سختی‌کشیده | به مشکوی ملک باشد رسیده
شه از دلدادگی در بر گرفتش | قدم تا فرق در گوهر گرفتش
سپاسش را طراز آستین کرد | بر او بسیاربسیار آفرین کرد
حدیث چشمه و سر شستن ماه | درستی داد قولش را برِ شاه
ملک نیز آنچه در ره دید یکسر | یکایک بازگفت از خیر و از شر
حقیقت گشتشان کآن مرغ دمساز | به اَقصای مداین کرده پرواز

قرار آن شد که دیگرباره شاپور / چو پروانه شود دنبال آن نور
زمرّد را سوی کان آورَد باز / ریاحین را به بستان آورد باز

رفتن شاپور دیگر بار، به طلب شیرین

خوشا ملکا که ملک زندگانی‌ست / بِها روزا که آن روز جوانی‌ست
نه هست از زندگی خوش‌تر شماری / نه از روز جوانی روزگاری
جهان‌خسرو که سالار جهان بود / جوان بود و عجب خوش‌دل جوان بود
نخوردی بی‌غنا یک جرعه باده / نه بی‌مطرب شدی طبعش گشاده
مغنّی را که پارنجی ندادی / به هر دستان کم از گنجی ندادی
به عشرت بود روزی باده در دست / مهین‌بانو درآمد شاد و بنشست
ملک تشریف خاص خویش دادش / ز دیگر وقت‌ها دل بیش دادش
چو آمد وقت خوان دارای عالم / ز موبد خواست رسم باج بَرْسَم
به هر خوردی که خسرو دستگه داشت / حدیث باج برسم را نگه داشت
حساب باج برسم آن‌چنان است / که او بر چاشنی‌گیری نشان است
اجازت باشد از فرمان موبد / خورش‌ها را که این نیک است و آن بد
به مِی خوردن نشاند آنگه مِهان را / همان فرخنده بانوی جهان را
به جام خاص می می‌خورد با او / سخن از هر دری می‌کرد با او
چو از جام نبید تلخ شد مست / حکایت را به شیرین بازپیوست
ز شیرین قصّهٔ آوارگی کرد / به دل شادی، به لب غمخوارگی کرد

که بانو را برادرزاده‌ای بود	چو گل خندان، چو سرو آزاده‌ای بود
شنیدم کَاذْهَم توسن کشیدش	چو عَنقا کرد از اینجا ناپدیدش
مرا از خانه پیکی آمد امروز	خبر آورد از آن ماه دل‌افروز
گر اینجا یک دو هفته بازمانم	بر آن عزمم که جایش بازدانم
فرستم قاصدی تا بازش آرَد	بسان مرغ در پروازش آرَد
مهین‌بانو چو کرد این قصّه را گوش	فروماند از سخن بی‌صبر و بی‌هوش
به خدمت بر زمین غلتید چون خاک	خروشی برکشید از دل شَغَبناک
که آن دُر کو؟ که گر بینم به خوابش	نه در دامن که در دریای آبش
به نوک چشمش از دریا برآرم	به جان بسپارمش، پس جان سپارم
پس آنگه بوسه زد بر مسند شاه	که مسندبوس بادت زهره و ماه
ز ماهی تا به ماه افسرپرستت	ز مشرق تا به مغرب زیردستت
من آنگه گفتم او آید فرادَست	که اقبال ملک در بنده پیوست
چو اقبال تو با ما سر درآرد	چنین بسیار صید از در درآرد
اگر قاصد فرستد سوی او شاه	مرا باید ز قاصد کردن آگاه
به حکم آنکه گلگون سبک‌خیز	بدو بخشم ز همزادان شبدیز
که با شبدیز کس همتگ نباشد	جز این گلگون، اگر بَدرَگ نباشد
اگر شبدیز با ماه تمام است	به همراهیش گلگون تیزگام است
وگر شبدیز نبوَد مانده بر جای	به جز گلگون که دارد زیر او پای؟
ملک فرمود تا آن رخش منظور	بَرَند از آخور او سوی شاپور
وز آنجا یکتنه شاپور برخاست	دواَسبه راه رفتن را بیاراست

سوی ملک مداین رفت پویان
گرامی ماه را یک ماه جویان

به مشکو در نبود آن ماه‌رخسار
مع‌القصّه به قصر آمد دگربار

درِ قصر نگارین زد زمانی
کس آمد دادش از خسرو نشانی

درون بردندش از در شادمانه
به خلوتگاه آن شمع زمانه

چو سر در قصر شیرین کرد شاپور
عقوبت‌باره‌ای دید از جهان دور

نشسته گوهری در بیضهٔ سنگ
بهشتی‌پیکری در دوزخ تنگ

رُخَش چون لعل شد، زآن گوهر پاک
نمازش برد و رخ مالید بر خاک

ثناها کرد بر روی چو ماهش
بپرسید از غم و تیمار راهش

که چون بودی و چون رستی ز بیداد؟
که از بندت نبود این بنده آزاد

امیدم هست کاین سختی پسین است
دلم زین پس به شادی بر یقین است

یقین می‌دان که گر سختی کشیدی
از آن سختی به آسانی رسیدی

چه جای است این؟ که بس دل‌گیر جای است
که زد رایت؟ که بس شوریده رای است

در این ظلمت ولایت چون دهد نور؟
بدین دوزخ قناعت چون کند حور؟

مگر یک عذر هست، آن نیز هم لنگ
که تو لعلی و باشد لعل در سنگ

چو نقش چین در آن نقّاش چین دید
کلید کام خود در آستین دید

نهاد از شرمناکی دست بر رخ
سپاسش برد و بازش داد پاسخ

که گر غم‌های دیده بر تو خوانم
ستم‌های کشیده بر تو رانم

نه در گفت آید و نه در شنیدن
قلم باید به حرفش درکشیدن

بدان مشکو که فرمودی رسیدم
در او مشتی ملالت‌دیده دیدم

به هم کرده کنیزی چند جمّاش
غلام وقت خود کِای خواجه خوش باش

چو زهره برگشاده دست و بازو / بهای خویش دیده در ترازو
چو من بودم عروسی پارسایی / از آن مشتی جَلَب جُستم جدایی
دل خود بر جدایی راست کردم / وز ایشان کوشکی درخواست کردم
دلم از رشک پرخوناب کردند / بدین عبرتگهم پرتاب کردند
صبورآباد من گشت این سیه‌سنگ / که از تلخی چو صبر آمد سیه‌رنگ
چو کردند اختیار این جای دلگیر / ضرورت ساخت می‌باید، چه تدبیر؟
پس آنگه گفت شاپورش که برخیز / که فرمان اینچنین داده‌ست پرویز
وزآن گُلخَن بر آن گلگون نشاندش / به گلزار مراد شاه راندش
چو زین بر پشت گلگون بست شیرین / به پویه دست برد از ماه و پروین
بدان پرّندگی زیرش همایی / پری می‌بست در هر زیر پایی
وزآن سو خسرو اندر کار مانده / دلش در انتظار یار مانده
اگرچه آفت عمر انتظار است / چو سر با وصل دارد، سهل کار است
چه خوش‌تر زآنکه بعد از انتظاری / به امّیدی رسد امّیدواری؟

آگاهی خسرو از مرگ پدر

نشسته شاه روزی نیمه‌شیار / به امّیدی که گردد بخت بیدار
درآمد قاصدی از ره به‌تعجیل / ز هندُستان حکایت کرد با پیل
مژه، چون کاس چینی نمگرفته / میان، چون موی زنگی خمگرفته
به خطّ چین و زنگ آورد منشور / که شاه چین و زنگ از تخت شد دور

گشاد این تُرک‌خو چرخ کیانی ز هندوی دو چشمش پاسبانی
دو مرواریدش از مینا بریدند به جای رشته در سوزن کشیدند
دو لعبت‌باز را بی‌پرده کردند ره سرمه به میل آزرده کردند
چو یوسف گم شد از دیوان دادش زمانه داغ یعقوبی نهادش
جهان چشم جهان‌بینش تو را داد به جای نیزه در دستش عصا داد
چو سالار جهان چشم از جهان بست به سالاری تو را باید میان بست
ز نزدیکان تخت خسروانی نبشته هر یکی حرفی نهانی
که زنهار، آمدن را کار فرمای جهان از دست شد، تعجیل بنمای
گرت سر در گِل است، آنجا مَشویش وگر لب بر سخن، با کس مگویش
چو خسرو دید کَایّام آن عمل کرد کمند افزود و شادُروان بَدَل کرد
درستش شد که این دوران بدعهد بَقَم با نیل دارد سرکه با شهد
هوای خانهٔ خاکی چنین است گهی زنبور و گاهی انگبین است
عمل با عزل دارد، مهر با کین تُرُش‌تلخی است با هر چرب و شیرین
ز ریگش نیست ایمن هیچ جویی مسلّم نیست از سنگش سبویی
چو در بند وجودی، راه غم گیر فراغت بایدت، راه عدم گیر
بنه چون جان به باد پاک بر بند درِ زندان‌سرای خاک بربند
جهان هندوست تا رختت نگیرد مگیرش سست تا سختت نگیرد
در این دکّان نیابی رشته تایی که نبوَد سوزنیش اندر قفایی
که آشامد کدویی آب از او سرد کز اِسْتِسْقا نگردد چون کدو زرد؟
درخت آنگه برون آرد بهاری که بشکافد سر هر شاخساری

فلک تا نشکند پشت دوتایی
به کس ندهد یکی جو مومیایی

چو بی‌مردن کفن در کس نپوشند
بِه اَر مردم چو گرم اطلس نپوشند

چو باید شد بدان گلگونه محتاج
که گردد بر درِ گرمابه تاراج

لباسی پوش چون خورشید و چون ماه
که باشد تا تو باشی، با تو همراه

برافشان دامن از هر خوان که داری
قناعت کن بدین یک نان که داری

جهانا چند از این بیداد کردن؟
مرا غمگین و خود را شاد کردن

غمین داری، مرا شادت نخواهم
خرابم خواهی، آبادت نخواهم

تو آن گندمنمای جوفروشی
که در گندم جوِ پوشیده پوشی

چو گندم گوژ و چون جو زردم از تو
جوی ناخورده، گندم خوردم از تو

تو را بس باد از این گندمنمایی
مرا زین دعوی سنگ‌آسیایی

همان بهتر که شب تا شب در این چاه
به قرصی جو گشایم روزه چون ماه

نظامی چون مسیحا شو طرفدار
جهان بگذار بر مشتی علف‌خوار

علف‌خواری کنی و خرسواری
پس آنگه نُزْل عیسی چشم داری

چو خر تا زنده باشی بار می‌کش
که باشد گُوشت خر در زندگی خوش

بر تخت نشستن خسرو به جای پدر

چو شد معلوم کز حکم الهی
به هرمز بر، تبه شد پادشاهی

به فرّخ‌تر زمان شاه جوان‌بخت
به دارالمُلک خود شد بر سر تخت

دلش گرچه به شیرین مبتلا بود
به ترک مملکت گفتن خطا بود

ز یک سو ملک را بر کار می‌داشت
ز دیگر سو نظر بر یار می‌داشت

جهان را از عمارت داد یاری
ولایت را ز فتنه رستگاری

ز بس کُافتادگان را داد می‌داد
جهان را عدل نوشروان شد از یاد

چو از شغل ولایت بازپرداخت
دگرباره به نوش و ناز پرداخت

شکار و عیش کردی شام و شبگیر
نبودی یک زمان بی‌جام و نخجیر

چو غالب شد هوای دلستانش
بپرسید از رقیبان داستانش

خبر دادند کَاکنون مدّتی هست
کز این قصر آن نگارین رخت بربست

نمی‌دانیم شاپورش کجا بُرد
چو شاهنشه نفرمودش چرا بُرد

شه از نیرنگ این گردنده دولاب
عجب درماند و عاجز شد در این باب

ز شیرین بر طریق یادگاری
تک شبدیز کردش غمگساری

به یاد ماه با شبرنگ می‌ساخت
به امید گهر با سنگ می‌ساخت

بازآوردن شاپور، شیرین را پیش مهین‌بانو

چو شیرین را ز قصر آورد شاپور
ملک را یافت از میعادگه دور

فرود آوردش از گلگون رهوار
به گلزار مهین‌بانو دگربار

چمن را سرو داد و روضه را حور
فلک را آفتاب و دیده را نور

پرستاران و نزدیکان و خویشان
که بودند از پی شیرین پریشان

چو دیدندش زمین را بوسه دادند
زمین گشتند و در پایش فتادند

بسی شکر و بسی شکرانه کردند
جهانی وقف آتشخانه کردند

مهین‌بانو نشاید گفت چون بود
که از شادی ز شادروان برون بود

چو پیری کاو جوانی بازیابَد بمیرد، زندگانی بازیابَد
سرش در بر گرفت از مهربانی جهان از سر گرفتش زندگانی
نه چندان دل‌خوشی و مِهر دادش که در صد بیت بتوان کرد یادش
ز گنج خسروی و ملک شاهی فدا کردش که می‌کن هرچه خواهی
شکنج شرم در مویش نیاورد حدیث رفته بر رویش نیاورد
چو می‌دانست کآن نیرنگ‌سازی دلیلی روشن است از عشق‌بازی
دگر کز شه نشان‌ها بود دیده وزآن سیمین‌بران لَختی شنیده
سر خُم بر مِی جوشیده می‌داشت به گِل خورشید را پوشیده می‌داشت
دلش می‌داد تا فرمان پذیرد قوی‌دل گردد و درمان پذیرد
نوازش‌های بی‌اندازه کردش همان عهد نخستین تازه کردش
همان هفتاد لعبت را بدو داد که تا بازی کند با لعبتان شاد
دگر ره چرخ لعبت‌باز دستی به بازی برد با لعبت‌پرستی
چو شیرین بازدید آن دختران را ز مَه پیرایه داد آن اختران را
همان لهو و نشاط اندیشه کردند همان بازار پیشین پیشه کردند

گریختن خسرو از بهرام چوبین

کلید فتح را دندان پدید است که رای آهنین زرّین‌کلید است
ز صد شمشیرزن رای قوی بِه ز صد قالب کلاه خسروی بِه
به رایی، لشکری را بشکنی پشت به شمشیری، یکی تا ده توان کشت
چو آگه گشت بهرام قوی‌رای که خسرو شد جهان را کارفرمای

خسرو و شیرین

سرش سودای تاج خسروی داشت
به دست آورد، چون رای قوی داشت

دگر کاین تهمتش بر طبع ره کرد
که خسرو چشم هرمز را تبه کرد

نبود آگه که چون یوسف شود دور
فراق از چشم یعقوبی بَرَد نور

به هرکس نامه‌ای پوشیده بنوشت
بر ایشان کرد نقش خوب را زشت

کزین کودک جهان‌داری نیاید
پدرکُش پادشاهی را نشاید

بر او یک جرعه مِی همرنگ آذر
گرامی‌تر ز خون صد برادر

ببخشد کشوری بر بانگ رودی
ز ملکی دوست‌تر دارد سرودی

ز گرمی ره به کار خود نداند
ز خامی هیچ نیک و بد نداند

هنوز از عشق‌بازی گرم داغ است
هنوزش شور شیرین در دماغ است

از این شوخ سرافکن سر بتابید
که چون سر شد، سر دیگر نیابید

همان بهتر که او را بند سازیم
چنین با آب و آتش چند سازیم؟

مگر کز بند ما پندی پذیرد
وگرنه چون پدر مُرد او بمیرد

شما گیرید راهش را به شمشیر
که اینک من رسیدم تند چون شیر

به تدبیری چنین آن شیر کین‌خواه
رعیّت را برون آورد بر شاه

شهنشه بخت را سرگشته می‌دید
رعیّت را ز خود برگشته می‌دید

به زر اقبال را پُرزور می‌داشت
به کوری دشمنان را کور می‌داشت

چنین تا خصم لشکر در سر آورد
رعیّت دست استیلا برآورد

ز بی‌پشتی چو عاجز گشت پرویز
ز روی تخت شد بر پشت شبدیز

در آن غوغا که تاج او را گره بود
سری برد از میان کز تاج بِه بود

کیانی تاج را بی‌تاجور ماند
جهان را بر جهان‌جوی دگر ماند

چو شاهنشه ز بازی‌های ایّام	به قایم ریخت با شمشیر بهرام
به شطرنج خلاف این نطع خون‌ریز	به هر خانه که شد دادش شهانگیز
به صد نیرنگ و دستان راه و بی‌راه	به آذربایگان آورد بنگاه
وز آنجا سوی موقان کرد منزل	مغانه عشق آن بتخانه در دل

به هم رسیدن خسرو و شیرین در شکارگاه

چنین گوید جهان‌دیده سخن‌گوی	که چون می‌شد در آن صحرا جهان‌جوی
شکاری چون شکر می‌زد ز هر سو	برآمد گرد شیرین از دگر سو
که با یاران جمّاش آن دل‌افروز	به عزم صید بیرون آمد آن روز
دو صیدافکن به یکجا بازخوردند	به صید یکدگر پرواز کردند
دو تیرانداز چون سرو جوانه	ز بهر یکدگر کرده نشانه
دو یار از عشق خود مخمور مانده	به عشق اندر ز یاران دور مانده
یکی را دست شاهی تاج داده	یکی صد تاج را تاراج داده
یکی را سنبل از گل برکشیده	یکی را گرد گل سنبل دمیده
یکی مَرغول عنبر بسته بر گوش	یکی مشکین‌کمند افکنده بر دوش
یکی از طوق خود مه را شکسته	یکی مه را ز غَبغَب طوق بسته
نظر بر یکدگر چندان نهادند	که آب از چشم یکدیگر گشادند
نه از شیرین جدا می‌گشت پرویز	نه از گلگون گذر می‌کرد شبدیز
طریق دوستی را ساز جُستند	ز یکدیگر نشان‌ها بازجُستند
چو نام هم شنیدند آن دو چالاک	فتادند از سر زین بر سر خاک

گذشته ساعتی سر برگرفتند زمین از اشک در گوهر گرفتند
به‌آیین‌تر بپرسیدند خود را فروگفتند لختی نیک و بد را
سخن بسیار بود، اندیشه کردند به کم گفتن صبوری پیشه کردند
هوا را بر زمین چون مرغ بستند چو مرغی بر خدنگ زین نشستند
عنان از هر طرف برزد سواری پری‌رویی رسید از هر کناری
مه و خورشید را دیدند نازان قران کرده به برج عشق‌بازان
فکنده عشقشان آتش به دل در فَرَس در زیرشان چون خر به گل در
در ایشان خیره شد، هرکس که می‌تاخت که خسرو را ز شیرین بازنشناخت
خبر دادند موری چند پنهان که این بلقیس گشت و آن سلیمان
ز هر سو لشکری نو می‌رسیدند به گرد هر دو صف برمی‌کشیدند
چو لشکر جمع شد بر پرّهٔ کوه زمین بر گاو می‌نالید از انبوه
به خسرو گفت شیرین کِای خداوند نه من، چون من هزارت بنده در بند
ز تاجت آسمان را بهره‌مندی زمین را زیر تختت سربلندی
اگرچه در بسیط هفت کشور جهان، خاصِ جهان‌دار است یکسر
بدین نزدیکی از بخشیدهٔ شاه وثاقی هست ما را بر گذرگاه
اگر تشریف شه ما را نوازد کمر بندد رَهی گردن فرازد
اگر بر فرش موری بگذرد پیل فتد افتاده‌ای را جامه در نیل
ملک گفتا چو مهمان می‌پذیری به جان آیم، اگر جان می‌پذیری
سجود آورد شیرین در سپاسش ثناها گفت افزون از قیاسش
دواَسبه پیش بانو کس فرستاد ز مهمان بردن شاهش خبر داد

مهین‌بانو چو از کار، آگهی یافت
بر اسباب غرض شاهنشهی یافت

به استقبال شد با نُزل و اسباب
نثار افشاند بر خورشید و مهتاب

فرود آورد خسرو را به کاخی
که طوبی بود از آن فردوس، شاخی

سرایی بر سپهرش سرفرازی
دو میدانش فراخی و درازی

فرستادش به دستِ عذرخواهان
چنان نُزلی که باشد رسم شاهان

نه چندانش خزینه پیشکش کرد
که بتوان در حسابش دستخوش کرد

ملک را هر زمان در کار شیرین
چو جان شیرین شدی بازار شیرین

اندرز و سوگند دادن مهین‌بانو، شیرین را

چو دهقان دانه در گِل، پاک ریزد
ز گِل گر دانه خیزد پاک خیزد

چو گوهر پاک دارد مردم پاک
کی آلوده شود در دامن خاک؟

مهین‌بانو که پاکی در گهر داشت
ز حال خسرو و شیرین خبر داشت

درانَدیشید از آن دو یار دلکش
که چون سازد به هم خاشاک و آتش

به شیرین گفت کای فرزانه فرزند
نه بر من، بر همه خوبان خداوند

یکی ناز تو و صد ملک شاهی
یکی موی تو، وز مه تا به ماهی

سعادت خواجه‌تاش سایهٔ تو
صلاح از جملهٔ پیرایهٔ تو

جهان را از جمالت روشنایی
جمالت در پناه پارسایی

تو گنجی سر به مهری نابَسوده
بد و نیک جهان ناآزموده

جهان نیرنگ‌ها داند نمودن
به دُر دزدیدن و یاقوت سودن

چنانم در دل آید کاین جهان‌گیر
به پیوند تو دارد رای و تدبیر

گر این صاحب‌جهان دل‌دادهٔ توست | شکاری بس شگرف افتادهٔ توست
ولیکن گرچه بینی ناشکیبش | نبینم گوش داری بر فریبش
نباید کز سر شیرین‌زبانی | خورَد حلوای شیرین رایگانی
فروماند تو را آلودهٔ خویش | هوای دیگری گیرد فراپیش
چنان زی با رخ خورشیدنورش | که پیش از نان، نیفتی در تنورش
شنیدم ده هزارش خوب‌روی‌اند | همه شکّرلب و زنجیرموی‌اند
دلش چون زآن همه گل‌ها بخندد | چه گویی؟ در گلی چون مهر بندد؟
بلی گر دست بر گوهر نیابد | سر از گوهر خریدن برنتابد
چو بیند نیک‌عهد و نیک‌نامت | ز من خواهد به آیینی تمامت
فلک را پارسایی بر تو گردد | جهان را پادشایی بر تو گردد
چو تو در گوهر خود پاک باشی | به جای زهر او تریاک باشی
وگر در عشق بر تو دست یابد | تو را هم غافل و هم مست یابد
چو ویس از نیک‌نامی دور گردی | به زشتی در جهان مشهور گردی
گر او ماه است، ما نیز آفتابیم | وگر کیخسرو است، افراسیابیم
پسِ مردان شدن، مردی نباشد | زن آن بِه کِش، جوانمردی نباشد
بسا گل را که نغز و تر گرفتند | بیفکندند چون بو برگرفتند
بسا باده که در ساغر کشیدند | به جرعه ریختندش چون چشیدند
تو خود دانی که وقت سرفرازی | زناشویی بِه است از عشق‌بازی
چو شیرین گوش کرد آن پند چون نوش | نهاد آن پند را چون حلقه در گوش
دلش با آن سخن همداستان بود | که او را نیز در خاطر همان بود

به هفت اورنگ روشن خورد سوگند / به روشن‌نامهٔ گیتی خداوند
که گر خون گِریَم از عشق جمالش / نخواهم شد مگر جفت حلالش
چو بانو دید آن سوگندخواری / پدید آمد دلش را استواری
رضا دادش که در میدان و در کاخ / نشیند با ملک گستاخ‌گستاخ
به شرط آنکه تنهایی نجوید / میان جمع گوید، آنچه گوید

چوگان باختن خسرو با شیرین

دگر روزینه کز صبح جهان‌تاب / طلی شد لعل بر لؤلؤی خوشاب
یَـزَک‌داری ز لشکرگاهِ خورشید / عنان افکند بر برجیس و ناهید
همان یک شخص کین را ساز کرده / همان انجمگری آغاز کرده
چو شیر ماده آن هفتاد دختر / سوی شیرین شدند آشوب در سر
به مردی هر یکی اسفندیاری / به تیر انداختن رستم‌سواری
به چوگان خود چنان چالاک بودند / که گوی از چنبر گردون ربودند
خدنگ ترکش اندر سرو بستند / چو سروی بر خدنگ زین نشستند
همه بُرقَع فروهِشتَند بر ماه / روان گشتند سوی خدمت شاه
برون شد حاجب شه، بارشان داد / شهِ آن‌کاره دل در کارشان داد
نوازش کرد شیرین را و برخاست / نشاندش پیش خود بر جانب راست
چه دید؟ الحق بتانی شوخ و دل‌بند / سرایی پُرشِکَر، شهری پر از قند
وزآن غافل که زور و زَهره دارند / به میدان از سواری بهره دارند
ز بهر عرض آن مشکین‌نقابان / به نُزهَت سوی میدان شد شتابان
چو در بازیگه میدان رسیدند / پری‌رویان ز شادی می‌پریدند

روان شد هر مَهی چون آفتابی
پدید آمد ز هر کبکی عقابی

چو خسرو دید کان مرغان دمساز
چمن را فاختند و صید را باز

به شیرین گفت هین تا رَخش تازیم
بر این پهنه زمانی گوی بازیم

ملک را گوی در چوگان فکندند
شگرفان شور در میدان فکندند

ز چوگان گشته بیدستان همه راه
زمین زآن بیدْ صندل سوده بر ماه

به هر گویی که بردی باد را بید
شکستی در گریبان گوی خورشید

ز یک سو ماه بود و اخترانش
ز دیگر سو شه و فرمانبرانش

گوزن و شیر، بازی می‌نمودند
تذرو و باز غارت می‌ربودند

گهی خورشید بردی گوی و گه ماه
گهی شیرین گرو دادی و گه شاه

چو کام از گوی و چوگان برگرفتند
طوافی گرد میدان درگرفتند

به شبدیز و به گلگون گرد میدان
چو روز و شب همی‌کردند جولان

وز آنجا سوی صحرا ران گشادند
به صید انداختن جولان گشادند

نه چندان صید گوناگون فکندند
که حدّش در حساب آید که چندند

به زخم نیزه‌ها هر نازنینی
نیستان کرده بر گوران زمینی

به نوک تیر هر خاتون سواری
فروداده ز آهو مرغزاری

ملک زآن ماده شیران شکاری
شگفتی مانده در چابکسواری

که هر یک بود در میدان هُمایی
به دعوی‌گاه نخجیر اژدهایی

ملک می‌دید در شیرین نهانی
کزآن صیدش چه آرَد ارمغانی

سُرین و چشم آهو دید ناگاه
که پیدا شد به صید افکندن شاه

غزالی مست، شمشیری گرفته
به جای آهوی، شیری گرفته

از آن نخجیرپرداز جهان‌گیر — جهان‌گیری چو خسرو گشت نخجیر
چو طاووس فلک بگریخت از باغ — به گل چیدن به باغ آمد سیه‌زاغ
شدند از جلوه طاووسان گسسته — به پرّ زاغ‌رنگان برنشسته
همه در آشیان‌ها رخ نهفتند — ز رنج ماندگی تا روز خفتند
دگر روز آستان‌بوسان دویدند — به درگاه ملک صف برکشیدند
همان چوگان و گوی آغاز کردند — همان نخجیر کردن ساز کردند
درین کردند ماهی عمر خود صرف — و زین حِرفَت نیفکندند یک حرف
ملک فرصت طلب می‌کرد بسیار — که با شیرین کند یک نکته بر کار
نیامد فرصتی با او پدیدش — که در بند توقّف بُد کلیدش
شبانگه کآن شکرلب بازمی‌گشت — همای عشق بی‌پرواز می‌گشت
شهنشه گفت کای بر نیکوان شاه — جمالت چشم دولت را نظرگاه
بیا تا بامدادان، ز اوّل روز — شَویم از گنبد پیروزه پیروز
مِی آریم و نشاط اندیشه گیریم — طرب سازیم و شادی پیشه گیریم
اگر شادیم، اگر غمگین، در این دِیر — نه‌ایم ایمن ز دوران کهن‌سِیر
چو می‌باید شدن زین دیر ناچار — نشاط از غم بِه و شادی ز تیمار
نهاد انگشت بر چشم آن پریوش — زمین را بوسه داد و کرد شب‌خوش
ملک بر وعدهٔ ماه شب‌افروز — در این فکرت که فردا کی شود روز

صفت بهار و عیش خسرو و شیرین

چو پیر سبزپوش آسمانی — ز سبزه برکشد بیخ جوانی

جوانان را و پیران را دگربار / به سرسبزی درآرَد سرخ گلزار
گُل از گِل تخت کاووسی برآرد / بنفشه پرّ طاووسی برآرد
بسا مرغا که عشق‌آوازه گردد / بسا عشق کهن کآن تازه گردد
چو خرّم شد به شیرین جان خسرو / جهان می‌کرد عهد خرّمی نو
چو از خرّم‌بهار و خرّمی دوست / به گل‌ها بردرید از خرّمی پوست
گل از شادی علَم در باغ می‌زد / سپاه فاخته بر زاغ می‌زد
سمن ساقی و نرگس جام در دست / بنفشه در خمار و سرخ‌گل مست
صبا برقع گشاده مادگان را / صَلا درداده کارافتادگان را
شِمال انگیخته هر سو خروشی / زده بر گاوچشمی پیل‌گوشی
زمین نَطْع شقایق‌پوش گشته / شقایق مهد مَرزَنگوش گشته
سهی‌سرو از چمن قامت کشیده / ز عشق لاله پیراهن دریده
بنفشه تاب زلف افکنده بر دوش / گشاده باد، نسرین را بناگوش
عروسان ریاحین، دست بر روی / شگرفان شکوفه، شانه در موی
هوا بر سبزه گوهرها گسسته / زمرّد را به مروارید بسته
نموده ناف خاک آبستنی‌ها / ز ناف آورده بیرون رُستنی‌ها
غزال شیرمست از دل‌نوازی / به گِرد سبزه با مادر به بازی
تذروان بر ریاحین پر فشانده / ریاحین در تذروان پر نشانده
ز هر شاخی شکفته نوبهاری / گرفته هر گلی بر کف نثاری
نوای بلبل و آوای درّاج / شکیب عاشقان را داده تاراج
چنین فصلی بدین عاشق‌نوازی / خطا باشد، خطا، بی‌عشق‌بازی

خرامان خسرو و شیرین شب و روز
به هر نزهت‌گهی شاد و دل‌افروز

گهی خوردند می، در مرغزاری
گهی چیدند گل، در کوهساری

ریاحین بر ریاحین باده در دست
به شهرود آمدند آن روز سرمست

جَنیبت بر لب شهرود بستند
به بانگ رود و رامشگر نشستند

حلاوت‌های شیرین شکرخند
نی شهرود را کرده نیِ قند

همان رونق ز خوبیش آن طرف را
که از باران نیسانی صدف را

عبیر ارزان ز جعد مشک‌بیزش
شکر قربان ز لعل شهدخیزش

ز بس خنده که شهدش بر شکر زد
به خوزستان شد افغان طبرزد

قد چون سروش از دیوان شاهی
به گلبن داده تشریف سپاهی

چو گل بر نرگسش کرده نظاره
به دندان کرده خود را پاره‌پاره

سَمَن کز خواجگی بر گل زدی دوش
غلام آن بناگوش از بن گوش

شیر کشتن خسرو در بزمگاه

ملک عزم تماشا کرد روزی
نظرگاهش چو شیرین دل‌فروزی

کسی را کآن‌چنان دل‌خواه باشد
همه جایی تماشاگاه باشد

ز سبزه یافتند آرامگاهی
که جز سوسن نرُست از وی گیاهی

در آن صحن بهشتی جای کردند
ملک را بارگه بر پای کردند

کنیزان و غلامان گرد خرگاه
ثریّاوار گرد خرمن ماه

نشسته خسرو و شیرین به یک جای
ز دور آویخته دوری به یک پای

صراحی‌های لعل از دست ساقی
به خنده گفت، باد این عیش باقی

شـراب و عـاشـقـی هـمـدسـت گـشـتـه — شهنشه زین دو می، سرمست گشته
بـرآمـد تـنـدشـیـری بـیـشـه‌پـرورد — کـه از دنـبـال مـی‌زد بـر هـوا گـرد
چـو بـدمَـسـتـان بـه لشکرگه درافتاد — و زو لـشـکـر بـه یـکـدیـگـر بـرافـتـاد
فـــراز آمـــد بـــه گـــرد بـــارگـــه تـنـگ — بـه تـنـدی کـرد سـوی خـسـرو آهنگ
شـه از مستی شـتـاب آورد بـر شیر — بـه یکتا پـیـرهـن بـی‌دِرِع و شـمـشیر
کـمـانـکـش کـرد مـشـتـی تـا بـنـاگـوش — چنان بر شیر زد، کز شیر شد هوش
بـفـرمـودش پـس آنـگـه سـر بـریـدن — ز گـردن پـوسـتـش بـیـرون کشیدن
وزآن پس رسم شاهان شد که پیوست — بـوَد در بـزمـگـه‌شـان تـیـغ در دسـت
اگـرچـه شـیـرپـیـکـر بـود پـرویـز — مـلـک بـود و مـلـک بـاشـد گـران‌خیز
ز مـسـتـی کـرد بـا شیر آن دلـیـری — کـه نـام مـسـتـی آمـد شـیـرگـیـری
بـه دسـت‌آویـز شـیـر افـکـنـدن شاه — مـجـال دسـت‌بـوسـی یـافـت آن مـاه
دهـان از بـوسـه چـون جـلّاب تـر کـرد — ز بـوسـه دسـت شـه را پُـرشـکـر کـرد
ملک بـر تُـنـگ شـکّـر، مُـهـر بشکست — کـه شـکّـر در دهـان بـایـد نـه در دسـت
لبش بوسید و گفت این انگبین است — نشان دادش که جای بوسه این است
نخستین پیک بـود آن شـکّـرین جام — کـه از خـسـرو بـه شیرین بـرد پیغام
اگـرچـه کـرد صـد جـام دگـر نـوش — نـشـد جـام نـخـسـتـیـنـش فـرامـوش
مِـیـی کَـاوّل قـدح جـام آورَد پیش — ز صـد جـام دگـر دارد بـهـا بیش
مِـی اوّل جـام، صـافـی‌خـیـز بـاشـد — بـه آخـر جـام، دُردآمـیـز بـاشـد
گـلـی کـاوّل بـرآرد طـرف جـویـش — فـزون بـاشـد ز صـد گـلـزار بـویـش
دُری کـاوّل شـکـم بـاشـد صـدف را — ز لـؤلـؤ بـشـکـنـد بـسـیـار صـف را

زِ هر خوردی که طعم نوش دارد — حلاوت بیشتر سرجوش دارد
دو عاشق چون چنان شربت چشیدند — عنان پیوسته از زحمت کشیدند
چو یکدم جای خالی یافتندی — چو شیر و می به هم بشتافتندی
چو دزدی کاو به گوهر دست یابد — پس آنگه پاسبان را مست یابد
به چشمی پاس دشمن داشتندی — به دیگر چشم ریحان کاشتندی
چو فرصت درکشیدی خصم را میل — ربودندی یکی بوسه به تعجیل
صنم تا شرمگین بودی و هشیار — نبودی بر لبش سیمرغ را بار
در آن ساعت که از می، مست گشتی — به بوسه با ملک همدست گشتی
چنان تنگش کشیدی شه در آغوش — که کردی قاقمش را پرنیان‌پوش
ز بس کز گاز نیلش درکشیدی — ز برگ گل بنفشه بردمیدی
ز شرم آن کبودی‌هاش بر ماه — که مه را خود کبود آمد گذرگاه
اگر هشیار اگر سرمست بودی — سپیدابش چو گل بر دست بودی

افسانه گفتن خسرو و شیرین و شاپور و دختران

فروزنده شبی روشن‌تر از روز — جهان روشن به مهتاب شب‌افروز
شبی باد مسیحا در دماغش — نه آن بادی که بنشاند چراغش
ز تاریکی در آن شب یک نشان بود — که آب زندگی در وی نهان بود
سوادی نه بر آن شبگون عماری — جز آن عصمت که باشد پرده‌داری
صبا گرد از جَبین جان زدوده — ستاره صبح را دندان نموده
شبی بود از درِ مقصودجویی — مراد، آن شب ز مادر زاد گویی

از این سو زهره در گوهر گسستن / وزآن سو مَه به مروارید بستن
زمین در مشک پیمودن به خروار / هوا در غالیه سودن صدفوار
ز مشک‌افشانی باد طربناک / عبیرآمیز گشته نافهٔ خاک
دِماغ عالم از باد بهاری / هوا را ساخته عود قماری
سماع زهره شب را درگرفته / مه یک هفته نصفی برگرفته
ثریّا بر ندیمی خاص گشته / عطارد بر افق رقّاص گشته
جرس‌جنبانی مرغان شبخیز / جرس‌ها بسته در مرغ شب‌آویز
دَد و دام از نشاط دانهٔ خویش / همه مطرب شده در خانهٔ خویش
اگرچه مختلف آواز بودند / همه با ساز شب دمساز بودند
ملک بر تخت افریدون نشسته / دل اندر قبلهٔ جمشید بسته
فروغ روی شیرین در دماغش / فراغت داده از شمع و چراغش
نسیم سبزه و بوی ریاحین / پیام آورده از خسرو به شیرین
کزین خوشتر شبی خواهد رسیدن؟ / وزین شادابتر بویی دمیدن؟
چرا چندین وصال از دور بینیم / اگر نوریم تا در نور بینیم
وگر خونیم، خونت چون نجوشد؟ / وگر جوشد، به من بر چند پوشد؟
هوایی معتدل، چون خوش نخندیم؟ / تنوری گرم، نان چون درنبندیم؟
نه هر روزی ز نو روید بهاری / نه هر ساعت به دام آید شکاری
به عقل آن بِه که روزی خورده باشد / که بی‌شک کارِ کرده، کرده باشد
بسا نان کز پی صیّاد بردند / چو دیدی ماهی و مرغانش خوردند
مَثَل زد گرگ چون روبه دغا بود / طلب من کردم و روزی تو را بود

از این فکرت که با آن ماه می‌رفت
چو ماه آن آفتاب از راه می‌رفت

دگر ره دیو را در بند می‌داشت
فرشته‌ش بر سر سوگند می‌داشت

از این سو تخت شاهنشه نهاده
وشاقی چند بر پای ایستاده

به خدمت پیش تخت شاه شاپور
چو پیش گنج بادآورد، گنجور

وزآن سو آفتاب بت‌پرستان
نشسته گرد او ده نارپستان

فرنگیس و سهیل سروبالا
عجب‌نوش و فلک‌ناز و همیلا

همایون و سمن‌ترک و پری‌زاد
ختن‌خاتون و گوهرْمُلک و دل‌شاد

گلاب و لعل را بر کار کرده
ز لعلی، روی چون گلنار کرده

چو مستی، خوان شرم از پیش برداشت
خرد راه وثاق خویش برداشت

ملک فرمود تا هر دل‌ستانی
فروگوید به نوبت داستانی

نشسته لعل‌داران قصب‌پوش
قصب بر ماه بسته لعل بر گوش

ز غمزه تیر و از ابرو کمان‌ساز
همه باریک‌بین و راست‌انداز

ز شکّر هر یکی تنگی گشاده
ز شیرین بر شِکر تنگی نهاده

افسانه‌سرایی ده دختر

(افسانه گفتن فرنگیس)

فرنگیس اوّلین مرکب روان کرد
که دولت در زمین گنجی نهان کرد

از آن دولت فریدونی خبر داشت
زمین را باز کرد آن گنج برداشت

(افسانه گفتن سهیل)

سهیل سیمتن گفتا تذروی / به بازی بود در پایین سروی
فرود آمد یکی شاهین به شبگیر / تذرو نازنین را کرد نخجیر

(افسانه گفتن عجب‌نوش)

عجب‌نوش شکر پاسخ چنین گفت / که عنبربو گلی در باغ بشکفت
بهشتی مرغی آمد سوی گلزار / ربود آن عنبرین گل را به منقار

(افسانه گفتن فلک‌ناز)

از آن بِه داستانی زد فلک‌ناز / که ما را بود یک چشم از جهان باز
به ما چشمی دگر کرد آشنایی / دو، بِه بیند ز چشمی، روشنایی

(افسانه گفتن همیلا)

همیلا گفت آبی بود روشن / روان گشته میان سبز گلشن
جوان شیری برآمد تشنه از راه / بدان چشمه دهان تر کرد ناگاه

(افسانه گفتن همایون)

همایون گفت لعلی بود، کانی / ز غارتگاه بَیّاعان، نهانی
درآمد دولت شاهی به تاراج / نهاد آن لعل را بر گوشهٔ تاج

(افسانه گفتن سمن‌ترک)

سمن‌ترکِ سمن‌بَر گفت یک روز / جدا گشت از صدف درّی شب‌افروز
فلک در عِقد شاهی بند کردش / به یاقوتی دگر پیوند کردش

(افسانه گفتن پری‌زاد)

پـری‌زادِ پـری‌رخ گـفـت مـاهـی   بـه بـازی بـود در نخجیرگاهی
بـرآمـد آفـتـابـی زآسـمـان بـیـش   کشید آن مـاه را در چنبر خویش

(افسانه گفتن ختن‌خاتون)

ختن‌خاتون چنین گفت از سر هوش   که تنها بـود شمشادی قصب‌پوش
بـدو پـیـوسـت نـاگــه سـروی آزاد   که خوش باشد به یکجا سرو و شمشاد

(افسانه گفتن گوهرملک)

زبـان بـگـشاد گـوهـرمـلـک دلـبـنـد   کـه زهـره نـیـز تـنـها بـود یـکچند
سـعـادت بـرگـشاد اقـبـال را دسـت   قِـران مـشـتـری در زهـره پـیـوست

(افسانه گفتن شاپور)

چو آمـد در سـخـن نـوبـت بـه شاپـور   سخن را تـازه کرد از عشق منشور
که شیرین انگبینی بـود در جـام   شهنشه روغن او شد سرانجام
بـه رنـگ‌آمـیـزی صنـعـت مـن آنـم   کـه در حـلـوای ایـشان زعـفـرانـم
پس آنگه کـردشـان در پهلَوی یاد   که احسنت ای جهان‌پهلو دو همزاد
جهان را هر دو چون روشن درخشید   ز یـکـدیـگـر مـبـرّیـد و مـلـخـشـیـد

(افسانه گفتن شیرین)

سخن چون بر لب شیرین گذر کرد
هوا پُرمُشک و صحرا پُرشکر کرد

ز شرم اندر زمین می‌دید و می‌گفت
که دل بی‌عشق بود و یار بی‌جفت

چو شاپور آمد اندر چارهٔ کار
دلم را پاره کرد آن پارهٔ کار

قضای عشق اگرچه سرنبشتست
مرا این سرنبشت، او درنبشتست

چو سررشته سوی این نقش زیباست
ز سرخی، نقش رویم، نقش دیباست

مرا کز دست خسرو نُقل و جام است
نه کیخسرو، پناخسرو غلام است

سرم از سایهٔ او تاجوَر باد
ندیمش بخت و دولت راهبر باد

(افسانه گفتن خسرو)

چو دور آمد به خسرو گفت باری
سیه‌شیری بُد اندر مرغزاری

گوزنی بر رهِ شیر آشیان کرد
رَسَن در گردن شیر ژیان کرد

من آن شیرم که شیرینم به نخجیر
به گردن بر نهاد از زلف زنجیر

اگر شیرین نباشد دستگیرم
چو شمع از سوزش بادی بمیرم

وگر شیر ژیان آید به حَربَم
چو شیرین سوی من باشد، بچربم

حریفان جنس و یاران اهل بودند
به هر حرفی که می‌شد، دست سودند

دل محرم بوَد چون تختهٔ خاک
بر او دستی زنی، حالی شود پاک

دگر رهِ طبع شیرین گرمتر گشت
دلش در کار خسرو نرمتر گشت

قدح پُربادہ کرد و لعل پُرنوش
به خسرو داد کاین را نوش کن، نوش

بخور کاین جام شیرین، نوش بادت
به جز شیرین همه فَرموش بادت

ملک چون گل شدی هر دم شکفته
از آن لعل نسفتهٔ لعل‌سفته

گهی گفت ای قدح شب رخت بندد
تو بگری تلخ تا شیرین بخندند

گهی گفت ای سحر منمای دندان
مخند، آفاق را بر من مخندان

به دست آن بتان مجلس‌افروز
سپهر انگشتری می‌باخت تا روز

ببرد انگشتری چون صبح برخاست
که بر بانگ خروس انگشتری خواست

بتان چون یافتند از خرّمی بهر
شدند از ساحت صحرا سوی شهر

جهان خوردند و یک جو غم نخوردند
ز شادی کاه‌برگی کم نکردند

چو آمد شیشهٔ خورشید بر سنگ
جهان بر خلق شد چون شیشهٔ تنگ

دگر ره شیشهٔ مِی برگرفتند
چو شیشه باده‌ها بر سر گرفتند

بر آن شیشه‌دلان از ترک‌تازی
فلک را پیشه گشته شیشه‌بازی

به مِی خوردن طرب را تازه کردند
به عشرت جان شب را تازه کردند

همان افسانهٔ دوشینه گفتند
همان لعل پرندوشینه سفتند

دل خسرو ز عشق یار پرجوش
به یاد نوش‌لب می‌کرد مِی نوش

می رنگین، زهی طاووس بی‌مار
لب شیرین، زهی خرمای بی‌خار

نهاده بر یکی کف ساغر مُل
گرفته بر دگر کف دستهٔ گُل

از آن مِی خورد و زآن گل بوی برداشت
پی دل‌جستن دل‌جوی برداشت

شراب تلخ در جانش اثر کرد
به شیرینی سوی شیرین نظر کرد

به غمزه گفت با او نکته‌ای چند
که بود از بوسه لبها را زبان‌بند

هم از راه اشارت‌های فرّخ
حدیث خویشتن را یافت پاسخ

سخن‌ها در کرشمه می‌نهفتند
به نوک غمزه گفتند آنچه گفتند

خسرو و شیرین

همه‌شب پاسبانی پیشه کردند
بسی شب را در این اندیشه کردند

ز گرمی، روی خسرو خوی گرفته
صبوح خرّمی را پی گرفته

که شیرین را چگونه مست یابد؟
بر آن تنگ شکر چون دست یابد؟

نمی‌افتاد فرصت در میانه
که تیر خسرو افتد بر نشانه

دل شادش به دیدار دل‌افروز
طرب می‌کرد و خوش می‌بود تا روز

چو بر شبدیز شب، گلگون خورشید
ستام افکند، چون گلبرگ بر بید

مه و خورشید دل در صید بستند
به شبدیز و به گلگون برنشستند

شدند از مرز موقان سوی شهرود
بنا کردند شهری از می و رود

گهی بر گرد شط بستند زنجیر
ز مرغ و ماهی افکندند نخجیر

گهی بر فرضهٔ نوشاب شهرود
جهان پُرنوش کردند از می و رود

گهی راندند سوی دشت مندور
تهی کردند دشت از آهو و گور

بدین‌سان روزها تدبیر کردند
گهی عشرت، گهی نخجیر کردند

عروس شب چو نقش افکند بر دست
به شهرآرایی، انجم کِلّه بربست

عروس شاه نیز از حجله برخاست
به روی خویشتن مجلس بیاراست

عروسانِ دگر با او شده یار
همه مجلس عروس و شاه بی‌کار

شکر بسیار و بادام اندکی بود
کبوتر بی‌حد و شاهین یکی بود

همه بر یاد خسرو مِی گرفتند
پیاپی خوش‌دلی را پی گرفتند

شبی بی رود و رامشگر نبودند
زمانی بی مِی و ساغر نبودند

می و معشوق و گلزار و جوانی
از این خوش‌تر نباشد زندگانی

تماشای گل و گلزار کردن
می لعل از کف دل‌دار خوردن

حمایل دست‌ها در گردن یار / درخت نارون پیچیده بر نار
به دستی، دامن جانان گرفتن / به دیگر دست، نبض جان گرفتن
گهی جستن به غمزه چاره‌سازی / گهی کردن به بوسه نردبازی
گه آوردن بهار تر در آغوش / گهی بستن بنفشه بر بناگوش
گهی در گوش دلبر راز گفتن / گهی غم‌های دل‌پرداز گفتن
جهان این است و این خود در جهان نیست / وگر هست ای عجب! جز یک زمان نیست

آزردن خسرو از شیرین و رفتن به جانب روم

شبی از جمله شب‌های بهاری / سعادت رخ نمود و بخت یاری
شده شب روشن از مهتاب چون روز / قدح برداشته ماه شب‌افروز
در آن مهتاب روشن‌تر ز خورشید / شده باده روان در سایهٔ بید
صفیر مرغ و نوشانوش ساقی / ز دل‌ها برده اندوه فراقی
شَمامه با شمایل راز می‌گفت / صبا تفسیر آیت بازمی‌گفت
سهی‌سروی روان بر هر کناری / ز هر سروی شکفته نوبهاری
یکی بر جای ساغر دف گرفته / یکی گلّابدان بر کف گرفته
چو دوری چند رفت از جام نوشین / گران شد هر سری از خواب دوشین
حریفان از نشستن مست گشتند / به رفتن با ملک همدست گشتند
خمار ساقیان افتاده در تاب / دماغ مطربان پیچیده در خواب
مهیّا مجلسی بی‌گرد اغیار / بنا می‌زد گلی بی‌زحمت خار
شه از راه شکیبایی گذر کرد / شکار آرزو را تنگ‌تر کرد

سر زلف گره‌گیر دلارام / به دست آورد و رَست از دست ایّام
لبش بوسید و گفت ای من غلامت / بده دانه که مرغ آمد به دامت
هر آنچ از عمر پیشین رفت، گو رو / کنون روز از نو است و روزی از نو
من و تو، جز من و تو کیست اینجا؟ / حذر کردن نگویی، چیست اینجا؟
یکی ساعت من دل‌سوز را باش / اگر روزی بُدی، امروز را باش
به‌سان میوه‌دار نابرومند / امید ما و تقصیر تو تا چند
اگر خود پولی از سنگ کبود است / چو بی‌آب است پلْ زآن سوی رود است
سگ قصّاب را در پهلوی میش / جگر باشد، ولیک از پهلوی خویش
بسا ابرا که بندد کِلّهٔ مشک / به عشوه، باغ دهقان را کند خشک
بسا شوره‌زمین کز آبناکی / دهان تشنگان را کرد خاکی
چه باید زهر در جامی نهادن؟ / ز شیرینی بر او نامی نهادن
به ترک لؤلؤی تر چون توان گفت؟ / که لؤلؤ را به تری، بِه توان سفت
بره در شیرمستی خورد باید / که چون پخته شود، گرگش رباید
کبوتربچّه چون آید به پرواز / ز چنگ شَه فتد در چنگل باز
به سرپنجه مشو چون شیر سرمست / که ما را پنجهٔ شیرافکنی هست
گوزن کوه اگر گردن‌فراز است / کمند چاره را بازو دراز است
گر آهوی بیابان گرم‌خیز است / سگان شاه را تک تیز نیز است
مزن چندین گره بر زلف و خالت / زکاتی ده، قضاگردانِ مالَت
چو بازرگانِ صد خروار قندی / چه باشد گر به تنگی در نبندی؟
چو نیل خویش را یابی خریدار / اگر در نیل باشی، باز کن بار

خسرو و شیرین

شکر پاسخ به لطف آواز دادش /// جوابی چون طبرزد بازدادش
که فرّخ ناید از چون من غباری /// که همتختی کند با تاجداری
خر خود را چنان چابک نبینم /// که با تازی سواری برنشینم
نی‌ام چندان شگرف اندر سواری /// که آرم پای با شیر شکاری
اگر نازی کنم، مقصودم آن است /// که در گرمی شکر خوردن زیان است
چو زین گرمی برآساییم یکچند /// مرا شکّر مبارک، شاه را قند
وزین پس بر عقیق الماس می‌داشت /// زمرّد را به افعی پاس می‌داشت
سرش گر سرکشی را رهنمون بود /// تقاضای دلش یارب که چون بود
شده از سرخ‌رویی تیز چون خار /// خوشا خاری که آرَد سرخ‌گل بار
به هر مویی که تندی داشت چون شیر /// هزاران موی قاقم داشت در زیر
کمان ابرویش گر شد گره‌گیر /// کرشمه بر هدف می‌راند چون تیر
سنان در غمزه کآمد نوبت جنگ /// به هر جنگی دَرَش صد آشتی رنگ
نمک در خنده کاین لب را مکن ریش /// به هر لفظِ «مکن»، در، صد «بکن» بیش
قَصَب بر رخ که گر نوشم نهان است /// بناگوشم به خرده در میان است
از این‌سو حلقهٔ لب کرده خاموش /// ز دیگرسو نهاده حلقه در گوش
به چشمی، ناز بی‌اندازه می‌کرد /// به دیگر چشم، عذری تازه می‌کرد
چو سر پیچید، گیسو مجلس آراست /// چو رخ گرداند، گردن عذر آن خواست
چو خسرو را به خواهش گرم‌دل یافت /// مروّت را در آن بازی خجل یافت
نمود اندر هزیمت شاه را پشت /// به گوگرد سفید آتش همی‌کشت
بدان پشتی، چو پشتش ماند واپس /// که روی شاه پشتیوان من بس

غلط گفتم، نمودش تختهٔ عاج / که شه را نیز باید تخت با تاج
حساب دیگر آن بودش در این کوی / که پشتم نیز محراب است، چون روی
دگر وجه آنکه گر وجهی شد از دست / از آن روشن‌ترم وجهی دگر هست
چه خوش نازی است، ناز خوب‌رویان / ز دیده رانده را در دیده، جویان
به چشمی، طیرگی کردن که برخیز / به دیگر چشم، دل دادن که مگریز
به صد جان ارزد آن رغبت که جانان / نخواهم گوید و خواهد به صد جان

پاسخ دادن خسرو، شیرین را

چو خسرو دید کآن ماه نیازی / نخواهد کردن او را چاره‌سازی
به گستاخی درآمد کِی دلارام / گواژه چند خواهی زد؟ بیارام
چو مِی خوردی و مِی دادی به من بار / چرا باید که من مستم، تو هشیار؟
به هشیاری مشو با من که مستی / چو من بی‌دل نه‌ای؟ حقّا که هستی
تو را این کبک بشکستن، چه سودست؟ / که باز عشق، کبکت را ربوده‌ست
وگر خواهی که در دل راز پوشی / شکیبت باد تا با دل بکوشی
تو نیز اندر هزیمت بوق می‌زن / ز چاهی خیمه بر عیّوق می‌زن
در این سودا که با شمشیر تیز است / صلاح گردن‌افرازان گریز است
تو خود دانی که در شمشیربازی / هلاک سر بوَد گردن‌فرازی
دلت گرچه به دل‌داری نکوشد / بگو تا عشوه رنگی می‌فروشد
بگوید دوستم ور خود نباشد / مرا نیک افتد او را بد نباشد
بسی فال از سر بازیچه برخاست / چو اختر می‌گذشت، آن فال شد راست

چه نیکو فال زد صاحب‌معانی / که خود را فال نیکو زن، چو دانی
بد آید فال چون باشی، بداندیش / چو گفتی نیک، نیک آید فراپیش
مرا از لعل تو بوسی تمام است / حلالم کن که آن نیزم حرام است
وگر خواهی که لب زین نیز دوزم / بدین گرمی نه، کآن‌گاهی بسوزم
از آن ترسم که فردا رخ خراشی / که چون من عاشقی را کشته باشی
تو را هم خون من دامن بگیرد / که خون عاشقان هرگز نمیرد
گرفتم رای دمسازی نداری / به بوسی هم سر بازی نداری؟
ندارم زَهرهٔ بوس لبانت / چه بوسم؟ آستین یا آستانت؟
نگویم بوسه را میری به من ده / لبت را چاشنی‌گیری به من ده
بده یک بوسه تا ده واسِتانی / از این بِه چون بوَد بازارگانی؟
چو بازرگانِ صد خروار قندی / بِه ار با من به قندی، در نبندی
چو بگشایی، گشاید بند بر تو / فروبندی، فروبندند بر تو
چو سقّا آب چشمه بیش ریزد / ز چشمه کآب خیزد، بیش خیزد
در آغوشت کشم، چون آب در میغ / مرا جانی تو، با جان چون زنم تیغ؟
سر زلف تو چون هندوی ناپاک / به روز پاک، رختم را بَرَد پاک
به دزدی هندویَت را گر نگیرم / چو هندو، دزد نافرمان پذیرم
اگرچه دزد با صد دهره باشد / چو بانگش بر زنی بی‌زهره باشد
نبرّد دزد هندو را کسی دست / که با دزدی، جوان‌مردیش هم هست
کمند زلف خود در گردنم بند / به صید لاغر امشب باش خرسند
تو دل‌خر باش تا من جان فروشم / تو ساقی باش تا من باده نوشم

شب وصلت لبی پرخنده دارم چراغ آشنایی زنده دارم
حساب حلقه خواهد کرد گوشم تو می‌خر بنده تا من می‌فروشم
شمار بوسه خواهد بود کارم تو می‌دِه بوسه تا من می‌شمارم
بیا تا از در دولت درآییم چو دولت خوش برآمد، خوش برآییم
یک امشب تازه داریم این نفس را که بر فردا ولایت نیست کس را
به نقد امشب، چو با هم سازگاریم نظر بر نسیهٔ فردا چه داریم؟
مکن بازی بدان زلف شکن‌گیر به من بازی کن امشب دست من گیر
به جان آمد دلم درمان من ساز کنار خود حصار جان من ساز
ز جان شیرین‌تری ای چشمهٔ نوش سزد گر گیرمت چون جان در آغوش
چو شکّر گر لبت بوسم وگر پای همه شیرین‌تر آید جایت از جای
همه تن در تو شیرینی نهفتند به کمکاری تو را شیرین نگفتند
در این شادی بِه ار غمگین نباشی نه شیرین باشی، ار شیرین نباشی
شکر لب گفت از این زنهارخواری پشیمان شو، مکن بی‌زینهاری
که شه را بد بوَد زنهار خوردن بد آمد در جهان بد کار کردن
مجوی آبی که آبم را بریزد مخواه آن کام کز من برنخیزد
کزین مقصود، بی‌مقصود گردم تو آتش گشته‌ای، من عود گردم
مرا بی‌عشق، دل خود مهربان بود چو عشق آمد، فسرده چون توان بود؟
گر از بازار عشق اندازه گیرم به تو هر دم نشاطی تازه گیرم
ولیکن نرد با خود باخت نتوان همیشه با خوشی درساخت نتوان
جهان نیمی ز بهر شادکامی‌ست دگر نیمه ز بهر نیکنامی‌ست

چه باید طبع را بَدرام کردن
دو نیکونام را بدنام کردن
همان بهتر که از خود شرم داریم
بدین شرم از خدا آزرم داریم
زن افکندن نباشد مردرایی
خودافکن باش اگر مردی نمایی
کسی کَافکند خود را، بر سر آمد
خودافکن با همه عالم برآمد
من آن شیرین درخت آبدارم
که هم حلوا و هم جلّاب دارم
نخست از من قناعت کن به جلّاب
که حلوا هم تو خواهی خورد، مَشتاب
به اوّل شربت از حلوا میندیش
که حلوا پس بوَد، جلّاب در پیش
چو ما را قند و شکّر در دهان هست
به خوزستان چه باید در زدن دست؟
زلال آب چندانی بود خوش
کز او بتوان نشاند آشوب آتش
چو آب از سرگذشت آید زیانی
وگر خود باشد آب زندگانی
گر این دل چون تو جانان را نخواهد
دلی باشد که او جان را نخواهد
ولی تبکرده را حلوا چشیدن
نیرزد سال‌ها صفرا کشیدن

لابه کردن خسرو پیش شیرین

بسا بیمار کز بسیارخواری
بمانَد سال و مه در رنج و زاری
اگرچه طبع جوید میوهٔ تر
اگرچه میل دارد دل به شکّر
ملک چون دید کاو در کار خام است
زبانش توسن است و طبع رام است
به لابه گفت کای ماه جهان‌تاب
عتاب دوستان ناز است، برتاب
صواب آید؟ روا داری؟ پسندی؟
که وقت دستگیری، دست بندی؟
دویدم تا به تو دستی درآرم
به دست آرم تو را دستی برآرم
چو می‌بینم کنون زلفت مرا بست
تو در دست آمدی، من رفتم از دست

نگویم در وفا سوگند بشکن / خمارم را به بوسی چند بشکن
اسیری را به وعده شاد می‌کن / مبارک مرده‌ای آزاد می‌کن
ز باغ وصل پُرگل کن کنارم / چو دانی کز فراقت بر چه خارم
مگر زآن گل گلاب‌آلود گردم / به بوی از گلستان خشنود گردم
تو سرمست و سر زلف تو در دست / اگر خوش‌دل نشینم جای آن هست
چو با تو مِی خورم، چون کش نباشم؟ / تو را بینم، چرا دل‌خوش نباشم؟
کمر زرّین بوَد چون با تو بندم / دهن شیرین شوَد چون با تو خندم
گر از من می‌بری چون مهره از مار / من از گل بازمی‌مانم تو از خار
گر از درد سر من می‌شوی فرد / من از سر دور می‌مانم تو از درد
جگر خور کز تو بِه یاری ندارم / ز تو خوش‌تر جگرخواری ندارم
مرا گر روی تو دلکش نباشد / دلم باشد ولیکن خوش باشد
اگر دیده شود بر تو بَدَل گیر / بود در دیده خس، لیکن به تصغیر
وگر جان گردد از رویت عنان‌تاب / بوَد جان را عروسی لیک در خواب
عتابی گر بوَد ما را از این پس / میانجی در میانه موی تو بس

دمیدن روز

فلک چون جام یاقوتین روان کرد / ز جرعه خاک را یاقوت‌سان کرد
ملک برخاست جام باده در دست / هنوز از بادهٔ دوشینه سرمست
همان سودا گرفته دامنش را / همان آتش رسیده خرمنش را
هوای گرم بود و آتش تیز / نمی‌کرد از گیاه خشک پرهیز
گرفت آن نارپستان را چنان سخت / که دیبا را فروبندند بر تخت

بسی کوشید شیرین تا به صد زور / قضای شیر گشت از پهلوی گور
ملک را گرم دید از بی‌قراری / مکن گفتا بدین‌سان گرم‌کاری
چه باید خویشتن را گرم کردن / مرا در روی خود بی‌شرم کردن
چو تو گرمی کنی نیکو نباشد / گلی کاو گرم شد، خوش‌بو نباشد
چو باشد گفت‌وگوی خواجه بسیار / به گستاخی پدید آید پرستار
به گفتن با پرستاران چه کوشی؟ / سیاست باید اینجا یا خموشی
ستور پادشاهی تا بوَد لنگ / به دشواری مراد آید فراچنگ
چو روز بینوایی بر سر آید / مرادت خود به‌زور از در درآید
نباشد هیچ هشیاری در آن مست / که غُل بر پای دارد، جام در دست
تو دولت جو که من خود هستم اینک / به دست آر آنکه من در دستم اینک
نخواهم نقش بی‌دولت نمودن / من و دولت به هم خواهیم بودن
ز دولت‌دوستی جان بر تو ریزم / نی‌ام دشمن که از دولت گریزم
طرب کن چون درِ دولت گشادی / مخور غم چون به روز نیک زادی
نخست اقبال وآنگه کام جستن / نشاید گنج بی‌آرام جستن
به صبری می‌توان کامی خریدن / به آرامی، دلارامی خریدن
زبان آنگه سخن، چشم آنگهی نور / نخست انگور وآنگه آب انگور
به‌گرمی کارِ عاقل بِه نگردد / به تک، دانی که بز فربه نگردد
در این آوارگی ناید برومند / که سازم با مراد شاه پیوند
اگر با تو به یاری سر درآرم / من آن یارم که از کارَت برآرم
تو ملک پادشاهی را به دست آر / که من باشم اگر دولت بوَد یار

گرت با من خوش آید آشنایی / همی‌ترسم که از شاهی برآیی
وگر خواهی به شاهی بازپیوست / دریغا من که باشم رفته از دست
جهان در نسل تو ملکی قدیم است / به دست دیگران عیبی عظیم است
جهان آن‌کس بَرَد کاو برشتابد / جهان‌گیری توقف برنتابد
همه چیزی ز روی کدخدایی / سکون برتابد الّا پادشایی
اگر در پادشاهی بنگری تیز / سَبَق برده‌ست از عزم سبک‌خیز
جوانی داری و شیری و شاهی / سریّ و با سری، صاحب‌کلاهی
ولایت را ز فتنه پای بگشای / یکی ره دست‌برد خویش بنمای
بدین هندو که رختت را گرفته‌ست / به ترکی تاج و تختت را گرفته‌ست
به تیغ آزرده کن ترکیب جسمش / مگر باطل کنی ساز طلسمش
که دست خسروان در جستن کام / گهی با تیغ باید، گاه با جام
ز تو یک تیغ تنها برگرفتن / ز شش حدّ جهان لشکر گرفتن
کمر بندد فلک در جنگ با تو / درانـدازد به دشمن سنگ با تو
مرا نیز اَر بوَد دستی نمایم / وگرنه در دعا دستی گشایم

رفتن خسرو از پیش شیرین

ملک را گرم کرد آن آتش تیز / چنانک از خشم شد بر پشت شبدیز
به‌تندی گفت من رفتم شبت خوش / گَرَم دریا به پیش آید، گر آتش
خدا داند کز آتش برنگردم / ز دریا نیز مویی تر نگردم
چه پنداری که خواهم خفت از این پس؟ / به ترک خواب خواهم گفت از این پس
زمین را پیل‌بالا کند خواهم / دبه در پای پیل افکند خواهم

خسرو و شیرین

شَوَم چون پیل و نارَم سر به بالین --- نه پیلی کاو بوَد پیل سفالین
به نادانی خری بردم بر این بام --- به دانایی فرود آرَم سرانجام
سبویی را که دانم ساخت آخر --- توانم بر زمین انداخت آخر
مرا باید به چشم آتش برافروخت؟ --- به آتش سوختن باید درآموخت
گهی بر نامرادی بیم کردن --- گهی مردانگی تعلیم کردن
مرا عشق تو از افسر برآورد --- بسا تن را که عشق از سر برآورد
مرا گر شور تو در سر نبودی --- سر شوریده بی‌افسر نبودی
فکندی چون فلک در سر کمندم --- رها کردی چو کردی شهربندم
نخستم باده دادی مست کردی --- به مستی در، مرا پابست کردی
چو گشتم مست، می‌گویی که برخیز --- به بدخواهان هشیار اندر آویز
بلی خیزم، درآویزم به بدخواه --- ولی آنگه که بیرون آیم از چاه
بر آن عزمم که ره در پیش گیرم --- شَوَم دنبال کار خویش گیرم
بگیرم پند تو بر یاد از این بار --- بکوشم هرچه بادا باد از این بار
مرا از حال خود آگاه کردی --- به نیک و بد سخن کوتاه کردی
من اوّل بس همایون‌بخت بودم --- که هم با تاج و هم با تخت بودم
به گِرد عالم آواره‌ام تو کردی --- چنین بدروز و بیچاره‌ام تو کردی
گَرَم نگرفتی اندوه تو فتراک --- کدامین باد م آوردی بدین خاک
بلی تا با مَنَت خوش بود یکچند --- حدیثت بود با من خوش‌تر از قند
کنون کز مهر خود دوریم دادی --- بباید شد که دستوریم دادی
من از کار شدن غافل نبودم --- که مهمانی چنان بددل نبودم

نشستم تا همی خوانم نهادی — رَوَم چون نان در انبانم نهادی
پس آنگه پای بر گیلی بیفشرد — ز راه گیلکان لشکر به در برد
دل از شیرین غبارانگیز کرده — به عزم روم رفتن تیز کرده
در آن ره رفتن از تشویش تاراج — به ترک تاج کرده ترک را تاج
ز بیم تیغ رهداران بهرام — ز ره رفتن نبودش یکدم آرام
عقابی چارپر یعنی که در زیر — نهنگی در میان یعنی که شمشیر
فرس میراند تا رهبان آن دیر — که راند از اختران با او بسی سیر
بر آن رهبان دیر افتاد راهش — که دانا خواند غیبآموز شاهش
ز رایش روی دولت را برافروخت — و زو بسیار حکمتها در آموخت
وز آنجا تا در دریا بهتعجیل — دواَسبه کرد کوچی میل در میل
وز آنجا نیز یکران راند یکسر — به قسطنطینیه شد سوی قیصر
عظیم آمد چو گشت آن حال معلوم — عظیمالروم را آن فال در روم
حساب طالع از اقبال کردش — به عون طالع استقبال کردش
چو قیصر دید کآمد بر درش بخت — بدو تسلیم کرد آن تاج با تخت
چنان در کیش عیسی شد بدو شاد — که دخت خویش مریم را بدو داد
دو شه را در زفاف خسروانه — فراوان شرطها شد در میانه
حدیث آن عروس و شاه فرّخ — که اهل روم را چون داد پاسخ
همان لشکرکشیدن با نیاطوس — جناح آراستن چون پرّ طاووس
نگویم چون دگر گویندهای گفت — که من بیدارم ار پویندهای خفت
چو من نرخ کسان را بشکنم ساز — کسی نرخ مرا هم بشکند باز

جنگ خسرو با بهرام و گریختن بهرام

چو روزی چند شاه آنجا طرب کرد </br>
به یاری خواستن لشکر طلب کرد

سپاهی داد قیصر بی‌شمارش </br>
به زر چون زر مهیّا کرد کارش

ز بس لشکر که بر خسرو شد انبوه </br>
روان شد روی هامون کوه در کوه

چو کوه آهنین از جای جنبید </br>
زمین گفتی که سر تا پای جنبید

چهل پنجه هزاران مرد کاری </br>
گزین کرد از یلان کارزاری

شبیخون کرد و آمد سوی بهرام </br>
زره را جامه کرد و خود را جام

چو آگه گشت بهرام جهان‌گیر </br>
به جنگ آمد، چو شیر آید به نخجیر

ولی چون بخت روباهی نمودش </br>
ز شیری و جهان‌گیری چه سودش؟

دو لشکر روبه‌رو خنجر کشیدند </br>
جناح و قلب را صف برکشیدند

ترنگ تیر و چاکاچاک شمشیر </br>
دریده مغز پیل و زهرۀ شیر

غریو کوس داده مرده را گوش </br>
دماغ زندگان را برده از هوش

جنیبت‌های زرّین نعل بسته </br>
ز خون برگستوان‌ها لعل بسته

صَهیل تازیان آتشین‌جوش </br>
زمین را ریخته سیماب در گوش

سواران تیغ برق‌افشان کشیده </br>
هژبران سربه‌سر دندان کشیده

اجل بر جان کمین‌سازی نموده </br>
قیامت را یکی بازی نموده

سنان بر سینه‌ها سر تیز کرده </br>
جهان را روز رستاخیز کرده

ز بس نیزه که بر سر بیشه بسته </br>
هزیمت را ره اندیشه بسته

در آن بیشه نه گور از شیر می‌رَست </br>
نه شیر از خوردن شمشیر می‌رَست

چنان می‌شد به زیر دِرع‌ها تیر </br>
که زیر پردۀ گل، باد شبگیر

عقابان خدنگ خون سرشته / برات کرکسان بر پر نبشته
زره‌بُرهای از زهر آب داده / زره‌پوشان کین را خواب داده
ز موج خون که بر می‌شد به عیّوق / پر از خون گشته طاسک‌های منجوق
به سوگ نیزه‌های سر فتاده / صبا گیسوی پرچم‌ها گشاده
به مرگ سرورانِ سربریده / زمین جیب، آسمان، دامن دریده
حمایل‌ها فکنده هرکسی زیر / یکی شمشیر و دیگر زخم شمشیر
فروبسته در آن غوغای ترکان / ز بانگ نای ترکی، نای ترکان
حریر سرخ بیرق‌ها گشاده / نیستانی بُد آتش درفتاده
نه چندان تیغ شد بر خون شتابان / که باشد ریگ و سنگ اندر بیابان
نه چندان تیر شد بر ترگ، ریزان / که ریزد برگ، وقت برگ‌ریزان
نهاده تخت شه بر پشت پیلی / کشیده تیغ گرداگرد میلی
بزرگ‌امّید پیش پیل سرمست / به ساعت‌سنجی اُصطُرلاب در دست
نظر می‌کرد و آن فرصت همی‌جست / که بازار مخالف کی شود سست
چو وقت آمد ملک را گفت بشتاب / مبارک طالع است این لحظه دریاب
به نطع کینه بر چون پی فشردی / دراَفکن پیل و شه‌رخ زن که بردی
ملک در جنبش آمد بر سر پیل / سوی بهرام شد جوشنده چون نیل
بر او زد پیل پای خویشتن را / به پای پیل برد آن پیل‌تن را
شکست افتاد بر خصم جهان‌سوز / به فرّخ‌فال، خسرو گشت پیروز
ز خون چندان روان شد جوی در جوی / که خون می‌رفت و سر می‌برد چون گوی
کمند رومیان بر شکل زنجیر / چو موی زنگیان گشته گره‌گیر

به هندی تیغ هرکس را که دیدند / سرش چون طرّهٔ هندو بریدند
دماغ آشفته شد بهرامیان را / چنانک از روشنی سرسامیان را
ز چندانی خلایق کس نرسته / مگر بهرام و بهری چند خسته
ز شیری کردن بهرام و زورش / جهان افکند چون بهرام گورش
هر آن صورت که خود را چشمزد یافت / ز چشم نیک دیدن چشم بد یافت
ندیدم کس که خود را دید و نشکست / درست آن ماند کاو از چشم خود رست
چو از خسرو عنان پیچید بهرام / به کام دشمنان شد کام و ناکام
جهان خرمن بسی داند چنین سوخت / مُشَعبِد را نباید بازی آموخت
کدامین سرو را داد او بلندی / که بازش خم نداد از دردمندی؟
کدامین سرخگل را کاو بپرورد / ندادش عاقبت رنگ گل زرد؟
همه لقمه شکر نتوان فروبرد / گهی صافی توان خوردن، گهی دُرد
چو شادی را و غم را جای روبند / به جایی سر، به جایی پای کوبند
به جایی ساز مطرب برکشد ساز / به جایی مویه‌گر بردارد آواز
هر آوازی که هست از ساز و از سوز / در این گنبد که می‌بینی به یک روز
تنوری سخت گرم است این علفخوار / تو خواهی پُرگلش کن، خواه پُرخار
جهان بر اَبلَقی توسن سوار است / لگد خوردن از او هم در شمار است
فلک بر سبز خِنگی تندخیز است / ز راهش عقل را جای گریز است
نشاید بر کسی کرد استواری / که ننموده‌ست با کس سازگاری
چو بر بهرام چوبین تند شد بخت / به خسرو ماند هم شمشیر و هم تخت
سوی چین شد بر ابرو چین سرشته / اذا جاء القضا بر سر نوشته

ستم تنها نه بر چون او کسی رفت
در این پرده چنین بازی بسی رفت

بر تخت نشستن خسرو به مدائن، بار دوم

چو سر برکرد ماه از برج ماهی
مه پرویز شد در برج شاهی

ز ثورش زهره وز خرچنگ برجیس
سعادت داده از تثلیث و تسدیس

ز پرگار حَمَل خورشیدِ منظور
به دَلو اندر فکنده بر زحل نور

عطارد کرده ز اوّل خطّ جوزا
سوی مریخ شیرافکن تماشا

ذَنَب مرّیخ را مِی کرده در کاس
شده چشم زحل هم کاسهٔ راس

بدین طالع کز او پیروز شد بخت
ملک بنشست بر پیروزه‌گون تخت

برآورد از سپیدی تا سیاهی
ز مغرب تا به مشرق نام شاهی

چو شد کار ممالک بر قرارش
قوی‌تر گشت روز از روزگارش

کشید از خاک تختی بر ثریّا
در او گوهر به کشتی، دُر به دریا

چنان کز بس گهرهای جهان‌تاب
به شب تابنده‌تر بودی ز مهتاب

بر آن تخت مبارک شد چو شیران
مبارک‌باد گفتندش دلیران

جهان خرّم شد از نقش نگینش
فروخواند آفرینِش، آفرینَش

ز عکسِ آن‌چنان روشن‌جنابی
خراسان را درافزود آفتابی

شد آواز نشاط و شادکامی
ز مرو شاهجان تا بلخِ بامی

چو فرّخ شد بدو هم تخت و هم تاج
درآمد غمزهٔ شیرین به تاراج

نه آن غم را ز دل شایست راندن
نه غم‌پرداز را شایست خواندن

به حکم آنکه مریم را نگه داشت
کز او بر اوج عیسی پایگه داشت

اگرچه پادشاهی بود و گنجش
ز بی‌یاری پیاپی بود رنجش

نمی‌گویم طرب حاصل نمی‌کرد / طرب می‌کرد لیک از دل نمی‌کرد
گهی قصد نَبید خام کردی / گهی از گریه می در جام کردی
گهی گفتی به دل کای دل، چه خواهی؟ / ز عالم عاشقی یا پادشاهی؟
که عشق و مملکت ناید به هم راست / از این هر دو یکی می‌بایدت خواست
چه خوش گفتند شیران با پلنگان / که خر کرّه کند یا راه زنگان
مرا با مملکت گر یار بودی / دلم زین ملک برخوردار بودی
بِخرّم گر فروشَد بخت بیدار / به صد ملک ختن، یک موی دل‌دار
شبی در باغ بودم خفته با یار / به بالین بر نشسته بخت بیدار
چو بختم خفت و من بیدار گشتم / بدین‌سان بی‌دل و بی‌یار گشتم
کجا آن نوبه‌نو مجلس نهادن؟ / بهشت عاشقان را در گشادن
نشستن با پری‌رویانِ چون نوش / شهنشاه پری‌رویان در آغوش
کجا شیرین و آن شیرین‌زبانی؟ / به شیرینی چو آب زندگانی
کجا آن عیش و آن شب‌ها نخفتن؟ / همه شب تا سحر افسانه گفتن
کجا آن تازه گلبرگ شکربار؟ / شکر چیدن ز گلبرگش به خروار
عروسی را بدان رویین حصاری / ز بازو ساختن سیمین عماری
گهش چون گل نهادن روی بر روی / گهش بستن چو سنبل موی بر موی
گهی مستی شکستن بر خمارش / گهی پنهان کشیدن در کنارش
گهی خوردن می‌ای چون خون بدخواه / گهی تکیه زدن بر مسند ماه
سخن‌هایی که گفتم یا شنیدم / خیالی بود یا خوابی که دیدم
مرا گویند خندان شو چو خورشید / که اندُه برنتابد جای جمشید

خسرو و شیرین

دهن پرخندهٔ خوش چون توان کرد؟ در او یا خنده گنجد یا دم سرد
که را جویم؟ که را خوانم به فریاد؟ بهاری بود و بِربودش ز من باد
خیال از ناجوان‌مردی همه روز به عشوه می‌فزاید بر دلم سوز
ز بی‌خصمی گر افزون گشت گنجم ز بی‌یاری درافزوده‌ست رنجم
من آن مرغم که افتادم به ناکام ز پشمین‌خانه در ابریشمین‌دام
چو من سوی گلستان رای دارم چه سود اَر بند زر بر پای دارم
نه بند از پای می‌شاید بریدن نه با این بند می‌شاید پریدن
غم یک تن مرا خود ناتوان کرد غم چندین کس، آخر چون توان خورد؟
مرا باید که صد غم‌خوار باشد چو من صد غم خورم، دشوار باشد
ز خر برگیرم و بر خود نهم بار خران را خنده می‌آید بدین کار
مه و خورشید را بر فرش خاکی ز جمعیّت رسید این تابناکی
پراکنده‌دلم، بی‌نور از آنم نی‌ام مجموع‌دل، رنجور از آنم
ستاره نیز هم ریحان باغ‌اند پراکندند از آن ناقص چراغ‌اند
شراره زآن ندارد پرتو شمع که این نور پراکنده‌ست و آن جمع
نه خواهد دل که تاج و تخت گیرم نه خواهم من که با دل سخت گیرم
دل تاریک‌روزم را شب آمد تن بیمارخیزم را تب آمد
نمی‌شد موش در سوراخ کژدم به یاری جای‌روبی بست بر دم
سیاهک بود زنگی خود به دیدار به سرخی می‌زند چون گشت بیمار
دگر ره بانگ زد بر خود به‌تندی که با دولت نشاید کرد کندی
چو دولت هست، بخت آرام گیرد ز دولت با تو جانان جام گیرد

سر از دولت کشیدن، سروری نیست / که با دولت کسی را داوری نیست
کس از بی‌دولتی کامی نیابد / بِه از دولت، فلک نامی نیابد
به دولت یافتن شاید همه کام / چو دانه هست، مرغ آید فرادام
تو گندم کار تا هستی برآرد / گیا خود در میان دستی برآرد
به هر کاری در از دولت بوَد نور / که باد از کار ما بی‌دولتی دور
بسی برخواند از این افسانه با دل / چو عشق آمد، کجا صبر و کجا دل؟
صبوری کرد با غم‌های دوری / هم آخر شادمان شد زآن صبوری

نالیدن شیرین در جدایی خسرو

چنین در دفتر آورد آن سخن‌سنج / که برد از اوستادی در سخن رنج
که چون شیرین ز خسرو باز پس ماند / دلش در بند و جانش در هوس ماند
ز بادام تر آب گل برانگیخت / گلابی بر گل بادام می‌ریخت
به‌سان گوسپند کشته بر جای / فرواُفتاد و می‌زد دست بر پای
تن از بی‌طاقتی پرداخته زور / دل از تنگی شده چون دیدهٔ مور
هَوی بر باد داده خرمنش را / گرفته خون دیده دامنش را
چو زلف خویش بی‌آرام گشته / چو مرغی پای‌بندِ دام گشته
شده ز اندیشهٔ هجران یارش / ز بحرِ دیده، پُرگوهر کنارش
گهی از پای می‌افتاد چون مست / گه از بیداد می‌زد دست بر دست
دلش حُرّاقهٔ آتش‌زنی داشت / بدان آتش سر دودافکنی داشت
مگر دودش رَوَد زآن‌سو که دل بود / که افتد بر سر پوشیده‌ها دود
گشاده رشتهٔ گوهر ز دیده / مژه چون رشته در گوهر کشیده

ز خواب ایمن، هوس‌های دماغش	ز بی‌خوابی شده چشم و چراغش
دهن خشک و لب از گفتار، بسته	ز دیده بر سر گوهر نشسته
سهی سروش چو برگ بید لرزان	شده زو نافه کاسِد، نیفه ارزان
زمانی بر زمین غلتید غمناک	ز مشکین‌جعد، مشگ افشاند بر خاک
چو نسرین برگشاده ناخنی چند	به نسرین، برگ گل از لاله می‌کند
گهی بر شکّر از بادام زد آب	گهی خایید فندق را به عنّاب
گهی چون گوی هر سو می‌دویدی	گهی بر جای چون چوگان خمیدی
نمک در دیدهٔ بی‌خواب می‌کرد	ز نرگس لاله را سیراب می‌کرد
درختی بر شده چون گنبد نور	گدازان گشت چون در آب کافور
بهاری تازه چون رخشنده مهتاب	ز هم بگسست چون بر خاک سیماب
شبیخون غم آمد بر ره دل	شکست افتاد بر لشکرگه دل
کمین‌سازان محنت برنشستند	یَـزَک‌داران طاقت را شکستند
ز بنگاه جگر تا قلب سینه	به غارت شد خزینه بر خزینه
به صد جهد از میان، سلطان جان رَست	ولیک آنگه که خدمت را میان بست
گهی دل را به نفرین یاد کردی	ز دل چون بیدلان فریاد کردی
گهی با بخت گفتی کِای ستمکار	نکردی تا تویی، زین زشت‌تر کار
مرادی را که دل بر وی نهادی	به دست آوردی و از دست دادی
فروشُد ناگهان پایت به گنجی	ز دست افشاندی‌اش بی‌پای‌رنجی
بهاری را که در بر وی گشادی	ربودی گل، به دل خارش نهادی
چراغی کز جهانش برگزیدی	تو را دادند و بادش دَردمیدی

به آب زندگانی دست کردی / نهان شد لاجرم کز وی نخوردی
ز مطبخ بهره جز آتش نبودت / وزآن آتش نشاط خوش نبودت
از آن آتش برآمد دودت اکنون / پشیمانی ندارد سودت اکنون
گهی فرّخ‌سروش آسمانی / دلش دادی که یابی کامرانی
گهی دیو هوس می‌بردش از راه / که می‌بایست رفتن بر پی شاه
چو بسیاری در این محنت به سر برد / هم آخر زآن میان کشتی به در برد
به صد زاری ز خاک راه برخاست / ز بس خواری شده با خاک ره راست
به درگاه مهین‌بانو گذر کرد / ز کار شاه، بانو را خبر کرد
دل بانو موافق شد در این کار / نصیحت کرد و پندش داد بسیار
که صابر شو درین غم روزکی چند / نماند هیچ‌کس جاوید در بند
نباید تیزدولت بود چون گل / که آب تیزرو زود افکنَد پل
چو گوی افتان‌وخیزان بِه بوَد کار / که هرکس کاوفتد خیزد دگربار
نروید هیچ تخمی تا نگندد / نه کاری برگشاید تا نبندد
مراد آن بِه که دیر آید فرادست / که هرکس زودخور شد، زود شد مست
نباید راه‌رو کاو زود رانَد / که هر کاو زود رانَد، زود ماند
خری کو شست من برگیرد آسان / ز شست و پنج من نبوَد هراسان
نبینی ابر کاو تندی نماید / بگرید سخت و آنگه برگشاید؟
بباید ساختن با سختی اکنون / که داند کار فردا چون بود، چون؟
بسی در کار خسرو رنج دیدی / بسی خواری و دشواری کشیدی
اگر سودی نخوردی زو زیان نیست / بوَد ناخورده یخنی، باک از آن نیست

کنون وقت شکیبایی‌ست مشتاب
که بر بالا به دشواری رَوَد آب
چو وقت آید که آب آید فَرازیر
نمانَد دولتت در کارها دیر
بد از نیک آنگهی آید پدیدت
که قفل از کار بگشاید کلیدت
بسا دیبا که یابی سرخ و زردش
کبود و اَزرَق آید در نَوَردش
بسا دُرجا که بینی گردفرسای
بوَد یاقوت یا پیروزه را جای
چو بانو زین سخن لختی فروگفت
بت بی‌صبر شد با صابری جفت
وزین در نیز شاپور خردمند
به کار آورد با او نکته‌ای چند
دلش را در صبوری بند کردند
به یاد خسروش خرسند کردند
شکیبا شد در این غم روزگاری
نه در تن دل، نه در دولت قراری

وصیّت کردن مهین‌بانو، شیرین را

مهین‌بانو دلش دادی شب و روز
بدان تا نشکند ماه دل‌افروز
یکی روزش به خلوت پیش خود خواند
که عمرش آستین بر دولت افشاند
کلید گنج‌ها دادش که برگیر
که پیشت مرد خواهد مادر پیر
درآمد کار اندامش به سستی
به بیماری کشید از تن‌درستی
چو روزی چند بر وی رنج شد چیر
تن از جان سیر شد، جان از جهان سیر
جهان از جان شیرینش جدا کرد
به شیرین هم جهان، هم جان رها کرد
فروشُد آفتابش در سیاهی
بنه در خاک برد از تخت شاهی
چنین است آفرینش را ولایت
که باشد هر بهاری را نهایت
نیامد شیشه‌ای از سنگ در دست
که باز آن شیشه را هم سنگ نشکست

خسرو و شیرین

فغان زین چرخ کز نیرنگ‌سازی / گهی شیشه کند، گه شیشه‌بازی
به اول عهد زنبور انگبین کرد / به آخر عهد باز آن انگبین خورد
بدین قالب که بادش در کلاه است / مشو غرّه که مشتی خاک راه است
ز بادی کاو کلاه از سر کند دور / گیاه آسوده باشد، سرو رنجور
بدین خان کاو بنا بر باد دارد / مشو غرّه که بد بنیاد دارد
چه می‌پیچی در این دام گلوپیچ؟ / که جوزی پوده بینی در میان هیچ
چو روباهان و خرگوشان منه گوش / به روبه‌بازیِ این خوابِ خرگوش
بسا شیر شکار و گرگ جنگی / که شد در زیر این روبه پلنگی
نظر کردم ز روی تجربت، هست / خوشی‌های جهان چون خارش دست
به اوّل دست را خارش خوش افتد / به آخر دست بر دست آتش افتد
همیدون جام گیتی خوش‌گوار است / به اوّل مستی و آخر خمار است
رها کن غم که دنیا غم نیرزد / مکن شادی که شادی هم نیرزد
اگر خواهی جهان در پیش کردن / شکمواری نخواهی بیش خوردن
گرت صد گنج هست، اَر یک درم نیست / نصیبت زین جهان، جز یک شکم نیست
همی تا پای دارد تن‌درستی / ز سختی‌ها نگیرد طبع سستی
چو برگردد مزاج از استقامت / به‌دشواری به دست آید سلامت
دهان چندان نماید نوش‌خندی / که یابد در طبیعت نوشمندی
چو گیرد ناامیدی مرد را گوش / کند راه رهایی را فراموش
جهان تلخ است خوی تلخناکش / به کم خوردن توان رست از هلاکش
مشو پُرخواره چون کرمان در این گور / به کم خوردن کمر دربند چون مور

ز کم خوردن کسی را تب نگیرد — ز پر خوردن به روزی صد بمیرد
حرام آمد علف تاراج کردن — به دارو طبع را محتاج کردن
چو باشد خوردن نان گل‌شکروار — نباشد طبع را با گل‌شکر کار
چو گلبن هرچه بگذاری بخندد — چو خوردی گر شکر باشد بگندد
چو دنیا را نخواهی، چند جویی؟ — بدو پویی، بدِ او چند گویی؟
غم دنیا کسی در دل ندارد — که در دنیا چو ما منزل ندارد
در این صحرا کسی کاو جای‌گیر است — ز مشتی آب و نانش ناگزیر است
مکن دل‌تنگی ای شخصت گلی تنگ — که بد باشد دلی تنگ و گلی تنگ
جهان از نام آن‌کس ننگ دارد — که از بهر جهان دل تنگ دارد
غم روزی مخور تا روز مانَد — که خود روزی‌رسان روزی رساند
فلک با این همه ناموس و نیرنگ — شب و روز ابلقی دارد کهن‌لنگ
بر این ابلق که آمد شد گزیند — چو این آمد فرود، آن برنشیند
در این سیلاب غم کز ما پدر برد — پسر چون زنده ماند چون پدر مرد؟
کسی کاو خون هندویی بریزد — چو وارث باشد آن خون برنخیزد
چه فرزندی تو با این ترکتازی — که هندوی پدرکش را نوازی؟
بزن تیری بدین کوژ کمان‌پشت — که چندین پشت بر پشت تو را کشت
فلک را تا کمان بی‌زه نگردد — شکار کس در او فربه نگردد
گوزنی را که ره بر شیر باشد — گیا در زیر پی شمشیر باشد
تو ایمن چون شدی بر ماندن خویش؟ — که داری باد در پس، چاه در پیش
مباش ایمن که این دریای خاموش — نکرده‌ست آدمی خوردن فراموش

کدامین رَبع را بینی ربیعی / کزآن بقعه برون ناید بقیعی؟
جهان آن بِه، که دانا تلخ گیرد / که شیرین زندگانی تلخ میرد
کسی کز زندگی با درد و داغ است / به وقت مرگ، خندان چون چراغ است
سرانی کز چنین سر پُرفسوس‌اند / چو گل گردن‌زنان را دست‌بوس‌اند
اگر واعظ بوَد گوید که چون کاه / تو بفکن تا منش بردارم از راه
وگر زاهد بوَد صد مَرده کوشد / که تو بیرون کنی تا او بپوشد
چو نامد در جهان پاینده چیزی / همه ملک جهان نَرزَد پشیزی
ره‌آورد عدم، ره‌توشهٔ خاک / سرشت صافی آمد، گوهر پاک
چنین گفتند دانایان هشیار / که نیک و بد به مرگ آید پدیدار
بسا زن نام کآنجا مرد یابی / بسا مردا که رویش زرد یابی
خداوندا چو آید پای بر سنگ / فتد کشتی در آن گردابهٔ تنگ
نظامی را به آسایش رسانی / ببخشی و به بخشایش رسانی

نشستن شیرین به پادشاهی

چو بر شیرین مقرّر گشت شاهی / فروغ ملک بر مه شد ز ماهی
به انصافش رعیّت شاد گشتند / همه زندانیان آزاد گشتند
ز مظلومان عالم جور برداشت / همه آیینِ جُور از دور برداشت
ز هر دروازه‌ای برداشت باجی / نجست از هیچ دهقانی خراجی
مسلّم کرد شهر و روستا را / که بهتر داشت از دنیا دعا را
ز عدلش باز با تیهو شده خویش / به یک جا آب خورده گرگ با میش
رعیّت هرچه بود از دور و پیوند / به دین و داد او خوردند سوگند

فراخی در جهان چندان اثر کرد / که یک دانه، غله صد بیشتر کرد
نیت چون نیک باشد پادشا را / گهر خیزد به جای گل، گیا را
درخت بدنیت خوشیده‌شاخ است / شه نیکونیت را پی فراخ است
فراخی‌ها و تنگی‌های اطراف / ز رای پادشاه خود زند لاف
ز چشم پادشاه افتاد رایی / که بدرایی کند در پادشایی
چو شیرین از شهنشه بی‌خبر بود / در آن شاهی دلش زیر و زبر بود
اگرچه دولت کیخسروی داشت / چو مدهوشان سر صحراروی داشت
خبر پرسید از هر کاروانی / مگر کآرَندَش از خسرو نشانی
چو آگه شد که شاه مشتری‌بخت / رسانید از زمین بر آسمان تخت
ز گنج‌افشانی و گوهرنثاری / به جای آورد رسم دوست‌داری
ولیک از کار مریم تنگ‌دل بود / که مریم در تعصّب سنگ‌دل بود
ملک را داده بُد در روم سوگند / که با کس درنسازد مهر و پیوند
چو شیرین از چنین تلخی خبر یافت / نفس را زین حکایت تلخ‌تر یافت
ز دلکوری به کار دل فروماند / در آن محنت چو خر در گل فروماند
در آن یک سال کاو فرماندهی کرد / نه مرغی، بلکه موری را نیازَرد
دلش چون چشم شوخش، خفتگی داشت / همه کارش چو زلف، آشفتگی داشت
همی‌ترسید کز شوریده‌رایی / کند ناموس عدلش بی‌وفایی
جز آن چاره ندید آن سرو چالاک / کز آن دعوی کند دیوان خود پاک
کند تنهارَوی در کار خسرو / به‌تنهایی خورد تیمار خسرو
نبود از رای سستش پای بر جای / که بیدل بود و بیدل هست بی‌رای

به مولایی سپرد آن پادشاهی / دلش سیر آمد از صاحب‌کلاهی

آمدن شیرین به مداین

به گلگون رونده رخت بربست / زده شاپور بر فتراک او دست
وزآن خوبان چو در ره پای بفشرد / کنیزی چند را با خویشتن برد
که در هر جای با او یار بودند / به رنج و راحتش غمخوار بودند
بسی برداشت از دیبا و دینار / ز جنس چارپایان نیز بسیار
ز گاو و گوسفند و اسب و اشتر / چو دریا کرده کوه و دشت را پر
وز آنجا سوی قصر آمد به‌تعجیل / پسِ او چارپایان میل در میل
دگر ره در صدف شد لؤلؤی تر / به سنگ خویش تن درداد گوهر
به هور هندوان آمد خزینه / به سنگستانِ غم رفت آبگینه
از آن دُرِّ خوشاب، آن سنگِ سوزان / چو آتشگاه موبد شد فروزان
ز روی او که بُد خرّم بهاری / شد آن آتشکده چون لاله‌زاری
ز گرمی کآن هوا در کار او بود / هوا گفتی که گرمی‌دار او بود
ملک دانست کآمد یار نزدیک / بدید امّید را در کار نزدیک
ز مریم بود در خاطر هراسش / که مریم روز و شب می‌داشت پاسش
به مهد آوردنش رخصت نمی‌یافت / به رفتن نیز هم فرصت نمی‌یافت
به پیغامی قناعت کرد از آن ماه / به بادی دل نهاد از خاک آن راه
نبودی یک زمان بی‌یاد دلدار / وزآن اندیشه می‌پیچید چون مار

آگهی خسرو از مرگ بهرام چوبین

چو شاهنشاه صبح آمد بر اورنگ / سپاه روم زد بر لشکر زنگ

برآمد یوسفی نارنج در دست
ترنج مه زلیخاوار بشکست

شد از چشم فلک نیرنگ‌سازی
گشاد ابروی‌ها در دل‌نوازی

درِ پیروزه‌گون‌گنبد گشادند
به پیروزی جهان را مژده دادند

زمانه ایمن از غوغا و فریاد
زمین آسوده از تشنیع و بیداد

به فال فرّخ و پیرایهٔ نو
نهاده خسروانی تخت خسرو

سراپرده به سدره سر کشیده
سماطینی به گردون برکشیده

ستاده قیصر و خاقان و فغفور
یک آماج از بساط پیشگه دور

به هر گوشه مهیّا کرده جایی
برو زانو زده کشورخدایی

طرفداران که صف در صف کشیدند
ز هیبت پشت پای خویش دیدند

کسی کِش در دل آمد سر بریدن
نیارست از سیاست بازدیدن

ز بس گوهر، کمرهای شب‌افروز
درِ گستاخ‌بینی بسته بر روز

قبا بسته کمردارانِ چون پیل
کمربندی زده مقدار ده میل

در آن صف کآتش از بیم، آب گشتی
سخن گر زر بُدی، سیماب گشتی

نشسته خسروِ پرویز بر تخت
جوان‌فرّ و جوان‌طبع و جوان‌بخت

دورویه گِردِ تخت پادشاییش
کشیده صف غلامان سراییش

ز خاموشی در آن زرّینه‌پرگار
شده نقش غلامان، نقش دیوار

زمین را زیر تخت آرام داده
به رسم خاص، بار عام داده

به فتح‌الباب دولت بامدادان
ز در پیکی درآمد سخت شادان

زمین بوسید و گفتا شادمان باش
همیشه در جهان، شاه جهان باش

تو زرّین‌بهره باش از تخت زرّین	که چوبین‌بهره شد، بهرام چوبین
نشاط از خانهٔ چوبین برون تاخت	که چوبین‌خانه از دشمن بپرداخت
شهنشاه از دل سنگین ایام	مَثل زد بر تن چوبین بهرام
که تا بر ما زمانه چوب‌زن بود	فلک چوبک‌زن چوبینه‌تن بود
چو چوب دولت ما شد برآور	مَهِ چوبینه، چوبین شد به خاور
نه این بهرام، اگر بهرام گور است	سرانجام از جهانش بهره گور است
اگر بهرام گوری رفت از این دام	بیا تا بنگری صد گور بهرام
جهان تا در جهان یاریش می‌کرد	تمنّای جهان‌داریش می‌کرد
کجا آن شیر کز شمشیرگیری	چو مستان کرد با ما شیرگیری؟
کجا آن تیغ کآتش در جهان زد؟	تپانچه بر درفش کاویان زد
بسا فرزانه را کاو شیرزادست	فریب خاکیان بر باد داده‌ست
بسا گرگ جوان کز روبه پیر	به افسون بسته شد در دام نخجیر
از آن بر گرگ، روبه راست شاهی	که روبه دام بیند، گرگ ماهی
بسا شه کز فریب یافه‌گویان	خصومت را شود بی‌وقت جویان
سرانجام از شتاب خام تدبیر	به جای پرنیان بر دل نهد تیر
ز مغروری کلاه از سر شود دور	مبادا کس به زور خویش مغرور
چراغ ارچه ز روغن نور گیرد	بسا باشد که از روغن بمیرد
خورش‌ها را نمک، رو تازه دارد	نمک باید که نیز اندازه دارد
مخور چندان که خرما خار گردد	گوارش در دهن مردار گردد
چنان خور کز ضرورت‌های حالت	حرام دیگران باشد حلالت

مقیمی را که این دروازه باید
غم و شادیش را اندازه باید

مجو بالاتر از دوران خود جای
مکش بیش از گلیم خویشتن پای

چو دریا بَرمَزَن موجی که داری
مپر بالاتر از اوجی که داری

به قدر شغل خود باید زدن لاف
که زردوزی نداند بوریاباف

چه نیکو داستانی زد هنرمند
هلیله با هلیله، قند با قند

نه فرّخ شد نهاد نو نهادن
ره و رسم کهن بر باد دادن

به قندیل قدیمان در زدن سنگ
به کالای یتیمان بر زدن چنگ

هر آن کاو کشت تخمی، کشته بر داد
نه من گفتم که دانه زو خبر داد

نه هر تخمی، درختی راست روید
نه هر رودی، سرودی راست گوید

به سرهنگی حمایل کردن تیغ
بسا مه را که پوشد چهره در میغ

تو خون‌ریزی مبین کاو شیر گیرد
که خونش گیرد، ارچه دیر گیرد

از این ابلق سوار نیمزنگی
که در زیر، ابلقی دارد دو رنگی

مباش ایمن که با خوی پلنگ است
کجا یکدل شود؟ آخر دورنگ است

ستم در مذهب دولت روا نیست
که دولت با ستمکار آشنا نیست

خری در کاهدان افتاد ناگاه
نگویم وای بر خر، وای بر کاه

مگس بر خوان حلوا کی کند پشت؟
به انجیری، غرابی چون توان کشت؟

به سیم دیگران زرّین مکن کاخ
کزین دین رخنه گردد، کیسه سوراخ

نگه‌دار اندرین آشفته‌بازار
کدینِ گازر از نارنج عطّار

مشو خامُش چو کار افتد به زاری
که باشد خامشی نوعی ز خواری

شنیدستم که در زنجیر عامان
یکی بوده‌ست از این آشفته‌نامان

چو با او ساختی نابالغی جنگ / به بالغتر کسی برداشتی سنگ
بپرسیدند کز طفلان خوری خار / ز پیران کین کشی، چون باشد این کار؟
به خنده گفت اگر پیران نخندند / کجا طفلان ستمکاری پسندند
چو دست از پای ناخشنود باشد / به جرم پای، سر مأخوذ باشد
به جبّاری مبین در هیچ درویش / که او هم محتشم باشد بر خویش
ز عیب نیک‌مردم دیده بردوز / هنر دیدن ز چشم بد میاموز
هنر بیند چو عیب این چشم جاسوس / تو چشم زاغ بین، نه پای طاووس
تو را حرفی به صد تزویر در مشت / منه بر حرف کس بیهوده انگشت
به عیب خویش یک دیده نمایی / به عیب دیگران صد صد گشایی؟
نه کم ز آیینه‌ای در عیب‌جویی / به آیینه رها کن سخت‌رویی
حفاظِ آینه این یک هنر بس / که پیش کس نگوید غیبت کس
چو سایه روسیاه آن‌کس نشیند / که واپس گوید، آنچ از پیش بیند
نشاید دید خصم خویش را خرد / که نرد از خامدستان کم توان برد
مشو غرّه بر آن خرگوش زرفام / که بر خنجر نگارد مرد رسّام
که چون شیران بدان خنجر ستیزند / بدو خون بسی خرگوش ریزند
در آب نرمرُو منگر به خواری / که تند آید، گهِ زنهارخواری
بر آتش دل منه کاو رخ فروزد / که وقت آید که صد خرمن بسوزد
به گستاخی مبین در خندهٔ شیر / که نه دندان نماید، بلکه شمشیر
هر آن‌کس کاو زند لاف دلیری / ز جنگ شیر یابد نام شیری
چو کین‌خواهی ز خسرو کرد بهرام / ز کین خسروان خسرو شدش نام

بِه، اَر با کم ز خود، خود را نسنجی
کز افکندن وز افتادن برنجی

ستیزه با بزرگان بِه توان برد
که از همدستی خُردان، شوی خُرد

نهنگ آن بِه که در دریا ستیزد
کز آب خرد، ماهی خرد خیزد

چو خسرو گفت بسیاری در این باب
بزرگان ریختند از دیدگان آب

فرود آمد ز تخت آن روز دل‌تنگ
روان کرده ز نرگس آب گل‌رنگ

سه روز اندوه خورد از بهر بهرام
نه با تخت آشنا می‌شد، نه با جام

بزم‌آرایی خسرو

چهارم روز مجلس تازه کردند
غناها را بلندآوازه کردند

به بخشیدن درآمد دست دریا
زمین گشت از جواهر چون ثریّا

ملک چون شد ز نوش ساقیان مست
غم دیدار شیرین بردش از دست

طلب فرمود کردن باربَد را
وزو درمان‌طلب شد درد خود را

(سی لحن باربد)

درآمد باربد چون بلبل مست
گرفته بربطی چون آب در دست

ز صد دستان که او را بود در ساز
گزیده کرد سی لحن خوش‌آواز

ز بی‌لحنی، بدان سی لحن چون نوش
گهی دل دادی و گه بستدی هوش

به بربط چون سر زخمه درآورد
ز رود خشک بانگ تر درآورد

اول - گنج بادآورد

چو باد از گنج بادآورد راندی
ز هر بادی لبش گنجی فشاندی

دوم - گنج گاو
چو گنج گاو را کردی نواسنج برافشاندی زمین، هم گاو و هم گنج

سوم - گنج سوخته
ز گنج سوخته چون ساختی راه ز گرمی سوختی صد گنج را آه

چهارم - شادروان مروارید
چو شادُروان مروارید گفتی لبش گفتی که مروارید سفتی

پنجم - تخت طاقدیسی
چو تخت طاقدیسی ساز کردی بهشت از طاق‌ها در باز کردی

ششم و هفتم - ناقوسی و اورنگی
چو ناقوسیّ و اورنگی زدی ساز شدی اورنگ چون ناقوس از آواز

هشتم - حقۀ کاوس
چو قند از حقّۀ کاووس دادی شکر کالای او را بوس دادی

نهم - ماه بر کوهان
چون لحن ماه بر کوهان گشادی زبانش ماه بر کوهان نهادی

دهم - مشک‌دانه
چو برگفتی نوای مشک‌دانه ختن گشتی ز بوی مشک خانه

یازدهم - آرایش خورشید

چو زد زآرایش خورشید راهی   در آرایش بُدی خورشید ماهی

دوازدهم - نیمروز

چو گفتی نیمروز مجلس‌افروز   خرد بی‌خود بُدی تا نیمهٔ روز

سیزدهم - سبز در سبز

چو بانگ سبز در سبزش شنیدی   ز باغ زرد، سبزه بردمیدی

چهاردهم - قفل رومی

چو قفل رومی آوردی در آهنگ   گشادی قفل گنج از روم و از زنگ

پانزدهم - سروستان

چو بر دستان سروستان گذشتی   صبا سالی به سروستان نگشتی

شانزدهم - سرو سهی

وگر سرو سهی را ساز دادی   سهی‌سروَش به خون، خط بازدادی

هفدهم - نوشین‌باده

چو نوشین‌باده را در پرده بستی   خمار بادهٔ نوشین شکستی

هیجدهم - رامش جان

چو کردی رامش جان را روانه   ز رامش جان فدا کردی زمانه

نوزدهم - ناز نوروز یا ساز نوروز

چو در پرده کشیدی ناز نوروز　　به نوروزی نشستی دولت آن روز

بیستم - مشکویه

چو بر مشکویه کردی مشک‌مالی　　همه مشکو شدی پُرمشک حالی

بیست و یکم - مهرگانی

چو نو کردی نوای مهرگانی　　ببردی هوش خلق از مهربانی

بیست و دوم - مروای نیک

چو بر مروای نیک انداختی فال　　همه نیک آمدی مروای آن سال

بیست و سوم - شبدیز

چو در شب برگرفتی راه شبدیز　　شدندی جملهٔ آفاق شب‌خیز

بیست و چهارم - شب فرّخ

چو بر دستان شب فرّخ کشیدی　　از آن فرخنده‌تر شب، کس ندیدی

بیست و پنجم - فرّخ‌روز

چو یارش رای فرّخ‌روز گشتی　　زمانه فرّخ و فیروز گشتی

بیست و ششم - غنچه کبک دری

چو کردی غنچهٔ کبک دری تیز　　ببردی غنچهٔ کبک دلاویز

بیست و هفتم - نخجیرگان

چو بر نخجیرگان تدبیر کردی بسی چون زهره را نخجیر کردی

بیست و هشتم - کین سیاوش

چو زخمه راندی از کین سیاووش پر از خون سیاووشان شدی گوش

بیست و نهم - کین ایرج

چو کردی کین ایرج را سرآغاز جهان را کین ایرج نو شدی باز

سی‌ام - باغ شیرین

چو کردی باغ شیرین را شکربار درخت تلخ را شیرین شدی بار

***

نواهایی بدین‌سان رامش‌انگیز همی‌زد باربد در پردهٔ تیز
به گفت باربد کز بار بِه گفت زبان خسروش صدبار زه گفت
چنان بُد رسم آن بَدر منوّر که بر هر زه بدادی بدرهٔ زر
به هر پرده که او بنواخت آن روز ملک گنجی دگر پرداخت آن روز
به هر پرده که او برزد نوایی ملک دادش پر از گوهر قبایی
زهی لفظی که گر بر تنگ‌دستی زهی گفتی، زهی زرّین ببستی
در این دوران گرت زین بِه پسندند زِهی پشمین به گردن وانبندند
ز عالی‌همّتی گردن برافراز طناب هرزه از گردن بینداز
به خرسندی طمع را دیده بردوز ز چون من قطره، دریایی درآموز
که چندین گنج بخشیدم به شاهی وزآن خرمن نجستم برگ کاهی

به بی‌برگی سخن را راست کردم / نه او داد و نه من درخواست کردم
مرا این بس که پر کردم جهان را / ولی‌نعمت شدم دریا و کان را
نظامی گر زه زرّین بسی هست / زه تو زهد شد مگذارش از دست
بدین زه گر گریبان را طرازی / کنی بر گردنان گردن‌فرازی

شفاعت کردن خسرو پیش مریم، از شیرین

چو بدر از جیب گردون سر برآورد / زمین عطف هلالی بر سر آورد
ز مجلس در شبستان رفت خسرو / شده سودای شیرین در سرش نو
چو برگفتی ز شیرین سرگذشتی / دهان مریم از غم تلخ گشتی
در آن مستی نشسته پیش مریم / دم عیسی بر او می‌خواند هر دم
که شیرین گرچه از من دور بهتر / ز ریش من نمک مهجور بهتر
ولی دانم که دشمن‌کام گشته‌ست / به گیتی در به من بدنام گشته‌ست
چو من بنوازم و دارم عزیزش / صواب آید که بنوازی تو نیزش
اجازت ده کزآن قصرش بیارم / به مشکوی پرستاران سپارم
نبینم روی او گر بازبینم / پُرآتش باد چشم نازنینم
جوابش داد مریم کِای جهان‌گیر / شکوهت چون کواکب آسمان‌گیر
خلافت را جهان بر در نهاده / فلک بر خطّ حکمت سر نهاده
اگر حلوای تر شد نام شیرین / نخواهد شد فرود از کام شیرین
تو را بی‌رنج، حلوایی چنین نرم / برنج سرد را تا کی کنی گرم؟
رطب خور، خار نادیدن تو را سود / که بس شیرین بود حلوای بی‌دود

خسرو و شیرین

مرا با جادویی همحقّه سازی — که برسازد ز بابِل حقّه‌بازی؟
هزار افسانه از بر بیش دارد — به طنّازی یکی در پیش دارد
تو را بفریبد و ما را کند دور — تو زو راضی شوی من از تو مهجور
من افسون‌های او را نیک دانم — چنین افسانه‌ها را نیک خوانم
بسا زن کاو صد از پَنجَه نداند — عطارد را به زَرق از رَه براند
زنان مانند ریحان سفال‌اند — درون‌سو خُبث و بیرون‌سو جمال‌اند
نشاید یافتن در هیچ برزن — وفا در اسب و در شمشیر و در زن
وفا مردی‌ست، بر زن چون توان بست — چو زن گفتی، بشوی از مردمی دست
بسی کردند مردان چاره‌سازی — ندیدند از یکی زن راست‌بازی
زن از پهلوی چپ گویند برخاست — مجوی از جانب چپ، جانب راست
چه بندی دل در آن دور از خدایی — کزو حاصل نداری جز بلایی
اگر غیرت بری با درد باشی — وگر بی‌غیرتی نامرد باشی
برو تنها دم از شادی برآور — چو سوسن سر به آزادی برآور
پس آنگه بر زبان آورد سوگند — به هوش زیرک و جان خردمند
به تاج قیصر و تخت شهنشاه — که گر شیرین بدین کشور کند راه
به گردن بر نَهَم مشکین‌رسن را — برآویزم ز جورت خویشتن را
همان بِه کاو در آن وادی نشیند — که جغد آن بِه که آبادی نبیند
یقین شد شاه را چون مریم این گفت — که هرگز درنسازد جفت با جفت
سخن را از درِ دیگر بنی کرد — نوازش می‌نمود و صبر می‌کرد
سوی خسرو شدی پیوسته شاپور — به صد حیلت پیامی دادی از دور

جوابش هم نهانی بازبُردی — ز خون‌خواری به غمخواری سپردی
از آن بازیچه حیران گشت شیرین — که بی او چون شکیبد شاه چندین
ولی دانست کآن نَز بی‌وفایی‌ست — شکیبش بر صلاح پادشایی‌ست

فرستادن خسرو، شاپور را به طلب شیرین

شفاعت کرد روزی شه به شاپور — که تا کِی باشم از دل‌دار خود دور؟
بیار آن ماه را یک شب در این برج — که پنهان دارمش چون لعل در درج
من از بهر صلاح دولت خویش — نیارم رغبتی کردن بدو بیش
که ترسم مریم از بس ناشکیبی — چو عیسی برکشد خود را صلیبی
همان بهتر که با آن ماه دل‌دار — نهفته دوستی وَرزَم پری‌وار
اگرچه سوخته پایم ز راهش — چو دست سوخته دارم نگاهش
گر این شوخ آن پری‌رخ را ببیند — شود دیوی و بر دیوی نشیند
پذیرفتار فرمان گشت نقّاش — که بندم نقش چین را در تو خوش باش
به قصر آمد چو دریایی پر از جوش — که باشد موج آن دریا همه نوش
حکایت کرد با شیرین سرآغاز — که وقت آمد که بر دولت کنی ناز
ملک را در شکارت رخش تند است — ولیک از مریمش شمشیر کند است
از آن او را چنین آزَرم دارد — که از پیمان قیصر شرم دارد
بیا تا یکسواره برنشینیم — ره مشکوی خسرو برگزینیم
طرب می‌ساز با خسرو نهانی — سرآید خصم را دولت چو دانی

عتاب کردن شیرین به شاپور

بت تنهانِشین، ماه تهی‌رو — تهی از خویشتن، تنها ز خسرو
به‌تندی برزد آوازی به شاپور — که از خود شرم دار ای از خدا دور
مگو چندین که مغزم را بِرُفتی — کفایت کن، تمام است آنچه گفتی
نه هر گوهر که پیش آید توان سفت — نه هرچ آن بر زبان آید توان گفت
نه هر آبی که پیش آید توان خورد — نه هرچ از دست برخیزد توان کرد
نیاید هیچ از انصاف تو یادم — به بی‌انصافی‌ات انصاف دادم
از این صنعت خدا دوری دهادت — خرد زین کار دستوری دهادت
برآوردی مرا از شهریاری — کنون خواهی که از جانم برآری
من از بی‌دانشی در غم فتادم — شدم خشک از غم، اندر نم فتادم
در آن جان گر ز من بودی یکی سوز — به گیسو رفتمی راهش شب و روز
خر از دکّان پالانگر گریزد — چو بیند جوفروش، از جای خیزد
کسادی چون کشَم؟ گوهرنژادم — نخوانده چون رَوَم؟ آخر نه بادم
چو زآب حوض، تر گشته‌ست زینم — خطا باشد که در دریا نشینم
چه فرمایی؟ دلی با این خرابی — کنم با اژدهایی همنقابی؟
چو آن درگاه را درخور نیفتم — به زور آن بِه که از در درنیفتم
ببین تا چند بار اینجا فتادم — به غمخواری و خواری دل نهادم
نیفتاد آن رفیق بی‌وفا را — که بفرستد سلامی خشک ما را
به یک گَز مقنعه تا چند کوشم؟ — سلیح مردمی تا چند پوشم؟
روا نبوَد که چون من زن‌شماری — کله‌داری کند با تاجداری

قضای بد نگر کآمد مرا پیش / خسک بر خستگی و خار بر ریش
به گل چیدن بُدم، در خار ماندم / به کاری می‌شدم، در بار ماندم
چو خود بد کردم، از کس چون خروشم؟ / خطای خود ز چشم بد چه پوشم؟
یکی را گفتم این جان و جهان است / جهان بستد کنون در بند جان است
نه هرکس کآتشی گوید زبانش / بسوزاند تف آتش دهانش
ترازو را دو سر باشد، نه یک سر / یکی جو در حساب آرَد، یکی زر
ترازویی که ما را داد خسرو / یکی سر دارد، آن هم نیز پُر جو
دلم زآن جو که خرباری ندارد / به غیر از خوردنش کاری ندارد
نمانم جز عروسی را در این سنگ / که از گچ کرده باشندش به نیرنگ
عروس گچ، شبستان را نشاید / ترنج موم، ریحان را نشاید
بسی کردم شگرفی‌ها که شاید / که گویم وز توأم شرمی نیاید
چه کرد آن رهزن خون‌خوارهٔ من؟ / جز آتش‌پاره‌ای در بارهٔ من
من اینک زنده، او با یار دیگر / ز مِهر انگیخته بازار دیگر
اگر خود، روی من رویی‌ست از سنگ / در او بیند، فروریزد از این ننگ
گرفتم سگ‌صفت کردندم آخر / به شیر سگ نپروردندم آخر
سگ از من بِه بود گر تا توانم / فریبش را چو سگ از در نرانم
شَوَم پیش سگ اندازم دلی را / که خواهد سگ، دل بی‌حاصلی را
دل آن بِه کاو بدان کس وانبیند / که در سگ بیند و در ما نبیند
مرا خود کاشکی مادر نزادی / وگر زادی به خورد سگ بدادی
بیا تا کژ نشینم، راست گویم / چه خواری‌ها کز او نامَد به رویم

هزاران پرده بستم راست در کار / هنوزم پردهٔ کژ می‌دهد یار
شد آبم و او به مویی تر نیامد / چنان کآبی به آبی برنیامد
چگونه راست آید رهزنی را / که ریزد آبروی چون منی را؟
فَرَس با من چنان در جنگ رانده‌ست / که جای آشتی رنگی نمانده‌ست
چو ما را نیست پشمی در کلاهش / کشیدم پشم در خیل و سپاهش
ز بس سر زیر او بردن خمیدم / ز بس تار غمش خود را ندیدم
دلم کور است و بینایی گزیند / چه کوری دل، چه آن‌کس کاو نبیند
سرم می‌خارد و پروا ندارم / که در عشقش سر خود را بخارم
زبانم خود چنین پرزخم از آن است / که هرچ او می‌دهد، زخم زبان است
سزد گر با من او همدم نباشد / ز کس بختم نَبُد، زو هم نباشد
بدین بختم، چون او همخوابه باید / کز او سرسام را گرمابه پاید
دلم می‌جَست و دانستم کز ایّام / زیانی دید خواهم کام و ناکام
بلی هست آزموده در نشان‌ها / که هر کِش دل جَهَد بیند زیان‌ها
کنونم می‌جهد چشم گهربار / چه خواهم دید؟ بسم‌الله دگربار
مرا زین قصر، بیرون گر بهشت است / نباید رفت اگرچه سرنبشت است
گر آید دختر قیصر نه شاپور / از این قصرش به رسوایی کنم دور
به دستان می‌فریبندم، نه مستم / نیارند از ره دستان به دستم
اگر هوش مرا در دل ندانند / من آن دانم که در بابل ندانند
سر اینجا بِه بوَد سرکش، نه آنجا / که نعل اینجاست در آتش، نه آنجا
اگر خسرو نه کیخسرو بوَد شاه / نباید کردنش سرپنجه با ماه

بِه ار پهلو کند زین نرگس مست نهد پیشم چو سوسن دست بر دست
وگر با جوش گرمم برستیزد چنان جوشم کز او جوشن بریزد
فرستم زلف را تا یک فن آرد شکیبش را رسن در گردن آرد
بگویم غمزه را تا وقت شبگیر سمندش را به رقص آرد به یک تیر
ز گیسو مشگ بر آتش فشانم چو عودش بر سر آتش نشانم
ز تاب زلف خویش آرم به تابش فروبَندم به سحر غمزه خوابش
خیالم را بفرمایم که در خواب بدین خاکش دوانَد تیز چون آب
مرا بگذار تا گِریَم بدین روز تو مادرمرده را شیون میاموز
منم کز یاد او پیوسته شادم که او در عمرها نآرد به یادم
ز مِهرم گِرد او بویی نگردد غم من بر دلش مویی نگردد
گر آن نامهربان از مهر، سیر است زمانه بر چنین بازی دلیر است
شکیبایی کنم چندان که یک روز درآید از درِ مهر آن دل‌افروز
کمند دل در آن سرکش چه پیچم؟ رسن در گردن آتش چه پیچم؟
زمینم من به قدر، او آسمان‌وار زمین را کی بود با آسمان کار؟
کند با جنس خود هر جنس پرواز کبوتر با کبوتر، باز با باز
نشاید باد را در خاک بستن نه با هم آب و آتش را نشستن
چو وصلش نیست، از هجران چه ترسم؟ تنی نازِنده، از زندان چه ترسم؟
بوَد سرمایه‌داران را غم بار تهی‌دست ایمن است از دزد و طَرّار
نه آن مرغم که بر من کس نهد قید نه هر بازی تواند کردنم صید
گر آید خسرو از بتخانهٔ چین ز شورستان نیابد شهد شیرین

اگر شبدیز توسن را تکی هست
ز تیزی نیز گلگون را رگی هست

وگر مریم درخت قند کِشته‌ست
رطب‌های مرا مریم سرشته‌ست

گر او را دعوی صاحب‌کلاهی‌ست
مرا نیز از قَصَب سربند شاهی‌ست

نخواهم کردن این تلخی فراموش
که جان شیرین کَنَد، مریم کُنَد نوش

یکی دُر جُست و دریا دَر کمین یافت
یکی سرکه طلب کرد، انگبین یافت

همه ساله نباشد سینه بر دست
به هرجا گِردْرانی، گردنی هست

نبودم عاشق، اَر بودم به تقدیر
پشیمانم، خطا کردم، چه تدبیر؟

مزاحی کردم، او درخواست پنداشت
دروغی گفتم، او خود راست پنداشت

دل من هست از این بازار بیزار
قسم خواهی، به دادار و به دیدار

سخن را رشته بس باریک رِشتَم
وگرچه در شب تاریک رشتم

چنین تا کی چو موم افسرده باشم؟
برافروزم وگرنه مرده باشم

به نفرینش نگویم خیر و شر هیچ
خداوندا تو می‌دانی دگر هیچ

لب آن‌کس را دهم کاو را نیاز است
نه دستی راست حلوا کآن دراز است؟

بهاری را که بر خاکش فشانی
از آن بِه کِش بَرَد باد خزانی

گرفتار سگان گشتن به نخجیر
بِه از افسوس شیران زبون‌گیر

بیا گو، گر مَنَت باید، چو مردان
به پای خود، کسی رنجه مگردان

هژبرانی که شیران شکارند
به پای خود، پیام خود گذارند

چو دولت، پای‌بست اوست پایم
به پای دیگران خواندن نیایم

به دوش دیگران زنبیل سایند؟
به دندان کسان زنجیر خایند؟

چه تدبیر از پی تدبیر کردن؟
نخواهم خویشتن را پیر کردن

به پیری مِی خورم؟ بادم قدح خرد
که هنگام رحیل آخور زند کرد

به نادانی درافتادم بدین دام
به دانایی برون آیم سرانجام

مگر نشنیدی از جادوی جوزن
که داند دودِ هرکس راه روزن

مرا این رنج و این تیمار دیدن
ز دل باید نه از دل‌دار دیدن

همه‌جا دزد از بیگانه خیزد
مرا بنگر که دزد از خانه خیزد

به افسون از دل خود رَست، نتوان
که دزد خانه را در بست، نتوان

چو کوران گر نه لعل از سنگ پرسم
چرا ده بینم و فرسنگ پرسم؟

دل من در حق من رای بد زد
به دست خود تبر بر پای خود زد

دلی دارم کز او حاصل ندارم
مرا آن بِه که دل با دل ندارم

دلم ظالم شد و یارم ستمکار
از این دل بی‌دلم، زین یار بی‌یار

شدم دل‌شاد روزی با دل‌افروز
از آن روز اوفتادستم بدین روز

غم روزی خورد هرکس به تقدیر
چو من غم‌روزی افتادم، چه تدبیر؟

نهان تا کی کنم سوزی به سوزی؟
به سر تا کی برم روزی به روزی؟

مرا کز صبر کردن تلخ شد کام
سزد گر لعبت صبرم نهی نام

اگر دورم ز گنج و کشور خویش
نه آخر هستم آزاد سر خویش

نشاید حکم کردن بر دو بنیاد
یکی بر بی‌طمع، دیگر بر آزاد

وزآن پس مهر لؤلؤ بر شکر زد
به عنّاب و طبرزد بانگ بَرزد

که گر شه گوید او را دوست دارم
بگو کاین عشوه ناید در شمارم

وگر گوید بدان صبحم نیاز است
بگو بیدار منشین، شب دراز است

وگر گوید به شیرین کی رسم باز؟
بگو با روزهٔ مریم همی‌ساز

وگر گوید بدان حلوا کشم دست / بگو رغبت به حلوا کم کند مست
وگر گوید کشم تنگش در آغوش / بگو کاین آرزو بادت فراموش
وگر گوید کنم زآن لب شکرریز / بگو دور از لبت، دندان مکن تیز
وگر گوید بگیرم زلف و خالش / بگو تا ها نگیری، ها ممالش
وگر گوید نهم رخ بر رخ ماه / بگو با رخ برابر چون شود شاه؟
وگر گوید ربایم زآن زنخ گوی / بگو چوگان خوری زآن زلف بر روی
وگر گوید بخایم لعل خندان / بگو از دور می‌خور آب دندان
گر از فرمان من سر برگراید / بگو فرمان فراقت راست شاید
فراقش گر کند گستاخ‌بینی / بگو برخیزمت یا می‌نشینی؟
وصالش گر بگوید زآنِ اویم / بگو خاموش باشی تا نگویم
فرومی‌خواند از این مشتی فسانه / در او تهدیدهای مادگانه
عتابش گرچه می‌زد شیشه بر سنگ / عقیقش نرخ می‌برّید در جنگ
چو بر شاپور تندی زد خمارش / ز رنج دل سبک‌تر گشت بارش
به‌نرمی گفت کای مرد سخن‌گوی / سخن در مغز تو چون آب در جوی
اگر وقتی کنی بر شَه سلامی / بدان حضرت رسان از من پیامی
که شیرین گوید ای بدمهر بدعهد / کجا آن صحبت شیرین‌تر از شهد؟
مرا ظن بود کز من برنگردی / خریدار بتی دیگر نگردی
کنون در خود خطا کردی ظنم را / که در دل جای کردی دشمنم را
از این بیداد دل در داد بادت / ز آه تلخ شیرین یاد بادت
چو بخت خفته یاری را نشایی / چو دوران سازگاری را نشایی

بدین خواری مجویم گر عزیزم
خط آزادی‌ام ده گر کنیزم

تو را من همسرم در همنشینی
به چشم زیردستانم چه بینی؟

چنین در پایهٔ زیرم مکن جای
وگرنه بر درت بالا نهم پای

به پلپل دانه‌های اشک جوشان
دوانم بر در خویشت خروشان

نداری جز مراد خویشتن کار
نباید بود از این‌سان خویشتن‌دار

چو تو دل بر مراد خویش داری
مراد دیگران کی پیش داری؟

مرا تا خار در ره می‌شکستی
کمان در کار، دَه دَه می‌شکستی

بخار تلخ شیرین بود گستاخ
چو شیرین شد رطب خار است بر شاخ

به باغ افکندنت پالود خونم
چو بر بگرفت باغ، از در برونم

نگشتم ز آتشت گرم، ای دل‌افروز
به دودت کور می‌کردم شب و روز

جفا زین بیش کَاندامم شکستی؟
چو نام‌آور شدی، نامم شکستی؟

عمل‌داران چو خود را ساز بینند
به معزولان از این بِه بازبینند

به معزولی به چشمم درنشستی
چو عامل گشتی از من چشم بستی

به آب دیده کشتی چند رانم؟
وصالت را به یاری چند خوانم؟

چو بی‌یار آمدی، من بودمت یار
چو در کاری، نباشد با مَنَت کار

چو کارم را به رسوایی فکندی
سپر بر آب رعنایی فکندی

برات کُشتنم را ساز دادی
به آسیب فراقم بازدادی

نماند از جان من جز رشته تایی
مکش کاین رشته سر دارد به جایی

مزن شمشیر بر شیرین مظلوم
تو را آن بس که راندی نیزه بر روم

چو نقش کارگاه رومی‌اَت هست
ز رومی‌کارِ ارمن دور کن دست

ز باغ روم گل داری به خرمن — مکن تاراج تخت و تاج ارمن
مکن کز گرمی آتش زود خیزد — وز آتش ترسم آنگه دود خیزد
هزار از بهر مِی خوردن بوَد یار — یکی از بهر غم خوردن نگه‌دار
مرا در کار خود رنجور داری — کشی در دام و دامن دور داری
خَسَک بر دامن دوران مَیَفشان — نمک بر جان مهجوران مَیَفشان
تو را در بزم شاهان خوش برد خواب — ز بنگاه غریبان روی برتاب
رها کن تا در این محنت که هستم — خدای خویشتن را می‌پرستم
به دام آورده گیر این مرغ را باز — دگرباره به صحرا کرده پرواز
مشو راهی که خر در گل بماند — ز کارَت بی‌دلان را دل بماند
مزن آتش در این جان ستمکش — رها کن خانه‌ای از بهر آتش
در این آتش که عشق افروخت بر من — دریغا عشق خواهد سوخت خرمن
غمت بر هر رگم پیچید ماری — شکستم در بن هر موی خاری
نه شب خسبم، نه روز آسایشم هست — نه از تو ذرّه‌ای بخشایشم هست
صبوری چون کنم، عمری چنین تنگ؟ — به منزل چون رسم، پایی چنین لنگ؟
ز اشک و آه من در هر شماری — بوَد دریا نمی، دوزخ شراری
در این دریا کِم آتش گشت کشتی — مرا هم دوزخی خوان، هم بهشتی
وگرنه بر در دوزخ نهانی — چرا می‌جویم آب زندگانی؟
مرا چون بد نباشد حال بی‌تو؟ — که بودم با تو پار، امسال بی‌تو
تو را خاکی‌ست، خاک از در گذشته — مرا آبی‌ست، آب از سر گذشته
بر آب دیده کشتی چند رانم؟ — وصالت را به یاری چند خوانم؟

همه کارم که بی تو ناتمام است	چنین خام از تمنّاهای خام است
نبینی هر که میرد، تا نمیرد	امید از زندگانی برنگیرد؟
خرد ما را به دانش رهنمون است	حساب عشق از این دفتر برون است
بر این ابلق کسی چابک‌سوار است	که در میدان عشق آشفته‌کار است
مفرّح ساختن فرزانگان راست	چو شد پرداخته دیوانگان راست
به عشق اندر صبوری خامکاری‌ست	بنای عاشقی بر بی‌قراری‌ست
صبوری از طریق عشق دور است	نباشد عاشق آنکس کاو صبور است
بدین‌سان گرچه شیرین است رنجور	ز خسرو باد دائم رنج و غم دور
چو بر شاپور خواند این داستان را	سبک بوسید شاپور آستان را
که از تدبیر ما رای تو بیش است	همه گفتار تو بر جای خویش است
وزآن پس گر دلش اندیشه سفتی	سخن با او نسنجیده نگفتی
سخن باید به دانش درج کردن	چو زر سنجیدن آنگه خرج کردن

آغاز عشق فرهاد

پری‌پیکر نگار پرنیان‌پوش	بت سنگین‌دل سیمین بناگوش
در آن وادی که جایی بود دلگیر	نخوردی هیچ خوردی، خوش‌تر از شیر
گرش صدگونه حلوا پیش بودی	غذاش از مادیان و میش بودی
از او تا چارپایان دورتر بود	ز شیر آوردن او را دردسر بود
که پیرامون آن وادی به خروار	همه خرزهره بُد چون زهرهٔ مار
ز چوب زهر چون چوپان خبر داشت	چراگاه گله جای دگر داشت
دل شیرین حساب شیر می‌کرد	چه فن سازد در آن تدبیر می‌کرد

که شیر آوردن از جایی چنان دور   پرستاران او را داشت رنجور
چو شب زلف سیاه افکند بر دوش   نهاد از ماه زرّین حلقه در گوش
در آن حلقه که بود آن ماه دل‌سوز   چو مار حلقه می‌پیچید تا روز
نشسته پیش او شاپور تنها   فروکرده ز هر نوعی سخن‌ها
از این اندیشه کآن سرو سهی داشت   دل فرزانه شاپور آگهی داشت
چو گل‌رخ پیش او آن قصّه برگفت   نیوشنده چو برگ لاله بشکفت
نمازش برد چون هندو، پری را   ستودش چون عطارد، مشتری را
که هست اینجا مهندس مردی استاد   جوانی، نام او فرزانه فرهاد
به وقت هندسه عبرت‌نمایی   مجسطی‌دان و اقلیدس‌گشایی
به تیشه چون سر صنعت بخارد   زمین را مرغ بر ماهی نگارد
به صنعت سرخ‌گل را رنگ بندد   به آهن نقش چین بر سنگ بندد
به پیشه دست بوسندش همه روم   به تیشه سنگ خارا را کُنَد موم
به استادی چنین کارت برآید   بدین چشمه گل از خارت برآید
بوَد هر کار بی‌استاد دشوار   نخست استاد باید، آنگهی کار
شود مرد از حساب انگشتری‌گر   ولیک از موم و گل، نَز آهن و زر
گَرَم فرمان دهی، فرمان پذیرم   به دست آوردنش بر دست گیرم
که ما هر دو به چین همزاد بودیم   دو شاگرد یکی استاد بودیم
چو هر مایه که بود از پیشه برداشت   قلم بر من فکند، او تیشه برداشت
چو شاپور این حکایت را به سر برد   غم شیر از دل شیرین به در برد
چو روز آیینهٔ خورشید دربست   شب صد چشم، هر صد چشم بربست

تجسّس کرد شاپور آن زمین را	به دست آورد فرهاد گزین را
به شادُروان شیرین برد شادش	به رسم خواجگان کرسی نهادش
درآمد کوه‌کن مانند کوهی	کز او آمد خلایق را شکوهی
چو یک پیل از ستبری و بلندی	به مقدار دو پیلش زورمندی
رقیبان حرم بنواختندش	به واجب جایگاهی ساختندش
برون پرده فرهاد ایستاده	میان دربسته و بازو گشاده
در اندیشه که لعبت‌باز گردون	چه بازی آردش زآن پرده بیرون
جهان ناگه شبیخون‌سازی‌ای کرد	پسِ آن پرده لعبت‌بازی‌ای کرد
به شیرین‌خنده‌های شکّرین‌ساز	درآمد شکّر شیرین به آواز
دو قفل شکّر از یاقوت برداشت	وز او یاقوت و شکّر قوت برداشت
رطب‌هایی که نخلش بار می‌داد	رطب را گوشمال خار می‌داد
به نوش‌آبادِ آن خرمای در شیر	شکر خواند انگبین را چاشنی‌گیر
ز بس کز دامن لب شکّر افشاند	شکر دامن به خوزستان برافشاند
شنیدم نام او شیرین از آن بود	که در گفتن عجب شیرین‌زبان بود
ز شیرینی چه گویم؟ هرچه خواهی	بر آوازش بخفتی مرغ و ماهی
طبرزد را چو لب پرنوش کردی	ز شکّر حلقه‌ها در گوش کردی
در آن مجلس که او لب برگشادی	نبودی تن که حالی جان ندادی
کسی را کآن سخن در گوش رفتی	گر افلاطون بُدی از هوش رفتی
چو بگرفت آن سخن فرهاد در گوش	ز گرمی خون گرفتش در جگر جوش
برآورد از جگر آهی شغب‌ناک	چو مصروعی ز پای افتاد بر خاک

به روی خاک می‌غلتید بسیار وزآن سر کوفتن پیچید چون مار
چو شیرین دید کآن آرام‌رفته دلی دارد چو مرغ از دام رفته
هم از راه سخن شد چاره‌سازش بدان دانه به دام آورد بازش
پس آنگه گفت کای داننده استاد چنان خواهم که گردانی مرا شاد
مراد من چنان است ای هنرمند که بگشایی دل غمگینم از بند
به چابک‌دستی و استادکاری کنی در کار این قصر استواری
گله دور است و ما محتاج شیریم طلسمی کن که شیر آسان بگیریم
ز ما تا گوسفندان یک دو فرسنگ بباید کند جویی محکم از سنگ
که چوپانانم آنجا شیر دوشند پرستارانم اینجا شیر نوشند
ز شیرین گفتن و گفتار شیرین شده هوش از سر فرهاد مسکین
سخن‌ها را شنیدن می‌توانست ولیکن فهم کردن می‌ندانست
زبانش کرد پاسخ را فرامُشت نهاد از عاجزی بر دیده انگشت
حکایت بازجست از زیردستان که مستم، کوردل باشند مستان
ندانم کاو چه می‌گوید، بگویید ز من کامی که می‌جوید، بجویید
رقیبان آن حکایت برگرفتند سخن‌هایی که رفت از سر گرفتند
چو آگه گشت از آن اندیشه فرهاد فکند آن حکم را بر دیده بنیاد
در آن خدمت به‌غایت چابکی داشت که کار نازنینان نازکی داشت
از آنجا رفت بیرون تیشه در دست گرفت از مهربانی پیشه در دست
چنان از هم درید اندام آن بوم که می‌شد زیر زخمش سنگ چون موم
به تیشه روی خارا می‌خراشید چو بید از سنگ مجرا می‌تراشید

به هر تیشه که بر سنگ آزمودی
دو همسنگش جواهر مزد بودی

به یک ماه از میان سنگ خارا
چو دریا کرد جویی آشکارا

ز جای گوسفندان تا در کاخ
دورویه سنگ‌ها زد شاخ در شاخ

چو کار آمد به آخر حوضه‌ای بست
که حوض کوثرش زد بوسه بر دست

چنان ترتیب کرد از سنگ جویی
که در درزش نمی‌گنجید مویی

در آن حوضه که کرد او سنگ‌بستش
روان شد آب گفتی ز آب دستش

بنا چندان تواند بود دشوار
که بنّا را نیاید تیشه در کار

اگر صد کوه باید کند پولاد
زبون باشد به دست آدمیزاد

چه چاره کآن بنی‌آدم نداند
به جز مردن که زآن بیچاره ماند

آمدن شیرین به دیدن فرهاد

خبر بردند شیرین را که فرهاد
به ماهی حوضه بست و جوی بگشاد

چنان کز گوسفندان شام و شبگیر
به حوض آید به پای خویشتن شیر

بهشتی‌پیکر آمد سوی آن دشت
به گرد جوی شیر و حوض برگشت

چنان پنداشت کان حوض گزیده
نکرده‌ست آدمی، هست آفریده

بلی باشد ز کار آدمی دور
بهشت و جوی شیر و حوضه و حور

بسی بر دست فرهاد آفرین کرد
که رحمت بر چنان‌کس کاین‌چنین کرد

چو زحمت دور شد، نزدیک خواندش
ز نزدیکان خود برتر نشاندش

که استادیت را حق چون گذاریم؟
که ما خود مزد شاگردان نداریم

ز گوهر شب‌چراغی چند بودش
که عقد گوش گوهربند بودش

ز نغزی هر دُری مانند تاجی
وز او هر دانه شهری را خراجی

گشاد از گوش با صد عذر چون نوش
شفاعت کرد کاین بِستان و بفروش

چو وقت آید کزین بِه دست یابیم
ز حقّ خدمتت سر برنتابیم

بر آن گنجینه فرهاد آفرین خواند
ز دستش بستد و در پایش افشاند

وز آنجا راه صحرا تیز برداشت
چو دریا اشک صحراریز برداشت

ز بیم آنکه کار از نور می‌شد
به صد مردی ز مردم دور می‌شد

زاری کردن فرهاد از عشق شیرین

چو دل در مهر شیرین بست فرهاد
برآورد از وجودش عشق فریاد

به‌سختی می‌گذشتش روزگاری
نمی‌آمد ز دستش هیچ کاری

نه صبرِ آنکه دارد برگ دوری
نه برگ آنکه سازد با صبوری

فرورفته دلش را پای در گل
ز دست دل نهاده دست بر دل

زبان از کار و کار از آب رفته
ز تن نیرو، ز دیده خواب رفته

چو دیو از زحمت مردم گریزان
فُتان‌خیزان‌تر از بیمارِ خیزان

گرفته کوه و دشت از بی‌قراری
وز او در کوه و دشت افتاده زاری

سهی‌سروش چو شاخ گل خمیده
چو گل صد جای پیراهن دریده

ز گریه بلبله وز ناله بلبل
گره بر دل زده چون غنچهٔ گل

غمش را در جهان غمخواره‌ای نه
ز یارش هیچگونه چاره‌ای نه

دوتا زآن شد که از ره خار می‌کَند
چو خار از پای خود مسمار می‌کند

خسرو و شیرین

نه از خارش غم دامن دریدن
نه از تیغش هراس سر بریدن

ز دوری گشته سودایی به‌یک‌بار
شده دور از شکیبایی به‌یک‌بار

ز خون هر ساعت افشاندی نثاری
پدید آوردی از رخ لاله‌زاری

ز ناله بر هوا چون کلّه بستی
فلک‌ها را طَبَق در هم شکستی

چو طفلی تشنه کآبش باید از جام
ندانَد آب را و دایه را نام

ز گرمی برده عشق آرام او را
به جوش آورده هفت اندام او را

رسیده آتش دل در دماغش
ز گرمی سوخته همچون چراغش

ز مجروحی دلش صد جای سوراخ
روانش بر هلاک خویش گستاخ

بلا و رنج را آماج گشته
بلا ز اندازه، رنج از حد گذشته

چنان از عشق شیرین تلخ بگریست
که شد آوازِ گریه‌ش بیست در بیست

دلش رفته قرار و بخت مرده
پی دل می‌دوید آن رخت‌برده

چنان درمی‌رمید از دوست و دشمن
که جادو از سپند و دیو از آهن

غمش دامن گرفته، او به غم شاد
چو گنجی کز خرابی گردد آباد

ز غم ترسان به هشیاری و مستی
چو مار از سنگ و گرگ از چوب‌دستی

دلش نالان و چشمش زار و گریان
جگر از آتش غم گشته بریان

علاج درد بی‌درمان ندانست
غم خود را سر و سامان ندانست

فرومانده چنین تنها و رنجور
ز یاران منقطع وز دوستان دور

گرفته عشق شیرینش در آغوش
شده پیوند فرهادش فراموش

نه رخصت کز غمش جامی فرستد
نه کس محرم که پیغامی فرستد

گر از درگاه او گردی رسیدی
به جای سرمه در چشمش کشیدی

وگر در راه او دیدی گیایی / ببوسیدی و برخواندی ثنایی
به صد تلخی رخ از مردم نهفتی / سخن شیرین جز از شیرین نگفتی
چنان پنداشت آن دل‌دادهٔ مست / که سوزد هرکه را چون او دلی هست
کسی کِش آتشی در دل فروزد / جهان یکسر چنان داند که سوزد
چو بردی نام آن معشوق چالاک / زدی بر یاد او صد بوسه بر خاک
چو سوی قصر او نظّاره کردی / به جای جامه جان را پاره کردی
چو وحشی‌توسن از هر سو شتابان / گرفته انس با وحش بیابان
ز معروفان این دام زبون‌گیر / بر او گرد آمده یک دشت نخجیر
یکی بالینگهَش رُفتی، یکی جای / یکی دامنْش بوسیدی، یکی پای
گهی با آهوان خلوت گزیدی / گهی در موکب گوران دویدی
گهی اشک گوزنان دانه کردی / گهی دنبال شیران شانه کردی
به روزش آهوان دمساز بودند / گوزنانش به شب همراز بودند
نمودی روز و شب چون چرخ ناورد / نخوردی و نیاشامیدی از درد
بدان هنجار کاوّل راه رفتی / اگر ره یافتی یک ماه رفتی
اگر بودیش صد دیوار در پیش / ندیدی تا نکردی روی او ریش
وگر تیری به چشمش درنشستی / ز مدهوشی مژه بر هم نبستی
وگر پیش آمدی چاهیش در راه / ز بی‌پرهیزی افتادی در آن چاه
دل از جان برگرفته وز جهان سیر / بلا همراه در بالا و در زیر
شبی و صد دریغ و ناله تا روز / دلی و صد هزاران حسرت و سوز
ره اَر در کوی و گر در کاخ کردی / نفیرش سنگ را سوراخ کردی

نشاطی کز غم یارش جدا کرد / به صد قهر آن نشاط از دل رها کرد
غمی کآن با دلش دمساز می‌شد / دواَسبه پیش آن غم، بازمی‌شد
اَدیمِ رخ به خونِ دیده می‌شست / سهیل خویش را در دیده می‌جست
نخفت اَر چند خوابش می‌ببایست / که در بر دوستان بستن نشایست
دل از رخت خودی بیگانه بودش / که رخت دیگری در خانه بودش
از آن بُد نقش او شوریده، پیوست / که نقش دیگری بر خویشتن بست
نیاسود از دویدن صبح تا شام / مگر کز خویشتن بیرون نهد گام
ز تن می‌خواست تا دوری گزیند / مگر با دوست در یک تن نشیند
نبود آگه که مرغش در قفس نیست / به میدان شد ملک در خانه کس نیست
چنان با اختیار یار درساخت / که از خود یار خود را بازنشناخت
اگر در نور و گر در نار دیدی / نشان هجر و وصل یار دیدی
ز هر نقشی که او را آمدی پیش / به نیک‌اختر زدی فال دل خویش
کسی در عشق فال بد نگیرد / وگر گیرد برای خود نگیرد
هر آن نقشی که آید زشت یا خوب / کند بر کام خویش آن نقش منسوب
به هر هفته شدی مهمان آن حور / به دیداری قناعت کردی از دور
دگر رَه، راه صحرا برگرفتی / غم آن دل‌ستان از سر گرفتی
شبانگاه آمدی مانند نخجیر / وزآن حوضه بخوردی شربتی شیر
جز آن شیر از جهان خوردی نبودش / برون زآن حوض ناوردی نبودش
به شب زآن حوض‌پایه هیچ نگذشت / همه شب گرد پای حوض می‌گشت
در آفاق این سخن شد داستانی / فتاد این داستان در هر زبانی

آگاهی یافتن خسرو از عشق فرهاد

یکی محرم ز نزدیکان درگاه
فروگفت این حکایت جمله با شاه

که فرهاد از غم شیرین چنان شد
که در عالم حدیثش داستان شد

دماغش را چنان سودا گرفته‌ست
کزآن سودا ره صحرا گرفته‌ست

ز سودای جمال آن دل‌افروز
برهنه پا و سر گردد شب و روز

دلم گوید به شیرین دردمند است
بدین آوازه آوازش بلند است

هراسی نَز جوان دارد، نه از پیر
نه از شمشیر می‌ترسد، نه از تیر

دلش زآن ماه بی‌پیوند بینم
به آوازیش از او خرسند بینم

ز بس کارَد به یاد آن سیمتن را
فرامش کرده خواهد خویشتن را

کند هر هفته بر قصرش سلامی
شود راضی چو بنیوشد پیامی

ملک چون کرد گوش این داستان را
هوس در دل فزود آن دل‌ستان را

دو هممیدان به هم بهتر گرایند
دو بلبل بر گلی خوش‌تر سرایند

چو نقدی را دو کس باشد خریدار
بهای نقد بیش آید پدیدار

دل خسرو به نوعی شادمان شد
که با او بی‌دلی همداستان شد

به دیگر نوع غیرت برد بر یار
که صاحب غیرتش افزود در کار

در آن اندیشه عاجز گشت رایش
به حکم آنکه در گل بود پایش

چو بر تن چیره گردد دردمندی
فرود آید سهی‌سرو از بلندی

نشاید کرد خود را چارهٔ کار
که بیمار است رای مرد بیمار

سخن در تندرستی، تندرست است
که در سستی، همه تدبیر سست است

طبیب اَر چند گیرد نبض پیوست
به بیماری به دیگر کس دهد دست

رأی زدن خسرو در کار فرهاد

ز نزدیکان خود با محرمی چند
نشست و زد در این معنی دمی چند

که با این مرد سودایی چه سازیم؟
بدین مهره چگونه حقّه بازیم؟

گرش مانَم بدو کارم تباه است
وگر خونش بریزم بی‌گناه است

بسی کوشیدم اندر پادشایی
مگر عیدی کنم بی‌روستایی

کند بر من کنون عید آن مه نو
که کرد آشفته‌ای را یار خسرو

خردمندان چنین دادند پاسخ
که ای دولت به دیدار تو فرّخ

کمین مولای تو صاحب‌کلاهان
به خاک پای تو سوگند شاهان

جهان اندازهٔ عمر درازت
سعادت یار و دولت کارسازت

گر این آشفته را تدبیر سازیم
نه زآهن کز زرش زنجیر سازیم

که سودا را مفرّح زر بوَد زر
مفرّح خود به زر گردد میسّر

نخستش خواند باید با صد امّید
زرافشانی بر او کردن چو خورشید

به زر نَز دلستان کز دین برآید
بدین شیرینی از شیرین برآید

بسا بینا که از زر کور گردد
بس آهن کاو به زر بی‌زور گردد

گرش نتوان به زر معزول کردن
به سنگی بایدش مشغول کردن

که تا آن روز کآید روز او تنگ
گذارد عمر در پیکار آن سنگ

چو شه بشنید قول انجمن را
طلب فرمود کردن کوه‌کن را

درآوردندش از در چون یکی کوه
فتاده از پَسَش خلقی به انبوه

نشان محنت اندر سر گرفته
رهی بی‌خویش اندر بر گرفته

ز رویش گشته پیدا بی‌قراری
بر او بگریسته دوران به‌زاری

نه در خسرو نگه کرد و نه در تخت
چو شیران پنجه کرد اندر زمین سخت

غم شیرین چنان از خود ربودش
که پروای خود و خسرو نبودش

ملک فرمود تا بنواختندش
به هر گامی نثاری ساختندش

ز پای آن پیل‌بالا را نشاندند
به پایش پیل‌بالا زر فشاندند

چو گوهر در دل پاکش یکی بود
ز گوهرها زر و خاکش یکی بود

چو مهمان را نیامد چشم بر زر
ز لب بگشاد خسرو درج گوهر

به هر نکته که خسرو ساز می‌داد
جوابش هم به نکته بازمی‌داد

مناظرهٔ خسرو با فرهاد

نخستین بار گفتش کز کجایی؟
بگفت از دار ملک آشنایی

بگفت آنجا به صنعت در چه کوشند؟
بگفت اَندُه خَرَند و جان فروشند

بگفتا جان‌فروشی در ادب نیست!
بگفت از عشق‌بازان این عجب نیست

بگفت از دل شدی عاشق بدین‌سان؟
بگفت از دل تو می‌گویی، من از جان

بگفتا عشق شیرین بر تو چون است؟
بگفت از جان شیرینم فزون است

بگفتا هر شبش بینی چو مهتاب؟
بگفت آری چو خواب آید، کجا خواب؟

بگفتا دل ز مهرش کی کنی پاک؟
بگفت آنگه که باشم خفته در خاک

بگفتا گر خرامی در سرایش؟
بگفت اندازم این سر زیر پایش

بگفتا گر کند چشم تو را ریش؟
بگفت این چشم دیگر دارمش پیش

بگفتا گر کسیش آرَد فرا چنگ؟
بگفت آهن خورَد ور خود بوَد سنگ

بگفتا گر نیابی سوی او راه؟
بگفت از دور شاید دید در ماه

بگفتا دوری از مه نیست درخور　　بگفت آشفته از مه دور بهتر
بگفتا گر بخواهد هرچه داری؟　　بگفت این از خدا خواهم به‌زاری
بگفتا گر به سر یابیش خشنود؟　　بگفت از گردن این وام افکنم زود
بگفتا دوستیش از طبع بگذار　　بگفت از دوستان ناید چنین کار
بگفت آسوده شو، کاین کار خام است　　بگفت آسودگی بر من حرام است
بگفتا رو صبوری کن در این درد　　بگفت از جان صبوری چون توان کرد؟
بگفت از صبر کردن کس خجل نیست　　بگفت این دل تواند کرد، دل نیست
بگفت از عشق کارت سخت زار است　　بگفت از عاشقی خوش‌تر چه کار است؟
بگفتا جان مده بس دل که با اوست　　بگفتا دشمن‌اند این هر دو بی‌دوست
بگفتا در غمش می‌ترسی از کس؟　　بگفت از محنت هجران او بس
بگفتا هیچ همخوابیت باید؟　　بگفت ار من نباشم نیز شاید
بگفتا چونی از عشق جمالش؟　　بگفت آن‌کس نداند جز خیالش
بگفت از دل جدا کن عشق شیرین　　بگفتا چون زی‌ام بی‌جان شیرین؟
بگفت او آنِ من شد، زو مکن یاد　　بگفت این کی کند بیچاره فرهاد؟
بگفت ار من کنم در وی نگاهی؟　　بگفت آفاق را سوزم به آهی
چو عاجز گشت خسرو در جوابش　　نیامد بیش پرسیدن صوابش
به یاران گفت کز خاکی و آبی　　ندیدم کس بدین حاضرجوابی
به زر دیدم که با او برنیایم　　چو زرّش نیز بر سنگ آزمایم
گشاد آنگه زبان چون تیغ پولاد　　فکند الماس را بر سنگ بنیاد
که ما را هست کوهی بر گذرگاه　　که مشکل می‌توان کردن بدو راه

میانِ کوه راهی کَند باید | چنانک آمدشدِ ما را بشاید
بدین تدبیر کس را دسترس نیست | که کار توست و کار هیچ‌کس نیست
به حقّ حرمت شیرین دل‌بند | کز این بهتر ندانم خورد سوگند
که با من سر بدین حاجت درآری | چو حاجتمندم این حاجت برآری
جوابش داد مرد آهنین‌چنگ | که بردارم ز راه خسرو این سنگ
به شرط آنکه خدمت کرده باشم | چنین شرطی به جای آورده باشم
دل خسرو رضای من بجوید | به ترک شکّر شیرین بگوید
چنان در خشم شد خسرو ز فرهاد | که حلقش خواست آزردن به پولاد
دگر ره گفت از این شرطم چه باک است | که سنگ است آنچه فرمودم، نه خاک است
اگر خاک است چون شاید بریدن | وگر بُرّد کجا شاید کشیدن
به‌گرمی گفت کآری شرط کردم | وگر زین شرط برگردم، نه مَردم
میان دربند و زور دست بگشای | برون شو دست‌برد خویش بنمای
چو بشنید این سخن فرهاد بی‌دل | نشان کوه جست از شاه عادل
به کوهی کرد خسرو رهنمونش | که خوانَد هرکس اکنون بیستونش
به حکم آنکه سنگی بود خارا | به سختی روی آن سنگ آشکارا
ز دعوی‌گاه خسرو با دلی خوش | روان شد کوه‌کن چون کوه آتش
بر آن کوه کمرکش رفت چون باد | کمر دربست و زخم تیشه بگشاد
نخست آزرم آن کرسی نگه داشت | بر او تمثال‌های نغز بنگاشت
به تیشه صورت شیرین بر آن سنگ | چنان بر زد که مانی نقش ارژنگ
پس آنگه از سنان تیشهٔ تیز | گزارش کرد شکل شاه و شبدیز

بر آن صورت شنیدی کز جوانی
جوانمردی چه کرد از مهربانی

وز آن دنبه که آمد پیه‌پرورد
چه کرد آن پیرزن با آن جوانمرد

اگرچه دنبه بر گرگان تله بست
به دنبه شیرمردی زآن تله رست

چو پیه از دنبه زآن‌سان دید بازی
تو بر دنبه چرا پی می‌گدازی

مکن کاین میش دندان پیر دارد
به خوردن دنبه‌ای دل‌گیر دارد

چو برج طالعت نامَد ذنب‌دار
ز پس رفتن چرا باید ذنب‌وار؟

کوه کندن فرهاد و زاری او

چو شد پرداخته فرهاد را چنگ
ز صورت‌کاری دیوار آن سنگ

نیاسودی ز وقت صبح تا شام
بریدی کوه بر یاد دل‌آرام

به کوه انداختن بگشاد بازو
همی‌بریّد سنگی بی‌ترازو

به هر خارش که با آن خاره کردی
یکی برج از حصارش پاره کردی

به هر زخمی ز پای افکند کوهی
کز آن آمد خلایق را شکوهی

به الماس مژه یاقوت می‌سفت
ز حال خویشتن با کوه می‌گفت

که ای کوه اَر چه داری سنگ خاره
جوانمردی کن و شو پاره‌پاره

ز بهر من تو لختی روی بخراش
به پیش زخم سنگینم سبک باش

وگرنه من به حق جان جانان
که تا آن دم که باشد بر تنم جان

نیاساید تنم ز آزار با تو
کنم جان بر سر پیکار با تو

شباهنگام کز صحرای اندوه
رسیدی آفتابش بر سر کوه

سیاهی بر سپیدی نقش بستی
علم برخاستی سلطان نشستی

شدی نزدیک آن صورت زمانی	در آن سنگ از گهر جستی نشانی
زدی بر پای آن صورت بسی بوس	برآوردی ز عشقش ناله چون کوس
که ای محراب چشم نقش‌بندان	دوابخش درون دردمندان
بت سیمین‌تن سنگین‌دل من	به تو گمره شده مسکین‌دل من
تو در سنگی چو گوهر پای‌بسته	من از سنگی چو گوهر دل‌شکسته
زمانی پیش او بگریستی زار	پس از گریه نمودی عذر بسیار
وز آنجا برشدی بر پشتهٔ کوه	به پشت اندر گرفته بار اندوه
نظر کردی سوی قصر دل‌آرام	به‌زاری گفتی ای سرو گل‌اندام
جگرپالوده‌ای را دل برافروز	ز کارافتاده را کاری درآموز
مراد بی‌مرادی را روا کن	امید ناامیدی را وفا کن
تو خود دانم که از من یاد ناری	که یاری بهتر از من یاد داری
منم یاری که بر یادت شب و روز	جهان سوزم به فریاد جهان‌سوز
تو را تا دل به خسرو شاد باشد	غریبی چون مَنَت کی یاد باشد
نشسته شاد شیرین چون گل نو	شکرریزان به یاد روی خسرو
فدا کرده چنین فرهاد مسکین	ز بهر جان شیرین، جان شیرین
اگرچه ناری، ای بدر منیرم	پس از حجّی و عمری در ضمیرم
من از عشق تو ای شمع شب‌افروز	بدین روزم که می‌بینی، بدین روز
در این دهلیزهٔ تنگ‌آفریده	وجودی دارم از سنگ آفریده
مرا هم بخت بد دامن گرفته‌ست	که این بدبختی اندر من گرفته‌ست
اگر نه ز آهن و سنگ است رویم	وفا از سنگ و آهن چند جویم؟

مکن زین بیش خواری بر دل تنگ
غریبی را مکش چون مار در سنگ
تو را پهلوی فربه نیست نایاب
که داری بر یکی پهلو دو قصّاب
منم تنها چنین بر پشته مانده
ز ننگ لاغری ناکشته مانده
ز عشقت سوزم و می‌سازم از دور
که پروانه ندارد طاقت نور
از آن نزدیک تو می‌ناید این خاک
که باشد کار نزدیکان خطرناک
به حقّ آنکه یاری حق‌شناسم
که جز کشتن منه بر سر سپاسم
مگر کز بند غم بازم رهانی
که مردن بِه مرا زین زندگانی
به روز من ستاره بر مَیایاد
به بخت من کس از مادر مزایاد
مرا مادر دعا کرده‌ست گویی
که از تو دور بادا هرچه جویی
اگر در تیغ دوران زحمتی هست
چرا بُرّد تو را ناخن، مرا دست؟
وگر بی‌میل شد پستان گردون
چرا بخشد تو را شیر و مرا خون؟
بدان شیری که اوّل مادرت داد
که چون از جوی من شیری خوری شاد
کنی یادم به شیر شکّرآلود
که دارد تشنه را شیر و شکر سود
به شیری چون شبانان دست گیرم
که در عشق تو چون طفلی به شیرم
به یاد آرم چو شیر خوش‌گواران
فراموشم مکن چون شیرخواران
گَرَم شیرینی‌ای ندهی ز جامت
دهان شیرین همی‌دارم به نامت
چو کس جز تو ندارم یار و غمخوار
مرا بی‌یار و بی‌غمخوار مگذار
زبان تر کن بخوان این خشک‌لب را
به روز روشن آر این تیره‌شب را
به دانگی گرچه هستم با تو درویش
توانگروار جان را می‌کشم پیش
ز دولتمندی درویش باشد
که بی‌سرمایه سوداندیش باشد

مسوز آن دل که دل‌دارش تو باشی
ز گیتی چارهٔ کارش تو باشی

چو در خوبی غریب افتادی ای ماه
غریبان را فرومگذار در راه

تو کِامروز از غریبی بی‌نصیبی
بترس از محنت روز غریبی

طمع در زندگانی بسته بودم
امید اندر جوانی بسته بودم

از آن هر دو کنون نومید گشتم
بلا را خانهٔ جاوید گشتم

دریغا هرچه در عالم رفیق است
تو را تا وقت سختی همطریق است

گه سختی تن‌آسانی پذیرند
تو گویی دست و ایشان پای گیرند

مخور خونم که خون خوردم ز بهرت
غریبم آخر ای من خاک شهرت

چه بد کردم که با من کینه‌جویی
بد افتد گر بدی کردم نگویی

خیالت را پرستش‌ها نمودم
وگر جرمی جز این دارم جهودم

مکن با یار یک‌دل بی‌وفایی
که کس با کس نکرد این ناخدایی

اگر بادم تو نیز ای سرو آزاد
سری چون بید درجُنبان به این باد

وگر خاکم تو ای گنج خطرناک
زیارت‌خانه‌ای برساز از این خاک

اگر نگذاری ای شمع طرازم
که پیهی در چراغت می‌گدازم

چنانم کش که دور از آستانت
رمیمی باشم از دست استخوانت

منم درّاجهٔ مرغان شب‌خیز
همه شب مونسم مرغ شب‌آویز

شبی خواهم که بینی زاری‌ام را
سحرخیزی و شب‌بیداری‌ام را

گر از پولاد داری دل نه از سنگ
ببخشایی بر این مجروح دل‌تنگ

کشم هر لحظه جوری نونو از تو
به یک جو بر تو، ای من جوجو از تو

من افتاده چنین چون گاو رنجور
تو می‌بینی خرک می‌رانی از دور

کرم زین بیش کن با مردهٔ خویش / مکن بیداد بر دل‌بردهٔ خویش
حقیقت دان، مجازی نیست این کار / به کار آیم که بازی نیست این کار
من اندر دست تو چون کاه پستم / وگرنه کوه عاجز شد ز دستم
چو من در زور دست از کوه بیشم / چه باشد لشکری چون کوه پیشم؟
اگر من تیغ بر حیوان کنم تیز / نه شبدیزم جوی سنجد، نه پرویز
ز پرویز و ز شیرین و ز فرهاد / همه در حرف پنجیم، ای پری‌زاد
چرا چون نام هر یک پنج حرف است / به بردن پنجهٔ خسرو شگرف است؟
ندانم خصم را غالب‌تر از خویش / که در مغلوب و غالب نام من بیش
ولیک ادبار خود را می‌شناسم / وز اقبال مخالف می‌هراسم
هم ادباری عجب در راه دارم / که مقبل‌تر کسی بدخواه دارم
مبادا کس و گرچه شاه باشد / که او را مقبلی بدخواه باشد
از آن ترسم که در پیکار این کوه / گرو بر خصم مانَد، بر من اندوه
مرا آن‌کس که این پیکار فرمود / طلبکار هلاک جان من بود
در این سختی مرا شد مردن آسان / که جان در غصّه دارم، غصّه در جان
مرا در عاشقی کاری‌ست مشکل / که دل بر سنگ بستم، سنگ بر دل
حقیقت دان، مجازی نیست این کار / به کار آیم که بازی نیست این کار
توان خود را به سختی سنگ‌دل کرد / بدین سختی نه کاهَن را خجل کرد
مرا عشقت چو موم زرد سوزد / دلم بر خویشتن زین درد سوزد
مرا گر نقره و زر نیست در بار / که در پایت کشم خروار خروار
رخ زردم کند در اشک‌باری / گهی زرکوبی و گه نقره‌کاری

ز سودای تو ای شمع جهان‌تاب
نه در بیداری آسوده‌م، نه در خواب

اگر بیدارم انده بایدم خورد
وگر در خوابم افزون باشدم درد

چو در بیداری و خواب این‌چنینم
پناهی بِه ز تو خود را نبینم

بیا کز مردمی جان بر تو ریزم
نه دیوم کآخر از مردم گریزم

کسی در بند مردم چون نباشد
که او از سنگ مردم می‌تراشد؟

تراشم سنگ و این پنهانی‌ام نیست
که در پیش است، در پیشانی‌ام نیست

کسی را روبه‌رو از خلق بخت است
که چون آیینه پیشانیش سخت است

بر آن‌کس چون ببخشد نشو خاکی
که دارد چون بنفشه شرمناکی؟

ز بی‌شرمی کسی کاو شوخ‌دیده‌ست
چو نرگس با کلاه زرکشیده‌ست

جهان را نیست کُردی پس‌تر از من
نبینی هیچ‌کس، بی‌کس‌تر از من

نه چندان دوستی دارم دل‌آویز
که گر روزی بیفتم گویدم خیز

نه چندانم کسی در خیل پیداست
که گر میرم کند بالین من راست

منم تنها در این اندوه و جانی
فدا کرده سری بر آستانی

اگر صد سال در چاهی نشینم
کسی جز آه خود بالا نبینم

وگر گردم به کوه و دشت صد سال
به جز سایه کسم ناید به دنبال

چه سگ‌جانم که با این دردناکی
چو سگ‌داران دَوَم خونیّ و خاکی

سگان را در جهان جای و مرا نه
گیا را بر زمین پای و مرا نه

پلنگان را به کوهستان پناه است
نهنگان را به دریا جایگاه است

من بی‌سنگ خاکی مانده دل‌تنگ
نه در خاکم در آسایش، نه در سنگ

چو بر خاکم نبود از غم جدایی
شوم در خاک تا یابم رهایی

مبادا کس بدین بی‌خانمانی / بدین تلخی چه باید زندگانی

به تو باد هلاکم می‌دواند / خطا گفتم که خاکم می‌دواند

چو تو هستی نگویم کیستم من / دِه آنِ توست، در ده چیستم من؟

نشاید گفت من هستم، تو هستی / که آنگه لازم آید خودپرستی

به رفتن بازمی‌کوشم، چه سود است؟ / نیابم ره که پیش‌آهنگ دود است

در این منزل که پای از پویه فرسود / رسیدن دیر می‌بینم، شدن زود

به رفتن مرکبم بس تیزگام است / ندانم جای آرامم کدام است

چو از غم نیستم یک لحظه آزاد / نخواهم هیچکس را در جهان شاد

دلا، دانی که دانایان چه گفتند / در آن دریا که دُرِّ عقل سُفتند؟

کسی کاو را بُوَد در طبع سستی / نخواهد هیچکس را تن‌درستی

مرا عشق از کجا درخَورد باشد / که بر مویی هزاران درد باشد؟

بدین بی‌روغنی مغز دماغم / غم دل بین که سوزد چون چراغم

ز من خاکستری مانده در این درد / به خاکستر توان آتش نهان کرد

منم خاکی چو باد از جای رفته / نشاط از دست و زور از پای رفته

اگر پایی به دست آرم دگربار / به دامن درکشم چون نقش دیوار

چو نقطه زیر پرگار آورم روی / شَوَم در نقش دیوار آورم روی

به صد دیوار سنگین پیش و پس را / ببندم تا نبینم نقش کس را

نبندم دل دگر در صورت کس / از این صورت پرستیدن مرا بس

چو زین صورت حدیثی چند راندی / دل مسکین بر آن صورت فشاندی

چو شب روی از ولایت درکشیدی / سپاه روز رایت برکشیدی

دگربار آن قیامت‌روز شب‌خیز به زخم کوه کردی تیشه را تیز
به شب تا روز گوهربار بودی به روزش سنگ سُفتن کار بودی
ز بس سنگ و ز بس گوهر که می‌ریخت دماغش سنگ با گوهر برآمیخت
به گرد عالم از فرهاد رنجور حدیث کوه کندن گشت مشهور
ز هر بقعه شدندی سنگسایان بماندندی در او انگشت‌خایان
ز سنگ و آهنش حیران شدندی در آن سرگشته سرگردان شدندی

رفتن شیرین به کوه بیستون و سقط شدن اسب وی

مبارک‌روزی از خوش‌روزگاران نشسته بود شیرین پیش یاران
سخن می‌رفتشان در هر نوردی چنانک آید ز هر گرمی و سردی
یکی عیش گذشته یاد می‌کرد بدان تاریخ دل را شاد می‌کرد
یکی افسانهٔ آینده می‌خواند که شادی بیشتر خواهیم از این راند
ز هر شیوه سخن کآن دل‌نواز است بگفتند آنچه واگفتن دراز است
سخن چون شد مسلسل عاقبت کار ستون بیستون آمد پدیدار
به خنده گفت با یاران دل‌افروز علم بر بیستون خواهم زد امروز
ببینم کآهنین بازوی فرهاد چگونه سنگ می‌بُرّد به پولاد
مگر زآن سنگ و آهن روزگاری به دلگرمی فتد بر من شراری
بفرمود اسب را زین برنهادن صبا را مهد زرّین برنهادن
نبود آن روز، گلگون در وثاقش بر اسبی دیگر افتاد اتّفاقش
برون آمد چه گویم، چون بهاری به زیبایی چو یغمایی نگاری

روان شد نرگسان پرخواب گشته
چو صد خرمن گل سیراب گشته

بدان نازک‌تنی و آبداری
چو مرغی بود در چابک‌سواری

چنان چابک‌نشین بود آن دل‌آرام
که برجستی به زین مقدار ده گام

ز نعلش بر صبا مسمار می‌زد
زمین را چون فلک پرگار می‌زد

چو آمد با نثار مشک و نسرین
برِ آن کوه سنگین، کوه سیمین

ز عکس روی آن خورشید رخشان
ز لعل آن سنگ‌ها شد چون بدخشان

چو کوهی کوه‌کن را نزد خود خواند
وز آنجا کوه‌تن زی کوه‌کن راند

به یاد لعل او فرهاد جان‌کن
کننده کوه را چون مرد کان‌کن

ز یار سنگ‌دل خرسنگ می‌خورد
ولیکن عربده با سنگ می‌کرد

عیار دستبردش را در آن سنگ
ترازویی نیامد راست در چنگ

به شخص کوه‌پیکر کوه می‌کند
غمی در پیش چون کوه دماوند

درون سنگ از آن می‌کند مادام
که از سنگش برون می‌آمد آن کام

رخ خارا به خون لعل می‌شست
مگر در سنگ خارا لعل می‌جست

چو از لعل لب شیرین خبر یافت
به سنگ خاره در گفتی گهر یافت

به دستش آهن از دل گرمتر گشت
به آهن سنگش از گل نرمتر گشت

به دستی سنگ را می‌کند چون گل
به دیگر دست می‌زد سنگ بر دل

دلش را عشق آن بت می‌خراشید
چو بت بودش چرا بت می‌تراشید

شکرلب داشت با خود ساغری شیر
به دستش داد کاین بر یاد من گیر

ستد شیر از کف شیرین جوانمرد
به شیرینی چه گویم، چون شکر خورد

چو شیرین ساقی‌ای باشد هم‌آغوش
نه شیر، ار زهر باشد هم شود نوش

چو عاشق مست گشت از جام باقی
ز مجلس عزم رفتن کرد ساقی

شد اندامش گران از زر کشیدن
فروماند اسبش از گوهر کشیدن

نه اسب اَر کوه زر بودی ندیمش
سقط گشتی به زیر کوه سیمش

چنین گویند کَاسْبِ بادرفتار
سقط شد زیر آن گنج گهربار

چو عاشق دید کآن معشوق چالاک
فروخواهد فتاد از باد بر خاک

به گردن اسب را با شهسوارش
ز جا برداشت و آسان کرد کارش

به قصرش برد از آن‌سان نازپرورد
که مویی بر تن شیرین نیازرد

نهادش بر بساط نوبتی‌گاه
به نوبتگاه خویش آمد دگر راه

همان آهنگری با خاره می‌کرد
همان سنگی به آهن پاره می‌کرد

شده بر کوه کوهی بر دل تنگ
سری بر سنگ می‌زد بر سر سنگ

چو آهو سبزه‌ای بر کوه دیده
ز شورستان به گورستان رمیده

آگاهی خسرو از رفتن شیرین، نزد فرهاد

جهان‌سالار خسرو هر زمانی
به چربی جستی از شیرین نشانی

هزارش بیشتر صاحب‌خبر بود
که هر یک بر سر کاری دگر بود

گر انگشتی زدی بر بینی آن ماه
ملک را یک به یک کردندی آگاه

در آن مدّت که شد فرهاد را دید
نه کوه آن قلعهٔ پولاد را دید

خبر دادند سالار جهان را
که چون فرهاد دید آن دل‌ستان را

درآمد زور دستش را شکوهی
به هر زخمی ز پای افکند کوهی

از آن ساعت نشاطی درگرفته‌ست
ز سنگ آیین سختی برگرفته‌ست

بدان آهن که او سنگ آزمون کرد
توانـد بیستون را بیستون کرد

کُلُنگی می‌زند چون شیر جنگی
کُلُنگی نه که آن باشد کُلَنگی

بچربد روبَه اَر چربیش باشد
وگر با گرگ همحربیش باشد

چو از دینار جو را بیشتر بار
ترازو سر بگرداند ز دینار

اگر مانَد بدین قوّت یکی ماه
ز پشت کوه بیرون آورَد راه

ملک بی‌سنگ شد زآن سنگ سفتن
که بایستش به ترک لعل گفتن

به پرسش گفت با پیران هشیار
چه باید ساختن تدبیر این کار؟

چنین گفتند پیران خردمند
که گر خواهی که آسان گردد این بند

فروکُن قاصدی را کز سر راه
بدو گوید که شیرین مُرد ناگاه

مگر یک چندی افتد دستش از کار
درنگی در حساب آید پدیدار

طلب کردند نافرجام‌گویی
گره‌پیشانی‌ای، دل‌تنگ‌رویی

چو قصّاب از غضب خونی‌نشانی
چو نفّاط از بروت آتش‌فشانی

سخن‌های بدش تعلیم کردند
به زر وعده، به آهن بیم کردند

فرستادند سوی بیستونش
شده بر ناحفاظی رهنمونش

چو چشم شوخ او فرهاد را دید
به دستش دشنهٔ پولاد را دید

به‌سان شیر وحشی جسته از بند
چو پیل مست‌گشته کوه می‌کند

دلش در کار شیرین گرم‌گشته
به دستش سنگ و آهن نرم‌گشته

از آن آتش که در جان و جگر داشت
نه از خویش و نه از عالم خبر داشت

به یاد روی شیرین بیت می‌گفت
چو آتش تیشه می‌زد، کوه می‌سفت

سوی فرهاد رفت آن سنگ‌دل مرد
زبان بگشاد و خود را تنگ‌دل کرد

که ای نادان غافل در چه کاری؟ / چرا عمری به غفلت می‌گذاری؟
بگفتا بر نشاط نام یاری / کنم زین‌سان که بینی دستکاری
چه یار؟ آن یار کاو شیرین‌زبان است / مرا صد بار شیرین‌تر ز جان است
چو مرد تُرش‌روی تلخ‌گفتار / دم شیرین ز شیرین دید در کار
برآورد از سر حسرت یکی باد / که شیرین مُرد و آگه نیست فرهاد
دریغا آن‌چنان سرو شغبناک / ز باد مرگ چون افتاد بر خاک
ز خاکش عنبر افشاندند بر ماه / به آب دیده شستندش همه راه
هم آخر با غمش دمساز گشتند / سپردندش به خاک و بازگشتند
در او هر لحظه تیغی چند می‌بست / به رویش در دریغی چند می‌بست
چو گفت آن زلف و آن خال ای دریغا / زبانش چون نشد لال ای دریغا
کسی را دل دهد کاین راز گوید؟ / نبینند، ور ببینند بازگوید؟
چو افتاد این سخن در گوش فرهاد / ز طاق کوه چون کوهی درافتاد
برآورد از جگر آهی چنان سرد / که گفتی دورباشی بر جگر خورد
به‌زاری گفت کاوخ رنج بردم / ندیده راحتی در رنج مُردم
اگر صد گوسفند آید فراپیش / بَرَد گرگ از گله قربان درویش
چه خوش گفت آن گلابی با گلستان / که هرچَت بازباید داد مستان
فرورفته به خاک آن سرو چالاک / چرا بر سر نریزم هر زمان خاک؟
ز گلبن ریخته گلبرگ خندان / چرا بر من نگردد باغ زندان؟
پریده از چمن کبک بهاری / چرا چون ابر نخروشم به زاری؟
فرومرده چراغ عالم‌افروز / چرا روزم نگردد شب بدین روز؟

خسرو و شیرین

چراغم مُرد، بادم سرد از آن است   مَهَم رفت، آفتابم زرد از آن است
به شیرین در عدم خواهم رسیدن   به یک تک تا عدم خواهم دویدن
صلای درد شیرین در جهان داد   زمین بر یاد او بوسید و جان داد
زمانه خود جز این کاری نداند   که اندوهی دهد جانی ستاند
چو کارافتاده گردد بینوایی   درش درگیرد از هر سو بلایی
به هر شاخ گلی کاو درزند چنگ   به جای گل ببارد بر سرش سنگ
چنان از خوشدلی بی‌بهر گردد   که در کامش طبرزد زهر گردد
چنان تنگ آید از شوریدن بخت   که بَرباید گرفتش زین جهان رخت
عنان عمر از این‌سان در نشیب است   جوانی را چنین پا در رکیب است
کسی یابد ز دوران رستگاری   که بردارد عمارت زین عماری
مسیحاوار در دیری نشیند   که با چندان چراغش کس نبیند
جهان دیو است و وقت دیو بستن   به خوش‌خویی توان زین دیو رستن
مکن دوزخ به خود بر خوی بد را   بهشت دیگران کن خوی خود را
چو دارد خوی تو مردم‌سرشتی   هم اینجا و هم آنجا در بهشتی
مخسب ای دیده چندین غافل و مست   چو بیداران برآور در جهان دست
که چندان خفت خواهی در دل خاک   که فرموشت کند دوران افلاک
بدین پنجاه‌ساله حقّه‌بازی   بدین یک مهره گل تا چند نازی
نه پنجه سال اگر پنجه هزار است   سرش بر نِه که هم ناپایدار است
نشاید آهنین‌تر بودن از سنگ   ببین تاریک چون ریزد به فرسنگ
زمین نطعی‌ست، ریگش چون نریزد   که بر نطعی چنین جز خون نریزد

بسا خونا که شد بر خاک این دشت
سیاووشی نرست از زیر این طشت
هر آن ذرّه که آرَد تندبادی
فریدونی بود یا کیقبادی
کفی گل در همه روی زمی نیست
که بر وی خون چندین آدمی نیست
که می‌داند که این دیر کهن‌سال
چه مدت دارد و چون بودش احوال؟
به هر صد سال دوری گیرد از سر
چو آن دوران شد، آرد دور دیگر
نماند کس که بیند دور او را
بدان تا درنیابد غور او را
به روزی چند با دوران دویدن
چه شاید دیدن و چه‌تْوان شنیدن؟
ز جور و عدل در هر دور سازی‌ست
در او داننده را پوشیده رازی‌ست
نمی‌خواهی که بینی جور بر جور
نباید گفت راز دور با دور
شب و روز ابلقی شد تند، زنهار
بدین ابلق عنان خویش مسپار
به صد فن گر نمایی ذوفنونی
نشاید برد از این ابلق حرونی
چو گربه خویشتن تا کی پرستی؟
بیفکن از بغل گربه که رستی
فلک چندان که دیگ خاک را پخت
نرفت از خوی او خامی چو کیمَخت
قمارستان چرخ نیمخایه
بسی پرمایه را برده‌ست مایه
عروس خاک اگر بدر منیر است
به دست باد کن امرش که پیر است
مگر خَسفی که خواهد بودن از باد
طلاق امر خواهد خاک را داد
گر آن باد آید وگر ناید امروز
تو بر خاکی، چنین مشعل میفروز
در این یک مشت خاک ای خاک در مشت
گر افروزی چراغ از هر ده انگشت
نشد ممکن که این خاک خطرناک
بر انگشت بریده برکند خاک
تو بی‌اندام از این اندام سستی
که گاهی رخنه دارد گه درستی

فرود افتادن آسان باشد از بام / اگر در ره نباشد کسر اندام
نبینی مرد بی‌اندام در خواب / نرنجد گر فتد صد تیرْ پرتاب؟
ترنج از دود گوگرد آن ندیده / که ما زین نُه ترنج نارسیده
چو یوسف زین ترنج ار سر نتابی / چو نارنج از زلیخا زخم یابی
سحرگه مست شو سنگی برانداز / ز نارنج و ترنج این خوان بپرداز
برون افکن بنه زین دارِ نُه در / مگر کایمن شوی زین مارِ نُه سر
نفس کاو خواجه‌تاش زندگانی‌ست / ز ما پروردهٔ باد خزانی‌ست
اگر یک دم زنی بی‌عشق مرده‌ست / که بر ما یک به یک دمها شمرده‌ست
بباید عشق را فرهاد بودن / پس آن گاهی به مردن شاد بودن
مهندس دستهٔ پولاد تیشه / ز چوب نار تر کردی همیشه
ز بهر آنکه باشد دستگیرش / به دست اندر بود فرمان‌پذیرش
چو بشنید این سخن‌های جگرتاب / فراز کوه کرد آن تیشه پرتاب
سنان در سنگ رفت و دسته در خاک / چنین گویند خاکی بود نمناک
از آن دسته برآمد شوشهٔ نار / درختی گشت و بار آورد بسیار
از آن شوشه کنون گر نار یابی / دوای درد هر بیمار یابی
نظامی گر ندید آن ناربن را / به دفتر در چنین خواند این سخن را

تعزیت‌نامهٔ خسرو به شیرین از راه طنز

سراینده چنین افکند بنیاد / که چون در عشق شیرین مُرد فرهاد

دل شیرین به درد آمد ز داغش | که مرغی نازنین گم شد ز باغش
بر آن آزاد سرو جویباری | بسی بگریست چون ابر بهاری
به رسم مهترانش حُلّه بربست | به خاکش داد و آمد باد در دست
ز خاکش گنبدی عالی برافراخت | وزآن گنبد زیارتخانه‌ای ساخت
خبر دادند خسرو را چپ و راست | که از ره زحمت آن خار برخاست
پشیمان گشت شاه از کردهٔ خویش | وزآن آزار گشت آزردهٔ خویش
درانَدیشید و بود اندیشه را جای | که بادافراه را چون دارد او پای؟
کسی کاو با کسی بدساز گردد | به دو روزی همان بد بازگردد
در این غم روز و شب اندیشه می‌کرد | و زین اندیشه هم روزی قفا خورد
دبیر خاص را نزدیک خود خواند | که بر کاغذ جواهر داند افشاند
گلش فرمود در شکّر سرشتن | به شیرین نامهٔ شیرین نوشتن
نخستین پیکر آن نقش دل‌بند | تولّا کرده بر نام خداوند
به نام روشنایی‌بخش بینش | که روشن‌چشم از او گشت آفرینش
پدیدآرندهٔ انسی و جانی | اثرهای زمینی وآسمانی
فلک را کرده گردان بر سر خاک | زمین را جای گردشگاه افلاک
پس از نام خدا و نام پاکان | برآورده حدیث دردناکان
که شاه نیکوان شیرین دل‌بند | که خوانندش شکرخایان شکرخند
شنیدم کز پی یاری هوسناک | به ماتم نوبتی زد بر سر خاک
ز سنبل کرد بر گل مشکبیزی | ز نرگس بر سمن سیماب‌ریزی
دو تا کرد از غمش سرو روان را | به نیلوفر بدل کرد ارغوان را

سمن را از بنفشه طرف بربست رطب‌ها را به زخم استخوان خست
به لاله تختهٔ گل را تراشید به لؤلؤ گوشهٔ مه را خراشید
پرند ماه را پیوند بگشاد ز رخ بُرقَع، ز گیسو بند بگشاد
جهان را سوخت از فریاد کردن به زاری دوستان را یاد کردن
چنین آید ز یاران شرط یاری همین باشد نشان دوستداری
بر آن حمّال کوه‌افکن ببخشود به سر زانو، به زانو کوه پیمود
غریبی کشته بیش ارزد فغانی جهان گو تا بر او گرید جهانی
بدین‌سان عاشقی در غم بمیرد؟ چون او باد آنکه زو عبرت نگیرد
حساب از کار او دور است ما را دل از بهر تو رنجور است ما را
چو دانم سخت رنجیدی ز مرگش که مُرد و هم نمی‌گویی به ترکش
چرا بایستش اوّل کُشتن از درد چو کُشتی چند خواهی اندهش خورد؟
غمش می‌خور که خونش هم تو خوردی عزیزش کن که خوارش هم تو کردی
اگر صد سال بر خاکش نشینی از او خاکی‌تری کس را نبینی
چو خاک ار صد جگر داری به دستی نیابی مثل او شیرین‌پرستی
ولیکن چون ندارد گریه سودی چه باید بی‌کباب انگیخت دودی؟
به غم خوردن نکردی هیچ تقصیر چه شاید کرد با تاراج تقدیر
بنا بر مرگ دارد زندگانی نخواهد زیستن کس جاودانی
تو روزی، او ستاره، ای دل‌افروز فرومیرد ستاره چون شود روز
تو صبحی، او چراغ، ار دل پذیرد چراغ آن بِه که پیش از صبح میرد
تو هستی شمع و او پروانهٔ مست چو شمع آید، رَوَد پروانه از دست

تو باغی و او گیاهی کز تو خیزد
گیاه آن بِه که هم در باغ ریزد

تو آتش‌طبعی او عود بَلاکش
بسوزد عود چون بفروزد آتش

اگر مرغی پرید از گلستانت
پرستد نَسر طایر ز آسمانت

وگر شد قطره‌ای آب از سبویت
بسا دجله که سر دارد به جویت

چو ماند بدر، گو بشکن هلالی
چو خوبی هست از او کمگیر خالی

اگر فرهاد شد، شیرین بماناد
چه باک از زرد گل، نسرین بماناد

نویسنده چو از نامه بپرداخت
زمین بوسید و پیش خسرو انداخت

به قاصد داد خسرو نامه را زود
ستد قاصد ببرد آنجا که فرمود

چو شیرین دید کآمد نامهٔ شاه
رخ از شادی فروزان کرد چون ماه

سه جا بوسید و مهر نامه برداشت
وز او یک حرف را ناخوانده نگذاشت

جگرها دید مشک‌اندود کرده
طبرزدهای زهرآلود کرده

قصب‌هایی در او پیچیده صد مار
رطب‌هایی در او پوشیده صد خار

همه مقراضه‌های پرنیان‌پوش
همه زهراب‌های خوش‌تر از نوش

نه صبرِ آنکه این شربت بنوشد
نه جای آنکه از تندی بجوشد

به سختی و به رنج آن رنج و سختی
فروخورد از سر بیداربختی

مردن مریم

دراندیش ای حکیم از کار ایّام
که پاداش عمل باشد سرانجام

نماند ضایع ار نیک است اگر دون
کمربسته بدین کار است گردون

چو خسرو بر فسوس مرگ فرهاد
به شیرین آن‌چنان تلخی فرستاد

چنان افتاد تقدیر الهی
که بر مریم سرآمد پادشاهی

چنین گویند شیرین، تلخ زهری
به خوردش داد از آن کاو خورد بهری

و گر، می راست خواهی بگذر از زهر
به زهرآلود همّت بردش از دهر

به همّت هندوان چون برستیزند
ز شاخ خشک، برگ تر بریزند

فسون‌سازان که از مه مهره سازند
به چشم‌افسای همّت حقّه بازند

چو مریم روزهٔ مریم نگه داشت
دهان دربست از آن شکّر که شه داشت

برست از چنگ مریم شاه عالم
چنانک آبستنان از چنگ مریم

درخت مریمش چون از بر افتاد
ز غم شد چون درخت مریم آزاد

ولیک از بهر جاه و احترامش
ز ماتم داشت آیینی تمامش

نرفت از حرمتش بر تخت ماهی
نپوشید از سَلَب‌ها جز سیاهی

چو شیرین را خبر دادند از این کار
هَمَش گل در حساب افتاد، هم خار

به نوعی شادمان گشت از هلاکش
که رست از رشک بردن جان پاکش

به دیگر نوع غمگین گشت و دل‌سوز
که عاقل بود و می‌ترسید از آن روز

ز بهر خاطر خسرو یکی ماه
ز شادی کرد دست خویش کوتاه

پس از ماهی که خار از ریش برخاست
جهان را این غبار از پیش برخاست

دلش تخم هوس فرمود کشتن
جواب نامهٔ خسرو نوشتن

سخن‌هایی که او را بود در دل
فشاند از طیرگی چون دانه در گل

تعزیت‌نامه شیرین به خسرو، در مرگ مریم از راه بادافراه

نویسنده چو بر کاغذ قلم زد	به‌ترتیب آن سخن‌ها را رقم زد
سخن را از حلاوت کرد چون قند	سرآغاز سخن را داد پیوند
به نام پادشاه پادشاهان	گناه‌آمرز مشتی عذرخواهان
خداوندی که ما را کارساز است	ز ما و خدمت ما بی‌نیاز است
نه پیکر، خالق پیکرنگاران	به حیرت زین شمار اخترشماران
زمین تا آسمان خورشید تا ماه	به ترکستان فضلش هندوی راه
دهد بی‌حقّ خدمت خلق را قوت	نگارد بی‌قلم در سنگ یاقوت
ز مرغ و مور در دریا و در کوه	نماند جاودان کس را در اندوه
گَهِ نعمت دهد نقصان‌پذیری	کند هنگام حیرت دستگیری
چو از شکرش فرامُشکار گردیم	بمالد گوش تا بیدار گردیم
به حکم اوست در قانون بینش	تغیّرهای حال آفرینش
گهی راحت کند قسمت، گهی رنج	گهی افلاس پیش آرَد، گهی گنج
جهان را نیست کاری جز دورنگی	گهی رومی نماید، گاه زنگی
گه از بیداد این، آن را دهد داد	گه از تیمار آن، این را کند شاد
چه خوش گفتا لَهاوری به طوسی	که مرگ خر بود سگ را عروسی
نه هر قسمت که پیش آید نشاط است	نه هر پایه که زیر افتد بساط است
چو روزی‌بخش ما روزی چنین کرد	گهی روزی دوا باشد گهی درد
خردمند آن بوَد کاو در همه کار	بسازد گاه با گل، گاه با خار
جهان‌دار مهین، خورشید آفاق	که زد بر فرق هفت اورنگ شش طاق

جهان دارد به زیر پادشاهی — سریّ و با سری صاحب‌کلاهی
بهشت از حضرتش میعادگاهی‌ست — ز باغ دولتش طوبی گیاهی‌ست
در این دوران که مه تا ماهی او راست — ز ماهی تا به ماه آگاهی او راست
خبر دارد که روز و شب دو رنگ است — نوالش گه شکر، گاهی شرنگ است
در این صندل‌سرای آبنوسی — گهی ماتم بوَد، گاهی عروسی
عروس شاه اگر در زیر خاک است — عروسان دگر دارد، چه باک است؟
فلک زآن داد بر رفتن دلیریش — که بود آگه ز شاه و زودسیریش
از او بِه گرچه شه را همدمی نیست — شهنشه زود سیر آمد، غمی نیست
نظر بر گلستانی دیگر آرَد — و زو بِه دلستانی در بر آرَد
دریغ آن است کآن لعبت نماند — وگرنه هرکه ماند عیش راند
مرنج ای شاه نازک‌دل بدین رنج — که گنج است آن صنم، در خاک بِه گنج
مخور غم کآدمی غم برنتابد — چو غم گفتی زمین هم برنتابد
برنجد نازنین از غم کشیدن — نسازد نازکان را غم چشیدن
عنان آن بِه که از مریم بتابی — که گر عیسی شوی گردش نیابی
اگر در تخته رفت آن نازنین‌جفت — به ترک تخت شاهی چون توان گفت؟
به مِی بنشین ز مژگان مِی چه ریزی؟ — غمت خیزد گر از غم برنخیزی
نه هر کش پیش میری، پیش میرد — بدین سختی غمی در پیش گیرد
تو زی کاو مُرد و هر کاو زاد، روزی — به مرگش تن بباید داد روزی
به نالیدن مکن بر مرده بیداد — که مرده صابری خواهد، نه فریاد
چو کار کالبد گیرد تباهی — نه درویشی به کار آید، نه شاهی

ز بهر چشمه‌ای مخروش و مخراش ... ز فیض دجله گو یک قطره کم باش
به شادی بر لب شط جامجم گیر ... کهن‌زنبیلی از بغداد کم گیر
دل نغنوده بی‌او بغنوادت ... چنان کز دیده رفت از دل روادت
اگر سروی شد از بستان عالم ... تو باقی مان که هستی جان عالم
مخور غم تا توانی باده خور شاد ... مبادا کز سرت مویی بَرَد باد
اگر هستی شود دور از تو از دست ... بحمدالله چو تو هستی، همه هست
تو دُرقَدری و دُر تنها نکوتر ... تو لعلی، لعل بی‌همتا نکوتر
به تنهایی قناعت کن چو خورشید ... که همسر شرک شد در راه جمشید
اگر با مرغ باید مرغ را خفت ... تو سیمرغی، بوَد سیمرغ بی‌جفت
مرنج ار با تو آن گوهر نماند ... تو کانی، کان ز گوهر درنماند
سر آن بهتر که او همسر ندارد ... گهر آن بِه که همگوهر ندارد
گر آهویی ز صحرا رفت بگذار ... که در صحرا بوَد زین جنس بسیار
وگر یک دانه رفت از خرمن شاه ... فدا بادش فلک با خرمن ماه
گلی گر شد، چه باید دید خاری؟ ... عوض باشد گلی را نوبهاری
بتی گر کسر شد، کسری بماناد ... غم مریم مخور، عیسی بماناد

رسیدن نامه شیرین به خسرو

چو خسرو نامهٔ شیرین فروخواند ... از آن شیرین‌سخن عاجز فروماند
به خود گفتا جواب است این، نه جنگ است ... کلوخ‌انداز را پاداش سنگ است
جواب آنچه بایستش دریدن ... شنیدم آنچه می‌باید شنیدن
دگرباره شد از شیرین شکرخواه ... که غوغای مگس برخاست از راه

ز کارآشوبی مریم برآسود | رطب بی‌استخوان شد، شمع بی‌دود
چو مریم کرد دست از جشن کوتاه | جهان چون جشن مریم گشت بر شاه
چو دشمن شد، همه کاری به کام است | یکی آب از پس دشمن تمام است
به شیرین چند چربی‌ها فرستاد | به روغن نرم کرد آهن ز پولاد
بت فرمانبرش فرمان پذیرفت | که دردی داشت کآن درمان پذیرفت
به خسرو پیش از آنش بود پندار | کزآن نیکوترش باشد طلبکار
فرستد مهد و در کاوینش آرد | به مهد خود عروس‌آیینش آرد
به دفترها عتاب آغاز می‌کرد | عتابش بیش می‌شد، ناز می‌کرد
متاع نیکوی بر کار می‌دید | بها می‌کرد چون بازار می‌دید
متاع از مشتری یابد روایی | به دیده قدر گیرد روشنایی
ز بهر سود خود این پند بنیوش | متاعی کآن بِنَخرَند از تو مفروش
در آن دیده‌ست دولت سودمندی | که چون یابی روایی درنبندی
ملک دم داد و شیرین دم نمی‌خورد | ز ناز خویش مویی کم نمی‌کرد
چو عاجز گشت از آن ناز به خروار | نهاد اندیشه را بر چارهٔ کار
که یاری مهربان آرد فرا چنگ | به رهواری همی‌رانَد خر لنگ
سر و کاری ز بهر خویش گیرد | سر از کاری دگر در پیش گیرد
ز هر قومی حکایت بازمی‌جست | نگیرد مرد زیرک کار خود سست

صفت داد و دهش خسرو

جهان‌خسرو که تا گردون کمر بست / کله‌داری چون او بر تخت ننشست
به روز بار کاو را رای بودی / به پیشش پنج صف بر پای بودی
نخستین صف توانگر داشت در پیش / دویُم صف بود حاجتکار و درویش
سوم صف جای بیماران بی‌زور / همه رسته به مویی از لب گور
چهارم صف به قومی متّصل بود / که بند پایشان مسمار دل بود
صف پنجم گنهکاران خونی / که کس، کس را نپرسیدی که چونی
به پیش خونیان ز امّیدواری / مثال آورده خط رستگاری
ندا برداشته دارندهٔ بار / که هر صف زیر خود بینند زنهار
توانگر چون سوی درویش دیدی / شمار شکر بر خود بیش دیدی
چو در بیمار دیدی چشم درویش / گرفتی بر سلامت شکر در پیش
چو دیدی سوی بندی مرد بیمار / به آزادی نمودی شکر بسیار
چو بر خونی فتادی چشم بندی / گشادی لب به شکر بِه‌پسندی
چو خونی دیدی امّید رهایی / فزودی شمع شکرش روشنایی
در خسرو همه‌ساله بدین داد / چو مصر از شُکر بودی شکّرآباد

به می نشستن خسرو بر تخت طاقدیسی

به مِی بنشست روزی بر سر تخت / بدین حرفت حریفی کرد با بخت
به گرداگرد تخت طاقدیسش / دهان تاجداران خاک‌لیسش
همه تمثال‌های آسمانی / رصد بسته بر آن تخت کیانی

ز میخ ماه تا خرگاه کیوان — در او پرداخته ایوان بر ایوان
کواکب را ز ثابت تا به سیّار — دقایق با دَرَج پیموده مقدار
به ترتیب گهرهای شب‌افروز — خبر داده ز ساعات شب و روز
شناسایی که انجم را رصد راند — از آن تخت، آسمان را تخته برخواند
کسی کاو تخت خسرو در نظر داشت — هزاران جام کیخسرو ز بر داشت
چنین تختی، نه تختی کآسمانی — بر او شاهی، نه شه، صاحبقرانی
چو پیلی گر بوَد پیل آدمی‌روی — چو شیر، ار شیر باشد عنبرین‌موی
زمین تا آسمان رانی گشاده — ثریّا تا ثری خوانی نهاده
ارم را خشک بُد در مجلسش جام — فلک را حلقه بُد بر درگهش نام
بزرگی بایدت دل در سخا بند — سر کیسه به برگ گَندَنا بند
درمداری که از سختی درآید — سر و کارش به بدبختی گراید
به شادی شغل عالم درج می‌کن — خراجش می‌ستان و خرج می‌کن
چنین می‌ده چنان کش می‌ستانی — وگر بِدْهی و نستانی، تو دانی
جهان‌داری به تنها کرد نتوان — به‌تنهایی جهان را خورد نتوان
بداند هرکه با تدبیر باشد — که تنهاخوار، تنهامیر باشد
مخور تنها گرت خود آب جوی است — که تنهاخور چو دریا تلخ‌خوی است
بباید خویشتن را شمع کردن — به کار دیگران پا جمع کردن
ببین قارون چه بُرد از گنج دنیا — نیرزد گنج دنیا رنج دنیا
به رنج آید به دست این خود سلیم است — چو از دستت رَوَد رنجی عظیم است
چو آید رنج باشد چون شود رنج — تهی‌دستی شرف دارد بدین گنج

ملک پرویز کز جمشید بگذشت	به گنج‌افشانی از خورشید بگذشت
بُدش با گنج دادن خنده‌ناکی	چو خاکش گنج و او چون گنج خاکی
دو نوبت خوان نهادی صبح تا شام	خورش با کاسه دادی باده با جام
کشیده مائده یک میل در میل	مگس را گاو دادی، پشّه را پیل
ز حلواها که بودی گرد خوانش	ندانستی چه خوردی میهمانش
ز گاو و گوسفند و مرغ و ماهی	ندانم چند، چندانی که خواهی
چو بزمش بوی خوش را ساز دادی	صبا وام ریاحین بازدادی
به هنگام بخور عود و عنبر	خراج هند بودی خرج مجمر
چو خورد خاص او بر خوان رسیدی	گوارش تا به خوزستان رسیدی
کبابی تر بخوردی اوّل روز	بر او سوده یکی دُرّ شب‌افروز
ز بازرگان عمّان در نهانی	به ده من زر خریده زرّ کانی
شنیدم کز چنان دُر باشد آرام	رطوبت‌های اصلی را در اندام
یک اسب بور ازرق‌چشم نوزاد	معطّر کرده چون ریحان بغداد
ز شیر مادرش چوپان بریده	به شیر گوسفندش پروریده
بفرمودی تنوری بستن از سیم	که بودی خرج او دخل یک اقلیم
در او ده پانزده من عود چون مشک	بسوزاندی به جای هیمهٔ خشک
چو بریان شد کباب خوانش این بود	تنور و آتش و بریانش این بود
به خوان زر نهادندی فراپیش	هزار و هفتصد مثقال کم بیش
بخوردی زآن نواله لقمه‌ای چند	چو مغز پسته و پالودهٔ قند
نظر کردی به محتاجان درگاه	کجا چشمش درافتادی ز ناگاه

بدو بخشیدی آن زرّینه‌خوان را
تنور و هرچه آلت بودی آن را

زهی خوانی که طبّاخان نورش
چنین نانی برآرند از تنورش

دگر روزی که خوان لاجوردی
گرفتی از تنور صبح زردی

همان پیشینه رسم آغاز کردی
تنور و خوانی از نو ساز کردی

همه روز این شگرفی بود کارش
همه عمر این روش بود اختیارش

چو وقت آمد نماند آن پادشایی
به کاری نامد آن کار و کیایی

شرف خواهی به گرد مقبلان گرد
که زود از مقبلان مقبل شود مرد

چو بر سنبل چرد آهوی تاتار
نسیمش بوی مشک آرَد به بازار

دگر آهو که خاشاک است خوردش
به جای مشک خاشاک است گردش

پدر کز من روانش باد پرنور
مرا پیرانه پندی داد مشهور

که از بی‌دولتان بگریز چون تیر
سرا در کوی صاحب‌دولتان گیر

چو صبحت گر شبی باید بِه از روز
چراغ از مشعل روشن برافروز

بهای دُر بزرگ از بهر این است
کز اوّل با بزرگان همنشین است

شنیدن خسرو اوصاف شکر اسپهانی را

به آیین جهان‌داران یکی روز
به مجلس بود شاه مجلس‌افروز

به عزم دست‌بوسش قاف تا قاف
کمر بسته کله‌داران اطراف

نشسته پیش تختش جمله شاهان
ز چین تا روم و از ری تا سپاهان

ز سالار ختن تا خسرو زنگ
همه بر یاد خسرو باده در چنگ

چو دوری چند می درداد ساقی
نماند از شرم شاهان هیچ باقی

شهنشه شرم را برقع برافکند
سخن لختی به گستاخی درافکند

که خوبانی که درخورد فریشاند ... ز عالم در کدامین بقعه بیشاند
یکی گفتا لطافت روم دارد ... لَطَف گنج است و گنج آن بوم دارد
یکی گفت از ختن خیزد نکویی ... فسانه‌ست آن طرف در خوب‌رویی
یکی گفت ارمن است آن بوم آباد ... که پیکرهای او باشد پری‌زاد
یکی گفتا که در اقصای کشمیر ... ز شیرینی نباشد هیچ تقصیر
یکی گفتا سزای بزم شاهان ... شکرنامی‌ست در شهر سپاهان
به شکّر بر ز شیرینیش بیداد ... و زو شکّر به خوزستان به فریاد
به زیر هر لبش صد خنده بیش است ... لبش را چون شکر صد بنده بیش است
قبا تنگ آید از سروَش چمن را ... درم واپس دهد سیمش سمن را
رطب پیش دهانش دانه‌ریز است ... شکر بگذار کاو خود خانه‌خیز است
چو بردارد نقاب از گوشهٔ ماه ... برآید نالهٔ صد یوسف از چاه
جز این عیبی ندارد آن دل‌آرام ... که گستاخی کند با خاص و با عام
به هر جایی چو باد آرام گیرد ... چو لاله با همه‌کس جام گیرد
ز روی لطف با کس درنسازد ... که آن‌کس خان‌ومان را درنبازد
کسی کاو را شبی گیرد در آغوش ... نگردد آن شبش هرگز فراموش
ملک را درگرفت آن دل‌نوازی ... اساسی نو نهاد از عشق‌بازی
فرس می‌خواست بر شیرین دواند ... به ترکی غارت از ترکی ستاند
برد شیرینی قندی به قندی ... گشاید مشکل بندی به بندی
به گوهر پایهٔ گوهر شود خرد ... به دیبا آب دیبا را توان برد
سرش سودای بازار شکر داشت ... که شکّر هم ز شیرینی اثر داشت

نه دل مـی‌دادش از دل رانـدن او را
نه شایست از سپاهان خواندن او را

در این اندیشه صابر بود یک سال
نشد واقف کسی بر حسب آن حال

رفتن خسرو به اصفهان در تمنّای شکر

پس از سالی رکاب افشاند بر راه
سوی ملک سپاهان راند بنگاه

فرود آمد به نزهتگاه آن بوم
سوادی دید بیش از کشور روم

گروهی تازه‌روی و عشرت‌افروز
به گاه خوش‌دلی روشن‌تر از روز

نشاط آغاز کرد و باده می‌خورد
غم آن لعبت آزاده می‌خورد

نهفته باز می‌پرسید جایش
به دست آورد هنجار سرایش

شبی برخاست تنها با غلامی
ز بازار شکر برخواست کامی

چو خسرو بر سر کوی شکر شد
سپاهان قصر شیرینی دگر شد

حلاوت‌های عیش آن عصر می‌داشت
که شکّر کوی و شیرین قصر می‌داشت

به در بر حلقه زد خاموش‌خاموش
برون آمد غلامی حلقه در گوش

جوانی دید زیباروی بر در
نمودار جهان‌داریش در سر

فرود آوردش از شبدیز چون ماه
فرس را راند حالی بر علفگاه

چو مهمانان به ایوانش درون برد
بدان مهمان سر از کیوان برون برد

ملک چون بر بساط کار بنشست
درستی چند را بر کار بشکست

اجازت داد تا شکّر بیاید
به مهمان بر ز لب شکّر گشاید

برون آمد شکر با جام جلّاب
دهانی پر شکر، چشمی پر از خواب

شکرنامی که شکّر ریزد او بود
نباتی کز سپاهان خیزد او بود

ز گیسو نافه‌نافه مشک می‌بیخت
ز خنده خانه‌خانه قند می‌ریخت

چو ویسه فتنه‌ای در شهدبوسی
چو دایه آیتی در چاپلوسی

کنیزان داشتی رومی و چینی
کز ایشان هیچ را مثلی نبینی

همه در نیم‌شب نوروز کرده
به کار عیش دست‌آموز کرده

نشست و باده پیش آورد حالی
بتی یا رب چنان و خانه خالی

نه می در آبگینه کآن سمن‌بَر
در آب خشک می‌کرد آتش تر

گلابی را به تلخی راه می‌داد
به شیرینی به دست شاه می‌داد

نشسته شاه عالم مهترانه
شکر برداشته چون مه ترانه

پیاپی رطل‌ها پرتاب می‌کرد
ملک را شهربند خواب می‌کرد

چو نوش باده از لب نیش برداشت
شکر برخاست شمع از پیش برداشت

به عذری کآن قبول افتاد در راه
برون آمد ز خلوت‌خانهٔ شاه

کنیزی را که همبالای او بود
به حسن و چابکی همتای او بود

در او پوشید زرّ و زیور خویش
فرستاد و گرفت آن شب سر خویش

ملک چون دید کآمد نازنینش
ستد دادِ شکر از انگبینش

در او پیچید و آن شب کام دل راند
به مصروعی بر افسونی غلط خواند

ز شیرینی که آن شمع سحر بود
گمان افتاد او را کآن شکر بود

کنیز از کار خسرو ماند مدهوش
که شیرین آمدش خسرو در آغوش

فسانه بود خسرو در نکویی
فسونگر بود وقت نغزگویی

ز هرکس کاو به بالا سروری داشت
سری و گردنی بالاتری داشت

به خوش‌مغزی بِه از بادام تر بود
به شیرین‌استخوانی نیشکر بود

خسرو و شیرین

شبی کَاسْب نشاطش لنگ رفتی
کم این بودی که سی فرسنگ رفتی

هر آن روزی که نصفی کم کشیدی
چهل من ساغری در دم کشیدی

چو صبح آمد کنیز از جای برخاست
به دستان از ملک دستوری‌ای خواست

به نزدیک شکر شد کام و ناکام
به شکّر باز گفت احوال بادام

هر آنچ از شاه دید، او را خبر داد
نهانی‌های خلوت را به در داد

بدان تا شکّر آگه باشد از کار
بگوید هرچه پرسد زو جهان‌دار

شکر برداشت شمع و در شد از در
که خوش باشد به یکجا شمع و شکّر

ملک پنداشت کآن همبستر او بود
کنیزک شمع دارد شکّر او بود

بپرسیدش که تا مهمان‌پرستی
به خلوت با چو من مهمان نشستی؟

جوابش داد کای از مهتران طاق
ندیدم مثل تو مهمان در آفاق

همه‌چیزیت هست از خوب‌رویی
ز شیرین‌شکّری و نغزگویی

یکی عیب است اگر ناید گرانت
که بویی در نمک دارد دهانت

نمک در مردم آرَد بوی پاکی
تو با چندین نمک چون بوی‌ناکی

به سوسن‌بویْ شه گفتا چه تدبیر؟
سمن‌بَر گفت سالی سوسن و سیر

ملک چون رخت از آن بتخانه بربست
گرفت آن پند را یک سال در دست

بر آن افسانه چون بگذشت سالی
مزاج شه شد از حالی به حالی

به زیرش رام شد دوران توسن
برآوردش درخت سیر سوسن

شبی بر عادت پارینه برخاست
به شکّر باز بازاری برآراست

همان شیرینی پارینه دریافت
به شیرینی رسد هر کاو شکر یافت

چو دوری چند رفت از عیش‌سازی
پدید آمد نشان بوس و بازی

همان جفته نهاد آن سیم‌ساقش
به جفتی دیگر از خود کرد طاقش

ملک نقل دهان‌آلوده می‌خورد
به امّید شکر پالوده می‌خورد

چو لشکر بر رحیل افتاد شب را
ملک پرسید باز آن نوش‌لب را

که چون من هیچ مهمانی رسیدت؟
بدین رغبت کسی در بر کشیدت؟

جوابی شکّرینش داد شکّر
که پارم بود یاری چون تو در بر

جز آن کآن شخص را بوی دهان بود
تو خوش‌بویی، از این بِه چون توان بود؟

ملک گفتا چو بینی عیب هر چیز
ببین عیب جمال خویشتن نیز

بپرسیدش که عیب من کدام است؟
کز آن عیب این نکویی زشت‌نام است

جوابش داد کآن عیب است مشهور
که یک ساعت ز نزدیکان نه‌ای دور

چو دور چرخ با هرکس بسازی
چو گیتی با همه‌کس عشق بازی

نگارین‌مرغی ای تمثال چینی
چرا هر لحظه بر شاخی نشینی؟

غلاف نازکی داری دریغی
که هر ساعت کنی بازی به تیغی

جوابش داد شکّر کای جوانمرد
چه پنداری کزین شکّر کسی خورد؟

به ستّاری که ستر اوست پیشم
که تا من زنده‌ام بر مُهر خویشم

نه کس با من شبی در پرده خفته‌ست
نه دُرّم را کسی در دور سفته‌ست

کنیزان من‌اند اینان که بینی
که در خلوت تو با ایشان نشینی

بلی من باشم آن کاوّل درآیم
به مِی بنشینم و عشرت فزایم

ولی آن دلسِتان کآید در آغوش
نه من، چون من بتی باشد قَصَب‌پوش

چو بشنید این سخن شاه از زبانش
بدین معنی گواهی داد جانش

دُری کاو را بوَد مُهر خدایی
دهد ناسفتگی بر وی گوایی

تفحّص خسرو در کار شکر و خواستاری او

چو برزد آتش مشرق زبانه ‌ ‌ ملک چون آب شد زآنجا روانه
بزرگان سپاهان را طلب کرد ‌ ‌ وز ایشان پرسشی زآن نوش‌لب کرد
به یک‌رویه همه شهر سپاهان ‌ ‌ شدند آن پاک‌دامن را گواهان
که شکّر همچنان در تنگ خویش است ‌ ‌ نیازرده گلی بر رنگ خویش است
متاع خویشتن در بار دارد ‌ ‌ کنیزی چند را بر کار دارد
سمندش گرچه با هرکس به زین است ‌ ‌ سنان دورباشش آهنین است
عجوزان نیز کردند استواری ‌ ‌ عروسش بکر بود اندر عماری
ملک را فرّخ آمد فال اختر ‌ ‌ که از چندین مگس چون رَست شکّر
فرستاد از سرای خویش خواندش ‌ ‌ به آیین زناشویی نشاندش
نسفته دُرِّ دریاییش را سُفت ‌ ‌ نگین لعل را یاقوت شد جفت
سوی شهر مداین شد دگربار ‌ ‌ شکر با او به دامن‌ها شکربار
به شکّر عشق شیرین خوار می‌کرد ‌ ‌ شکر شیرینی‌ای بر کار می‌کرد
چو بگرفت از شکر خوردن دل شاه ‌ ‌ به نوش‌آباد شیرین شد دگر راه
شکر در تنگ شه تیمار می‌خورد ‌ ‌ ز نخلستان شیرین خار می‌خورد
شه از سودای شیرین شور در سر ‌ ‌ گدازان گشته چون در آب شکّر
چو شمع از دوری شیرین در آتش ‌ ‌ که باشد عیش موم از انگبین خوش
کسی کز جان شیرین بازمانَد ‌ ‌ چه سود اَر در دهن شکّر فشاند
شکر هرگز نگیرد جای شیرین ‌ ‌ بچربد بر شکر حلوای شیرین

چمن خاک است، چون نسرین نباشد / شکر تلخ است، چون شیرین نباشد
مگو شیرین و شکّر هست یکسان / ز نی خیزد شکر، شیرینی از جان
چو شمع شهد شیرین برفروزد / شکر بر مجمر آنجا عود سوزد
شکر گر چاشنی در جام دارد / ز شیرینی حلاوت وام دارد
ز شیرینی بزرگان ناشکیباند / به شکّر طفل و طوطی را فریبند
هر آبی کآن بود شیرین بسازد / شکر چون آب را بیند گدازد
ز شیرین تا شکر فرقی عیان است / که شیرین جان و شکّر جای جان است
پری‌رویی‌ست شیرین در عماری / پرند او شکر در پرده‌داری
بداند این‌قدَر هر کش تمیز است / که شکّر بهر شیرینی عزیز است
دلش می‌گفت شیرین بایدم زود / که عیشم را نمی‌دارد شکر سود
یخ از بلّور صافی‌تر به گوهر / خلاف آن شد که این خشک است و آن تر
دگر رهْ گفت نشْکیبم ز شیرین / چه باید کرد با خود جنگ چندین؟
گَرَم سنگ‌آسیا بر سر بگردد / دل آن دل نیست کز دلبر بگردد
به سر کردم نگردانم سر از یار / سری دارم مباح از بهر این کار
دگر رهْ گفت کاین تدبیر خام است / صبوری کن که رسوایی تمام است
مرا آن بِه که از شیرین شکیبم / نه طفلم تا به شیرینی فریبم
بباید درکشیدن مِیل را میل / که کس را کار برناید به تعجیل
مرا شیرین و شکّر هر دو در جام / چرا بر من به تلخی گردد ایّام؟
دلم با این رفیقان بی‌رفیق است / ز بس ملّاحبان، کشتی غریق است
نمی‌خواهی که زیر افتی چو سایه / مشو بر نردبان جز پایه‌پایه

چنان راغب مشو در جُستن کام
که از نایافتن رنجی سرانجام

طمع کم دار تا گر بیش یابی
فتوحی بر فتوح خویش یابی

دل آن بِه کز درِ مردی درآید
مراد مردم از مردی برآید

به صبرم کرد باید رهنمونی
زنی شد با زنان کردن زبونی

به مردان بر زنی کردن حرام است
زنی کردن زنی کردن کدام است؟

مرا دعوی چه باید کرد شیری؟
که آهویی کند بر من دلیری

اگر خود گوسپندی رند و ریشم
نه بر پشم کسان بر پشم خویشم

چو پیلان راز خود با کس نگفتم
چو پیله در گلیم خویش خفتم

چنان در سر گرفت آن ترک طنّاز
کز او خسرو نه، کیخسرو برد ناز

چو کرد ار دل ستاند سینه جوید
وَرَش خانه دهی گنجینه جوید

دلم را گر فراقش خون برآرد
طمع برد و طمع طاعون برآرد

ز معشوقه وفا جستن غریب است
نگوید کس که سِکبا، بر طبیب است

مرا هر دم بر آن آرَد ستیزش
که خیز استغفرالله خون بریزش

من این آزَرم تا کی دارم او را؟
چو آزردم، تمام آزارم او را

به گیلان در نکو گفت آن نکو زن
میازار، اَر بیازاری، نکو زن

مزن زن را ولی چون برستیزد
چنانش زن که هرگز برنخیزد

دل شه چارهٔ آن غم ندانست
که راز خویش را محرم ندانست

دل آن محرم بوَد کز خانه باشد
دل بیگانه هم بیگانه باشد

چو دزدیده نخواهی دانهٔ خویش
مَهِل بیگانه را در خانهٔ خویش

چنان گو راز خود با بهترین دوست
که پنداری که دشمن‌تر کسی اوست

مگو ناگفتنی در پیش اغیار / نه با اغیار، با محرم‌ترین یار
به خلوت نیزش از دیوار می‌پوش / که باشد در پس دیوارها گوش
وگر نتوان که پنهان داری از خویش / مده خاطر بدان یعنی مین‌دیش
میندیش آنچه نتوان گفتنش باز / که نندیشیده بِه، ناگفتنی راز
در این مجلس چنان کن پرده‌سازی / که ناید شحنه در شمشیربازی
سرودی کآن بیابان را نشاید / سزد گر بزم سلطان را نشاید
اگر دانا وگر نادان بوَد یار / بضاعت را به کس بی‌مهر مسپار
مکن با هیچ بدمحضر نشستی / که نارد در شکوهت جز شکستی
درختی کار در هر گل که کاری / کز او آن بر که کِشتی چشم داری
سخن در فرجه‌ای پرور که فرجام / ز واگفتن تو را نیکو شود نام
اگر صد وجه نیک آید فراپیش / چو وجهی بد بوَد زآن بد بیندیش
به چشم دشمنان بین حرف خود را / بدین حرفت شناسی نیک و بد را
چو دوزی صد قبا در شادکامی / بِدَر پیراهنی در نیک‌نامی

تنها ماندن شیرین و زاری کردن وی

ملک دانسته بود از رای پُرنور / که غم‌پرداز شیرین است شاپور
به خدمت خواند و کردش خاص درگاه / ز تنهایی مگر تنگ آید آن ماه
چو تنها ماند ماه سروبالا / فشاند از نرگسان لؤلؤی لالا
به تنگ آمد شبی از تنگ‌حالی / که بود آن شب بر او مانند سالی
شبی تیره، چو کوهی زاغ بر سر / گران‌جنبش، چو زاغی کوه بر پر
شبی دمسرد چون دل‌های بی‌سوز / برات آورده از شب‌های بی‌روز

خسرو و شیرین

کشیده در عقابین سیاهی
پر و منقار مرغ صبحگاهی

دهل‌زن را زده بر دست‌ها مار
کواکب را شده در پای‌ها خار

فتاده پاسبان را چوبک از دست
جرس‌جنبان خراب و پاسبان مست

سیاست بر زمین دامن نهاده
زمانه تیغ را گردن نهاده

زناشویی به هم خورشید و مه را
رحم بسته به زادن صبحگه را

گرفته آسمان را شب در آغوش
شده خورشید را مشرق فراموش

جنوبی‌طالعان را بیضه در آب
شمالی‌پیکران را دیده در خواب

زمین در سر کشیده چتر شاهی
فروآسوده یکسر مرغ و ماهی

سواد شب که بُرد از دیده‌ها نور
بنات‌النّعش را کرده ز هم دور

ز تاریکی جهان را بند بر پای
فلک چون قطب حیران مانده بر جای

جهان از آفرینش بی‌خبر بود
مگر کآن شب جهان جای دگر بود

سرافکنده فلک دریاصفت پیش
ز دامن دُر فشانده بر سر خویش

به دُر دزدی ستاره کرده تدبیر
فروافتاده ناگه در خُم قیر

بمانده در خُم خاکسترآلود
از آتش‌خانهٔ دوران پُردود

مَجَرّه بر فلک چون کاه بر راه
فلک در زیر او چون آب در کاه

ثریّا چون کفی جو بُد به تقدیر
که گرداند به کف هندو زنی پیر

نه موبد را زبان زندخوانی
نه مرغان را نشاط پَرفشانی

بریده بال نسرین پرنده
چو واقع بود طایر، پر فکنده

به هر گام از برای نورپاشی
ستاده زنگی‌ای با دورباشی

چراغ بیوه‌زن را نور مرده
خروس پیره‌زن را غول برده

شنیدم گر به شب دیوی زند راه | خروس خانه بردارد علی‌الله
چه شب بود آنکه با صد دیو چون قیر | خروسی را نبود آواز تکبیر
دل شیرین در آن شب خیره مانده | چراغش چون دل شب تیره مانده
ز بیماری، دل شیرین چنان تنگ | که می‌کرد از ملالت با جهان جنگ
خوش است این داستان در شان بیمار | که شب باشد هلاک جان بیمار
بوَد بیماری شب جان‌سپاری | ز بیماری بتر بیمارداری
زبان بگشاد و می‌گفت ای زمانه | شب است این یا بلایی جاودانه
چه جای شب؟ سیه‌ماری‌ست گویی | چو زنگی، آدمی‌خواری‌ست گویی
از آن گریان شدم کاین زنگی تار | چو زنگی خود نمی‌خندد یکی بار
چه افتاد ای سپهر لاجوردی؟ | که امشب چون دگر شب‌ها نگردی
مگر دود دل من راه بستت؟ | نفیر من خَسَک در پا شکستت؟
نه زین ظلمت همی‌یابم امانی | نه از نور سحر بینم نشانی
مرا بنگر چه غمگین داری ای شب | ندارم دین اگر دین داری ای شب
شبا امشب جوانمردی بیاموز | مرا یا زود کش یا زود شو روز
چرا بر جای ماندی چون سیه میغ؟ | بر آتش می‌روی یا بر سر تیغ؟
دهل‌زن را گرفتم دست بستند | نه آخر پای پروین را شکستند؟
من آن شمعم که در شب‌زنده‌داری | همه شب می‌کنم چون شمع زاری
چو شمع از بهر آن سوزم بر آتش | که باشد شمع وقت سوختن خوش
گره بین بر سرم چرخ کهن را | بباید خواند و خندید این سخن را
بخوان ای مرغ، اگر داری زبانی | بخند ای صبح اگر داری دهانی

اگر کافر نه‌ای، ای مرغ شبگیر چرا بر ناوری آواز تکبیر؟
وگر آتش نه‌ای، ای صبح روشن چرا نایی برون بی‌سنگ و آهن؟
در این غم بُد دل پروانه‌وارش که شمع صبح روشن کرد کارش

ستایش صبحگاه

نکو ملکی‌ست ملک صبحگاهی در آن کشور بیابی هرچه خواهی
کسی کاو بر حصار گنج ره یافت گشایش در کلید صبحگه یافت
غرض‌ها را حصار آنجا گشایند کلید آنجاست، کار آنجا گشایند
در آن ساعت که باشد نشو جان‌ها گل تسبیح روید بر زبان‌ها
زبانِ هرکه او باشد برومند شود گویا به تسبیح خداوند
اگر مرغ زبان تسبیح‌خوان است چه تسبیح آرد آن کاو بی‌زبان است
در آن حضرت که آن تسبیح خوانند زبان بی‌زبانان نیز دانند

نیایش کردن شیرین با یزدان پاک

چو شیرین کیمیای صبح دریافت از آن سیماب‌کاری روی برتافت
شکیبایش مرغان را پر افشاند خروس «الصبر مفتاح الفرج» خواند
شبستان را به روی خویشتن رُفت به زاری با خدای خویشتن گفت
خداوندا شبم را روز گردان چو روزم بر جهان پیروز گردان
شبی دارم سیاه از صبح، نومید در این شب روسپیدم کن چو خورشید
غمی دارم هلاک شیرمردان بر این غم چون نشاطم چیر گردان

ندارم طاقت این کورهٔ تنگ خلاصی دِه مرا چون لعل از این سنگ
تویی یاری‌رس فریاد هرکس به فریاد من فریادخوان رس
ندارم طاقت تیمار چندین اَغِثْنی یا غِیاثَ المُسْتَغیثین
به آب دیدهٔ طفلان محروم به سوز سینهٔ پیران مظلوم
به بالین غریبان بر سر راه به تسلیم اسیران در بُن چاه
به داور داورِ فریادخواهان به یارب یارب صاحب‌گناهان
بدان حجّت که دل را بنده دارد بدان آیت که جان را زنده دارد
به دامن‌پاکی دین‌پرورانت به صاحب‌سرّی پیغمبرانت
به محتاجانِ در بر خلق بسته به مجروحانِ خون بر خون نشسته
به دورافتادگان از خان‌ومان‌ها به واپس‌ماندگان از کاروان‌ها
به وِردی کز نوآموزی برآید به آهی کز سر سوزی برآید
به ریحان نثار اشک‌ریزان به قرآن و چراغ صبح‌خیزان
به نوری کز خلایق در حجاب است به انعامی که بیرون از حساب است
به تصدیقی که دارد راهب دیر به توفیقی که بخشد واهب خیر
به مقبولان خلوت‌برگزیده به معصومان آلایش‌ندیده
به هر طاعت که نزدیکت صواب است به هر دعوت که پیشت مستجاب است
به آن آه پسین کز عرش پیش است بدان نام مهین کز شرح بیش است
که رحمی بر دل پرخونم آور و زین غرقاب غم بیرونم آور
اگر هر موی من گردد زبانی شود هر یک تو را تسبیح‌خوانی
هنوز از بی‌زبانی خفته باشم ز صد شکرت یکی ناگفته باشم

تو آن هستی که با تو کیستی نیست
تویی هست آن دگر جز نیستی نیست
تـویـی در پـردهٔ وحـدت نـهـانی
فـلـک را داده بـر در قـهـرمـانی
خـداونـدیـت را انـجـام و آغـاز
نـدانـد اوّل و آخـر کـسـی بـاز
بـه درگـاه تـو در امّـیـد و در بیم
نـشـایـد راه بـردن جز بـه تسلیم
فـلـک بـربـسـتـی و دوران گـشـادی
جـهـان و جـان و روزی هـر سـه دادی
اگـر روزی دهـی ور جـان سـتـانـی
تـو دانـی هرچـه خـواهـی کـن تـو دانـی
بـه تـوفـیـق تـوأم زیـن‌گـونـه بـر پـای
بـر ایـن تـوفـیـق، تـوفـیـقـی بـرافـزای
چـو حکمی رانـد خـواهـی یـا قضایی
بـه تـسـلـیـم آفـریـن در مـن رضـایـی
اگـرچـه هـر قـضـایـی کـآن تـو رانـی
مـسـلّـم شـد بـه مـرگ و زنـدگـانـی
مـنِ رنـجـور، بـی‌طـاقـت‌عـیـارم
مـده رنـجـی کـه مـن طـاقـت نـدارم
ز مـن نـایـد بـه واجـب هـیـچ کـاری
گـر از مـن نـایـد، آیـد از تـو بـاری
بـه انـعـام خـودم دل‌خـوش کـن ایـن بـار
کـه انـعـام تـو بـر مـن هـسـت بـسـیار
ز تـو چـون پـوشـم ایـن راز نهانی
وگـر پـوشـم تـو خـود پـوشـیـده دانـی
چـو خـواهـش کـرد بسیار از دل پاک
چـو آب چـشـم خـود غلتید بـر خـاک
فـراخـی دادش ایـزد در دل تنگ
کـلـیـدش را بـرآورد آهـن از سـنگ
جـوان شـد گـلـبـن دولـت دگـربـار
ز تـلـخـی رسـت شـیـریـن شـکـربـار
نـیـایـش در دل خـسـرو اثـر کـرد
دلـش را چـون فـلـک زیـر و زبـر کـرد

رفتن خسرو سوی قصر شیرین، به بهانه شکار

چـو عـالـم بـرزد آن زرّیـن‌عـلـم را
کـز او تـاراج بـاشـد خـیـل غـم را
مـلـک را رغـبـت نـخـجـیـر برخاست
ز طـالـع تـهـمـت تـقـصـیـر برخاست

به فالی چون رخ شیرین همایون	شهنشه سوی صحرا رفت بیرون
خروش کوس و بانگ نای برخاست	زمین چون آسمان از جای برخاست
علمداران علم بالا کشیدند	دلیران رخت در صحرا کشیدند
برون آمد مهین شهسواران	پیاده در رکابش تاجداران
ز یکسو دست در زین بسته فغفور	ز دیگر سو سپه‌سالار قیصور
کمر دربسته و ابرو گشاده	کلاه کیقبادی کژ نهاده
نهاده غاشیه‌ش خورشید بر دوش	رکابش کرده مه را حلقه در گوش
درفش کاویانی بر سر شاه	چو لختی ابر کافتد بر سر ماه
کمر شمشیرهای زرنگارش	به گرد اندر شده زرّین حصارش
نبود از تیغها پیرامن شاه	به یک میدان کسی را پیش و پس راه
در آن بیشه که بود از تیر و شمشیر	زبان گاو برده زهرهٔ شیر
دهان دورباش از خنده می‌سفت	فلک را «دور باش» از دور می‌گفت
سواد چتر زرّین باز بر سر	چو بر مشکین‌حصاری برجی از زر
گر افتادی سر یک سوزن از میغ	نبودی جای سوزن جز سر تیغ
نفیر چاوشان از «دور شو، دور»	ز گیتی چشم بد را کرده مهجور
طَراقِ مِقرعه بر خاک و بر سنگ	ادب کرده زمین را چند فرسنگ
زمین از بار آهن خم گرفته	هوا را از روارو دم گرفته
جنیبت‌کش وشاقان سرایی	روانه صدصد از هر سو جدایی
غریو کوسها بر کوههٔ پیل	گرفته کوه و صحرا میل در میل
ز حلقوم دراهای درفشان	مشبّکهای زرّین عنبرافشان

صد و پنجاه سقّا در سپاهش
به آب گل همی‌شستند راهش

صد و پنجاه مجمردار دلکش
فکنده بوی‌های خوش در آتش

هزاران طِرف زرّین طوق‌بسته
همه میخ دُرُستک‌ها شکسته

بدان تا هر کجا کاو اسب راند
به هر کامی درستی بازماند

غریبی گر گذر کردی بر آن راه
بدانستی که کرد آنجا گذر شاه

بدین آیین چو بیرون آمد از شهر
به استقبالش آمد گردش دهر

شده بر عارض لشکر جهان تنگ
که شاهنشه کجا می‌دارد آهنگ

چنین فرمود خورشید جهان‌گیر
که خواهم کرد روزی چند نخجیر

چو در نالیدن آمد طبلک باز
درآمد مرغ صیدافکن به پرواز

روان شد در هوا باز سبک‌پر
جهان خالی شد از کبک و کبوتر

یکی هفته در آن کوه و بیابان
نرستند از عقابینش عقابان

پیاپی هر زمان نخجیر می‌کرد
به نخجیری دگر تدبیر می‌کرد

بُنه در یک شکارستان نمی‌ماند
شکارافکن شکارافکن همی‌راند

وز آنجا همچنان بر دست زیرین
رکاب افشاند سوی قصر شیرین

به یک فرسنگی قصر دل‌آرام
فرود آمد چو باده در دل جام

شب از عنبر جهان را کِلّه می‌بست
زمستان بود و باد سرد می‌جست

زمین کز سردی آتش داشت در زیر
پرند آب را می‌کرد شمشیر

اگرچه جای باشد گرمسیری
نشاید کرد با سرما دلیری

ملک فرمود کآتش برفروزند
به من عنبر، به خرمن عود سوزند

بخورانگیز شد عود قماری
هوا می‌کرد خود کافورباری

خسرو و شیرین

به آسایش توانا شد تن شاه / غنود از اوّل شب تا سحرگاه
چو لعل آفتاب از کان برآمد / ز عشق روز، شب را جان برآمد
فلک سرمست بود از پویه چون پیل / خناق شب کبودش کرد چون نیل
طبیبان شفق مدخل گشادند / فلک را سرخی از اکحل گشادند
ملک ز آرامگه برخاست شادان / نشاط آغاز کرد از بامدادان
نبیذی چند خورد از دست ساقی / نماند از شادمانی هیچ باقی
چو آشوب نبیذش در سر افتاد / تقاضای مرادش در بر افتاد
برون شد مست و بر شبدیز بنشست / سوی قصر نگارین راند سرمست
دل از مستی شده رقّاص با او / غلامی چند خاص‌الخاص با او
خبر کردند شیرین را رقیبان / که اینک خسرو آمد بی‌نقیبان
دل پاکش ز ننگ و نام ترسید / وزآن پرواز بی‌هنگام ترسید
حصار خویش را درداد بستن / رقیبی چند را بر در نشستن
به دست هر یک از بهر نثارش / یکی خوان زر که بی‌حد بُد شمارش
ز مقراضی و چینی بر گذرگاه / یکی میدان بساط افکند بر راه
همه ره را طراز گنج بردوخت / گلاب افشاند و خود چون عود می‌سوخت
به بام قصر برشد چون یکی ماه / نهاده گوش بر در، دیده بر راه
ز هر نوک مژه کرده سنانی / بر او از خون نشانده دیده‌بانی
برآمد گردی از ره، توتیا رنگ / که روشن‌چشم از او شد چشمه در سنگ
برون آمد ز گرد آن صبح روشن / پدید آمد از آن گلخانه گلشن
در آن مشعل که بُرد از شمع‌ها نور / چراغ انگشت بر لب مانده از دور

خسرو و شیرین

خدنگی رسته از زین خدنگش — که شمشاد آب گشت از آب و رنگش
مرصّع‌پیکری در نیمهٔ دوش — کلاه خسروی بر گوشهٔ گوش
رخی چون سرخ‌گل نوبر دمیده — خطی چون غالیه گردش کشیده
گرفته دستهٔ نرگس به دستش — به خوش‌خوابی چو نرگس‌های مستش
گلش زیر عرق غوّاص گشته — تذروش زیر گل رقّاص گشته
کمربندان به گردش دسته‌بسته — به دست هر یک از گل دسته‌دسته
چو شیرین دید خسرو را چنان مست — ز پای افتاد و شد یکباره از دست
ز بیهوشی زمانی بی‌خبر ماند — به هوش آمد، به کار خویش درماند
که گر نگذارم اکنون در وثاقش — ندارم طاقت زخم فراقش
وگر لختی ز تندی رام گردم — چو ویسه در جهان بدنام گردم
بکوشم تا خطا پوشیده باشم — چو نتوانم، نه من کوشیده باشم؟
چو شاه آمد نگهبانان دویدند — زر افشاندند و دیباها کشیدند
بسا ناگشته را کز در درآرند — سپهر و دور بین تا در چه کارند
ملک بر فرش دیباهای گلرنگ — جنیبت راند و سوی قصر شد تنگ
دری دید آهنین در سنگ بسته — ز حیرت ماند بر در دل‌شکسته
نه روی آنکه از در بازگردد — نه رای آنکه قفل‌انداز گردد
رقیبی را به نزد خویشتن خواند — که ما را نازنین بر در چرا ماند؟
چه تلخی دید شیرین در من آخر؟ — چرا در بست از این‌سان بر من آخر؟
درون شو، گو نه شاهنشه، غلامی — فرستاده‌ست نزدیکت پیامی
که مهمانی به خدمت می‌گراید — چه فرمایی؟ درآید یا نیاید؟

تو کاندر لب نمک پیوسته داری	به مهمان بر چرا در بسته داری؟
دَرَم بگشای کآخر پادشاهم	به پای خویشتن عذر تو خواهم
تو خود دانی که من از هیچ رایی	ندارم با تو در خاطر خطایی
بباید با مَنَت دمساز گشتن	تو را نادیده نتوان بازگشتن
وگر خواهی که اینجا کم نشینم	رها کن کز سر پایت ببینم
بدین زاری پیامی شاه میگفت	شکرلب میشنید و آه میگفت
کنیزی کاردان را گفت آن ماه	به خدمت خیز و بیرون رو سوی شاه
فلان شش طاق دیبا را برون بر	بزن با طاق این ایوان برابر
ز خار و خاره خالی کن میانش	معطّر کن به مشک و زعفرانش
بساط گوهرین در وی بگستر	بیار آن کرسی ششپایهٔ زر
بنه در پیشگاه و شقّه دربند	پس آنگه شاه را گو کای خداوند
نه ترک این سرا، هندوی این بام	شهنشه را چنین دادهست پیغام
پرستار تو شیرین هوسجفت	به لفظ من شهنشه را چنین گفت
که گر مهمان مایی، ناز منمای	به هرجا کِت فرود آرم، فرود آی
صواب آن شد ز روی پیشبینی	که امروزی در این منظر نشینی
من آیم خود به خدمت بر سر کاخ	زمین بوسم به نیروی تو گستاخ
بگوییم آنچه ما را گفت باید	چو گفتیم آن کنیم آنگه که شاید
کنیز کاردان بیرون شد از در	برون بُرد آنچه فرمود آن سمنبَر
همه ترتیب کرد آیین زربفت	فرود آورد خسرو را و خود رفت
رخ شیرین ز خجلت گشته پرخوی	که نُزل شاه چون سازد پیاپی

چو از نزل زرافشانی بپرداخت
ز جلّاب و شکر نزلی دگر ساخت

به دست چاشنی‌گیری چو مهتاب
فرستادش ز شربت‌های جلّاب

پس آنگه ماه را پیرایه بربست
نقاب آفتاب از سایه بربست

فروپوشید گلناری پرندی
بر او هر شاخ گیسو چون کمندی

کمندی حلقه‌وار افکنده بر دوش
ز هر حلقه جهانی حلقه در گوش

حمایل‌پیکری از زرّ کانی
کشیده بر پرندی ارغوانی

سرآغوشی برآموده به گوهر
به رسم چینیان افکنده بر سر

سیه‌شعری چو زلف عنبرافشان
فرود آویخت بر ماه درفشان

بدین طاوس‌کرداری همایی
روان شد چون تذروی در هوایی

نشاط دلبری در سر گرفته
نیازی دیده نازی درگرفته

سوی دیوار قصر آمد خرامان
زمین بوسید شه را چون غلامان

گشاد از گوش گوهرکش بسی لعل
سُم شبدیز را کرد آتشین‌نعل

همان صد دانه مروارید خوشاب
به فرق‌افشان خسرو کرد پرتاب

دیدن خسرو، شیرین را و سخن گفتن با شیرین

چو خسرو دید ماه خرگهی را
چمن کرد از دل آن سرو سهی را

بهشتی دید در قصری نشسته
بهشتی‌وار در بر خلق بسته

ز عشق او که یاری بود چالاک
ز کرسی خواست افتادن سوی خاک

به عیّاری ز جای خویش برجست
برابر دست خود بوسید و بنشست

زبان بگشاد با عذری دل‌آویز
ز پرسش کرد بر شیرین شکرریز

که دائم تازه باش ای سرو آزاد
سرت سبز و رُخَت سرخ و دلت شاد

جهان روشن به روی صبح‌خندت | فلک در سایهٔ سرو بلندت
دلم را تازه کرد این خرّمی‌ها | خجل کردی مرا از مردمی‌ها
ز گنج و گوهر و منسوج و دیبا | رهم کردی چو مهد خویش زیبا
ز نعلک‌های گوش گوهرآویز | فکندی لعل‌ها در نعل شبدیز
ز بس گوهر که در نعلم کشیدی | به رخ بر رشتهٔ لعلم کشیدی
همین باشد نثارافشان کویَت | به رویَت شادم ای شادی به رویت
به من درساختی چون شهد با شیر | ز خدمت‌ها نکردی هیچ تقصیر
ولی در بستنت بر من چرا بود؟ | خطا دیدم نگارا یا خطا بود؟
زمین‌وارم رها کردی به پستی | تو رفتی چون فلک بالا نشستی
نگویم بر تواَم بالایی‌ای هست | که در جنس سخن رعنایی‌ای هست
نه مهمان تواَم؟ بر روی مهمان | چرا در بایدت بستن بدین‌سان؟
نشاید بست در بر میهمانی | که جز تو نیستش جان و جهانی
کریمانی که با مهمان نشینند | به مهمان بهترک زین بازبینند
مگر ماهی تو یا حور ای پریوش | که نزدیکت نباشد آمدن خوش

پاسخ دادن شیرین، خسرو را

جوابش داد سرو لاله‌رخسار | که دائم باد دولت بر جهان‌دار
فلک بند کمر شمشیر بادت | تن پیل و شکوه شیر بادت
سری کز طوق تو جوید جدایی | مباد از بند بیدادش رهایی
به چشم نیک بنیادت نکوخواه | مبادا چشم بد را سوی تو راه

مزن طعنه که بر بالا زدی تخت — کنیزان تو را بالا بوَد رخت
علم گشتم به تو در مهربانی — علم بالای سر بهتر تو دانی
من آن گردم که از راه تو آید — اگر گرد تو بالا رفت شاید
تو هستی از سر صاحب‌کلاهی — نشسته بر سریر پادشاهی
من از عشقت برآورده فغانی — به بامی بر چو هندو پاسبانی
جهان‌داران که ترکان عام دارند — به خدمت هندویی بر بام دارند
من آن ترک سیه‌چشمم بر این بام — که هندوی سپیدت شد مرا نام
وگر بالای مَه باشد نشستم — شهنشه را کمینه زیردستم
دگر گفتی که آنان کَارجمندند — چنین بر روی مهمان در نبندند
نه مهمانی، تویی باز شکاری — طمع داری به کبک کوهساری
وگر مهمانی اینک دادمت جای — من اینک چون کنیزان پیش بر پای
به صاحب ردّی و صاحب قبولی — نشاید کرد مهمان را فضولی
حدیثِ آنکه در بستم روا بود — که سرمست آمدن پیشم خطا بود
چو من خلوت‌نشین باشم، تو مخمور — ز تهمت رای مردم کی بوَد دور؟
تو را بایست پیری چند هشیار — گزین کردن فرستادن بدین کار
مرا بردن به مهد خسروآیین — شبستان را به من کردن نوآیین
چو من شیرین‌سواری زینی ارزد — عروسی چون شکر کاوینی ارزد
تو می‌خواهی مگر کز راه دستان — به نقلانم خوری چون نُقل مستان
به دست آری مرا چون غافلان مست — چو گل بویی کنی اندازی از دست
مکن پرده‌دری در مهد شاهان — تو را آن بس که کردی در سپاهان

خسرو و شیرین

تو با شکّر توانی کرد این شور / نه با شیرین که بر شکّر کند زور
شکرریز تو را شکّر تمام است / که شیرین شهد شد وین شهد خام است
دو لختی بود در یک لخت بستند / ز طاووسِ دو پر یک پر شکستند
دو دلبر داشتن از یکدلی نیست / دودل بودن طریق عاقلی نیست
سزاوار عطارد شد دوپیکر / تو خورشیدی، تو را یک برج بهتر
رها کن نام شیرین از لب خویش / که شیرینی دهانت را کند ریش
تو از عشق من و من بی‌نیازی / به من بازی کنی در عشق‌بازی
مزن شمشیر بر شیرین مظلوم / تو را آن بس که بردی نیزه در روم
چو سلطان شو که با یک گوی سازد / نه چون هندو که با ده گوی بازد
ز ده‌گویی به ده‌سویی‌ست ناورد / ز یک‌گویی به یک‌کویی رسد مرد
مرا از روی تو یک قبله در پیش / تو را قبله هزار از روی من بیش
اگر زیبارخی رفت از کنارت / از او زیباتر اینک ده هزارت
تو را مشکوی مشکین پُر غزالان / میفکن سگ بر این آهوی نالان
ز دوراندازی مشکوی شاهم / که در زندان این دیر است چاهم
شوم در خانهٔ غمناکی خویش / نگه دارم چو گوهر پاکی خویش
گل سرشوی از این معنی که پاک است / به سر برمی‌کنندش گرچه خاک است
بیاساید همه شب مرغ و ماهی / نیاسایم من، از جانم چه خواهی؟
منم چون مرغ در دامی گرفته / دری دربسته و بامی گرفته
چو طوطی ساخته با آهنین‌بند / به تنهایی چو عنقا گشته خرسند
تو در خرگاه و من در خانهٔ تنگ / تو را روزی بهشت آمد، مرا سنگ

چو من با زخم خو کردم در این خار — نه مرهم باد در عالم، نه گلزار
دو روز عمر اگر داد است، اگر دود — چنان کش بگذرانی بگذرد زود
بلی چون رفت باید زین گذرگاه — ز خارا بِه بریدن تا ز خرگاه
بر این تن گو حمایل بر فلک بست — به سرهنگی حمایل چون کنی دست
به گوری چون بری شیر از کنارم — که شیرینم نه آخر شیرخوارم
نه آن طفلم که از شیرین‌زبانی — به خرمایی کُلیجم را ستانی
در این خرمن که تو بر تو عتاب است — به یک جو با منت سالی حساب است
چو زهره ارغنونی را که سازم — بیازارم نخست آنگه نوازم
چو آتش گرچه آخر نور پاکم — به اوّل نوبت آخر دودناکم
نخست آتش دهد چرخ، آنگهی آب — به حال تشنگان دَربین و دریاب
به فیّاضی که بخشد با رطب خار — که بی‌خارم نیابد کس رطب‌وار
رطب بی‌استخوان آبی ندارد — چو مه بی‌شب بوَد تابی ندارد
بسی همصحبتت باشد در این پوست — ولیکن استخوان، من مغزم ای دوست
تو در عشق من از مالی و جاهی — چه دیدی جز خداوندی و شاهی
کدامین ساعت از من یاد کردی؟ — کدامین روزم از خود شاد کردی؟
کدامین جامه بر یادم دریدی؟ — کدامین خواری از بهرم کشیدی؟
کدامین پیک را دادی پیامی؟ — کدامین شب فرستادی سلامی؟
تو ساغر می‌زدی با دوستان شاد — قلم شاپور می‌زد، تیشه فرهاد

پاسخ دادن خسرو، شیرین را

دگرباره جهان‌دار از سر مهر — به گلرخ گفت کای سرو سمن‌چهر

طبرخون با سهی‌سروت قرین باد طبرزد با طبرخون همنشین باد
دهانِ جز من از جام لبت دور سرِ جز من ز طوق غبغبت دور
عتابت گرچه زهر ناب دارد گذر بر چشمهٔ نوشاب دارد
نمی‌گویم که بر بالا چرایی بلا منمای چون بالا نمایی
سهی‌سرو تو را بالا بلند است به بالاتر شدن نادلپسند است
نثاری را که چشمم می‌فشاند کدامین منجنیق آنجا رساند
مرا بر قصر کش یک میل بالا نثار اشک بین یک پیل بالا
چو بر من گنج قارون می‌فشاندی چو قارونم چرا در خاک ماندی؟
دل اینجا، در کجا خواهم گشادن؟ تن اینجا، سر کجا خواهم نهادن؟
چو حلقه گر بیابم بر درت بار درت را حلقه می‌بوسم فلک‌وار
شَوَم چون حلقهٔ در، طوق بر دوش خطا گفتم که چون در حلقه در گوش
مکن بر من جفا کز هیچ راهی ندارم جز وفاداری گناهی
وگر دارم گناه آن دل رحیم است گناه آدمی رسم قدیم است
همه تندی مکن لختی بیارام رها کن توسنی چون من شدم رام
شبانی پیشه کن بگذار گرگی مکن با سربزرگان سربزرگی
نشاید خوی بد را مایه کردن بزرگان را چنین بی‌پایه کردن
چو خاک انداختی بر آستانم نه آن‌گاهیت خاک‌انداز خوانم؟
مگو کز راه من چون فتنه برخیز چو برخیزم تو باشی فتنه‌انگیز
مکن کاین ظلم را پرواز بینی گر از من نی ز گیتی بازبینی

خسرو و شیرین

نه هر خوانی که پیش آید توان خورد / نه هرچ از دست برخیزد توان کرد
نه هر دستی که تیغ تیز دارد / به خون خلق دست‌آویز دارد
من این خواری ز خود بینم، نه از تو / گناه از بخت بد بینم، نه از تو
جرس بی‌وقت جنبانید کوسم / دهل بی‌وقت زد بانگ خروسم
وگرنه در دمه سوزم که دیدی / چنین روزی بدین روزم که دیدی
غلط گفتم که عشق است این، نه شاهی / نباشد عشق بی‌فریادخواهی
بکن چندان که خواهی ناز بر من / مزن چون راندگان آواز بر من
اگر بر من به سلطانی کنی ناز / بگو تا خط به مولایی دهم باز
اگر گوشم بگیری تا فروشی / کنم در بیعتِ بیعت، خموشی
وگر چشمم کنی سر پیش دارم / پس این چشم دگر در پیش آرم
کمربندیت را بینم به خونم / کله‌داریت را دانم که چونم
اگر گردد سرم بر خنجر از تو / به سر گردم، نگردانم سر از تو
مرا هم جان تویی، هم زندگانی / گر آخر کس نمی‌داند، تو دانی
به هشیاری و مستی گاه و بی‌گاه / نکردم جز خیالت را نظرگاه
کسی جز من گر این شربت چشیدی / سروکارش به رسوایی کشیدی
به خلوت جامه از غم می‌دریدم / به زحمت جامهٔ نو می‌بریدم
بدان تا لشکر از من برنگردد / بنای پادشاهی درنگردد
نه رندی بوده‌ام در عشق رویت / که طنبوری به دست آیم به کویت
جهانداور منم در کارسازی / جهاندار از کجا و عشق‌بازی؟
ولی چون نام زلفت می‌شنیدم / به تاج و تخت بویی می‌خریدم

به تن با دیگری خرسند بودم
ز دل تا جان تو را در بند بودم
به فتوای کژی آبی نخوردم
برون از راستی کاری نکردم
اگر گامی زدم در کامرانی
جوان بودم، چنین باشد جوانی

پاسخ دادن شیرین، خسرو را

دگر ره لعبت طاووس‌پیکر
گشاد از درج لؤلؤ تنگ شکّر
روان کرد از عقیق آن نقش زیبا
سخن‌هایی نگارین‌تر ز دیبا
کزآن افزون که دوران جهان است
شب و روز و زمین و آسمان است
جهان‌داور جهان‌دار جهان باد
زمانه حکم‌کش، او حکمران باد
به فرّاشی کواکب در جنابش
به سرهنگی سعادت در رکابش
مرا در دل ز خسرو صد غبار است
ز شاهی بگذر آن دیگر شمار است
هنوزم ناز دولت می‌نمایی
هنوز از راه جبّاری درآیی
هنوزت در سر از شاهی غرور است
دریغا کاین غرور از عشق دور است
تو از عشق من و من بی‌نیازی
تو را شاهی رسد یا عشق‌بازی
در این گرمی که باد سرد باید
دل آسان است، با دل درد باید
نیاز آرد کسی کاو عشق‌باز است
که عشق از بی‌نیازان بی‌نیاز است
نسازد عاشقی با سرفرازی
که بازی برنتابد عشق‌بازی
من آن مرغم که بر گل‌ها پریدم
هوای گرم تابستان ندیدم
چو گل بودم ملک‌بانوی سَقلاب
کنون دژبانوی شیشه‌م چو جلّاب
چو سبزه لب به شیر برف شستم
چو گل بر چشمه‌های سرد رستم

در این گور گلین و قصر سنگین ‌ ‌ ‌ ‌ به امّید تو کردم صبر چندین
چو زر پالودم از گرمی کشیدن ‌ ‌ ‌ ‌ فسردم چون یخ از سردی چشیدن
نه دستی کاین جرس بر هم توان زد ‌ ‌ ‌ ‌ نه غمخواری که با او دم توان زد
همه وقتی تو را پنداشتم یار ‌ ‌ ‌ ‌ همه جایی تو را خواندم وفادار
تو هرگز در دلم جایی نکردی ‌ ‌ ‌ ‌ چو دلداران مدارایی نکردی
مرا دیگر ز کشتن کِی بوَد بیم ‌ ‌ ‌ ‌ که جان کردم به شمشیر تو تسلیم
ترازو بر زمین چون یابد آهنگ ‌ ‌ ‌ ‌ حسابش خاک بهتر داند از سنگ
گرَم عقلی بوَد جایی نشینم ‌ ‌ ‌ ‌ وگرنه بینم از خود آنچه بینم
گر از من خود نیاید هیچ کاری ‌ ‌ ‌ ‌ که بر شاید گرفت از وی شماری
زنم چندان تظلّم در زمانه ‌ ‌ ‌ ‌ که هم تیری نشانم بر نشانه
چرا باید که چون من سرو آزاد ‌ ‌ ‌ ‌ بوَد در بند محنت مانده ناشاد؟
هنوزم در دل از خوبی طرب‌هاست ‌ ‌ ‌ ‌ هنوزم در سر از شوخی شَغَب‌هاست
هنوزم هندوان آتش پرستند ‌ ‌ ‌ ‌ هنوزم چشم چون ترکان مستند
هنوزم غنچهٔ گل ناشکفته‌ست ‌ ‌ ‌ ‌ هنوزم دُرِّ دریایی نسفته‌ست
هنوزم لب پر آب زندگانی‌ست ‌ ‌ ‌ ‌ هنوزم آب در جوی جوانی‌ست
رخم سرخیل خوبان طراز است ‌ ‌ ‌ ‌ کمینه خیل‌تاشم کبر و ناز است
ولی‌نعمت ریاحین را نسیمم ‌ ‌ ‌ ‌ ولیعهد شکر، دُرّ یتیمم
چراغ از نور من پروانه گردد ‌ ‌ ‌ ‌ مَه نو بیندم دیوانه گردد
عقیق از لعل من بر سر خورَد سنگ ‌ ‌ ‌ ‌ گل رویم ز روی گل برد رنگ
ترنج غبغبم را گر کنی یاد ‌ ‌ ‌ ‌ زنخ بر خود زند نارنج بغداد

چو سیب رخ نَهَم بر دست شاهان
سبد واپس برد سیب سپاهان

به هر دُر کز لب و دندان ببخشم
دلی بستانم و صد جان ببخشم

من آرم در پلنگان سرفرازی
غزالان از من آموزند بازی

گوزن از حسرت این چشم چالاک
ز مژگان زهر پالاید، نه تریاک

گر آهو یک نظر سوی من آرَد
خراج گردنم بر گردن آرَد

به نازی، روم را در جست‌وجویم
به بویی با ختن در گفت‌وگویم

بهار انگشت‌کش شد در نکویی
هر انگشتم دوصد چون اوست گویی

بدین ترّی که دارد طبع مهتاب
نیارد ریختن بر دست من آب

چو یاقوتم نبیذ خام گیرد
به رشوت با طبرزد جام گیرد

بهشت از قصر من دارد بسی نور
عیار از نار پستانم بَرَد حور

به غمزه گرچه ترکی دل‌ستانم
به بوسه دل‌نوازی نیز دانم

ز بس کآورده‌ام در چشم‌ها نور
ز ترکان تنگ‌چشمی کرده‌ام دور

ز تنگی کس به چشمم درنیاید
کسی با تنگ‌چشمان برنیاید

چو بر مه مشک را زنجیر سازم
بسا شیرا کزو نخجیر سازم

چو لعلم با شکر ناورد گیرد
تو مرد آر آنگهی تا مرد گیرد

شکر همشیرهٔ دندان من شد
وفا همشهری پیمان من شد

جهانی ناز دارم، صد جهان شرم
دَری در خشم دارم، صد در آزرم

لب لعلم همان شکّرفشان است
سر زلفم همان دامن‌کشان است

ز خوش‌نُقلی که می در جام ریزم
شکر در دامن بادام ریزم

اگرچه نار سیمین گشت سیبم
همان عاشق‌کش عاقل‌فریبم

رُخَم روزی که بفروزد جهان را به زرنیخی فروشَد ارغوان را
ز رعنایی که هست این نرگس مست نیالاید به خون هرکسی دست
چه شورش‌ها که من دارم در این سر چه مسکینان که من کشتم بر این در
برو تا بر تو نگشایم به خون دست که در گردن چنین خونم بسی هست
نخورده زخم، دست راست بردار به دست چپ کند عشقم چنین کار
تو سنگین‌دل شدی من آهنین‌جان چنان دل را نشاید جز چنین جان

پاسخ شیرین، خسرو را

ملک بار دگر گفت از دل‌افروز به گفتن‌گفتن از ما می‌رود روز
مکن با من حساب خوب‌رویی که صد ره خوب‌تر زآنی که گویی
فروغ چشمی ای دوری ز تو دور چراغ صبحی ای نور علی نور
به دریا مانی از گوهرفشانی ولی آب تو آب زندگانی
تو در آیینه دیدی صورت خویش به چشم من دُری صد بار از آن بیش
تو را گر بر زبان گویم دلارام دهانم پُرشکر گردد بدین نام
گرت خورشید خوانم نیز هستی که مه را بر فلک رونق شکستی
دل شکّر در آن تاریخ شد تنگ که یاقوت تو بیرون آمد از سنگ
سهی‌سرو آن زمان شد در چمن سست که سیمین‌نار تو بر ناروَن رست
رطب را استخوان آن شب شکستند که خرمای لبت را نخل بستند
ارم را سکّهٔ رویت کلید است وصالت چون ارم زآن ناپدید است
قمر در نیکوی دل، زادهٔ توست شکر مولای مولازادهٔ توست

خسرو و شیرین

گلت چون با شکر همخواب گردد / طبرزد را دهان پر آب گردد
به هر مجلس که شهدت خوان درآرد / به صورتهای مومین جان درآرد
صدف چون برگشاید کام را کام / کند دُر وام از آن دندان دُرفام
گر از یک موی خود نیمی فروشی / بخرّم گر به اقلیمی فروشی
بدین خوبی که رویت رشک ما هست / مبین در خود که خودبینی گناه است
مبادا چشم کس بر خوبی خویش / که زخم چشم خوبی را کند ریش
مریز آخر چو بر من پادشاهی / بدین‌سان خون من در بی‌گناهی
اگر شاهی نشان گوهرت کو؟ / وگر شیرینی آخر شکّرت کو؟
رها کن جنگ و راه صلح بگشای / نفاق‌آمیز عذری چند بنمای
نه بد گفتم، نه بدگوییست کارم / وگر گفتم، یکی را صدهزارم
اگرچه رسم خوبان تندخوییست / نکویی نیز هم رسم نکوییست
خداوندان اگر تندی نمایند / به رحمت نیز هم لختی گرایند
مکن بیداد با یار قدیمی / که گر تندی نگارا هم رحیمی
چو باد از آتشم تا کی گریزی؟ / نه من خاک توام؟ آبم چه ریزی؟
ز تو با آنکه استحقاق دارم / سر از طوق نوازش طاق دارم
همه دانندگان را هست معلوم / که باشد مستحق پیوسته محروم
مرا تا دل بوَد، دلبر تو باشی / ز جان بگذر که جان‌پرور تو باشی
گر از بند تو خود جویم جدایی / ز بند دل کجا یابم رهایی؟
بس این اسب جفا بر من دواندن / گهَم در خاک و گه در خون نشاندن
به شیرینی صلا در شهر دادن / به تلخی پاسخی چون زهر دادن

مرا سهل است کین بار آزمودم   مبارک باد بسیار آزمودم
بسا رخنه که اصل محکمی‌هاست   بسا انده که در وی خرّمی‌هاست
جفا کردن نه بس فرخنده‌فالی‌ست   مکن کِامشب شبی آخر نه سالی‌ست
دلم خوش کن که غمخوار آمدستم   تو را خواهم، بدین کار آمدستم
چو شمع از پای ننشینم بدین کار   که چون من هست شیرین‌جوی بسیار
همانا شمع از آن با آب دیده‌ست   که او نیز از لب شیرین بریده‌ست
گره بر دل چرا دارد نی قند   مگر کاو نیز شیرین راست در بند
چرا نخل رطب بر دل خورَد خار   مگر کاو هم به شیرین شد گرفتار
همیدون شیر اگر شیرین نبودی   به طفلی خلق را تسکین نبودی
به شیرینی روند این یک دو مسکین   تو شیرینی و ایشان نیز شیرین؟

پاسخ دادن شیرین به خسرو

ز راه پاسخ آن ماه قصب‌پوش   ز شکّر کرد شه را حلقه در گوش
گشاد از دُرج گوهر قفل یاقوت   رطب را قند داد و قند را قوت
مثالی داد مه را در سواری   براتی مشک را در پرده‌داری
ستون سرو را رفتن درآموخت   چو غنچه تیز شد، چون گل برافروخت
به خدمت بوسه زد بر گوشهٔ بام   که باشد خشت پخته عنبر خام
چو نوبت داشت در خدمت نمودن   برون زد نوبتی در دل ربودن
نخستین گفت کای دارای عالم   برآورده علَم بالای عالم

ز چین تا روم در توقیع نامت
قدرخان بنده و قیصر غلامت

نه‌تنها خاک تو خاقان چین است
چنینت چند خاکی بر زمین است

هر آن پالوده‌ای کاو خود بوَد زرد
به چربی یا به شیرینی توان خورد

من آن پالودهٔ روغن گذارم
که جز نامی ز شیرینی ندارم

بلی تا گشتم از عالم پدیدار
تو را بودم به جان و دل خریدار

نه پی در جست‌وجوی کس فشردم
نه جز روی تو کس را سجده بردم

ندیدم در تو بوی مهربانی
به‌جز گردن‌کشی و دل‌گرانی

حساب آرزوی خویش کردن
به روی دیگران در پیش کردن

نه عشق، این شهوتی باشد هوایی
کجا عشق و تو ای فارغ کجایی

مرا پیلی سزد کاو را کنم بند
تو شاهی بر تو نتوان بیدق افکند

به مهمانی غزالی چون شود شیر؟
ز گنجشکی عقابی کی شود سیر؟

تو گر سروی و من پیش تو خاشاک
نه آخر هر دو هستیم از یکی خاک؟

سپند و عود بر مجمر یکی دان
بخور و دود و خاکستر یکی دان

کبابی باید این خان را نمک‌سود
مگس در پای پیلان کی کند سود؟

زبانت آتشی خوش می‌فروزد
خوش آن باشد که دیگت را نسوزد

چو سِیلی کآمدی در حوض ماهی
مراد خویشتن را برد خواهی

ز طوفان تو خواهم کرد پرهیز
بر این در خواه بنشین، خواه برخیز

کمند افکندنت بر قلعهٔ ماه
چه باید؟ چون نیابی بر فلک راه

به شب‌بازی فلک را درنگیری
به افسون ماه را در بر نگیری

دُرِ ناسفته را گر سُفت باید
سخن در گوش دریا گفت باید

بر باغ ارم پوشیده شاخ است / غلط گفتم در روزی فراخ است
من آبم، نام آب زندگانی / تو آتش، نام آن آتش جوانی
نخواهم آب و آتش در هم افتد / کز ایشان فتنه‌ها در عالم افتد
بِه اَر تا زنده باشم گرد آن‌کس / نگردم کز من او را بس بوَد بس
بُرو هم با شکر می‌کن شکاری / تو را با شهد شیرین نیست کاری
شکربوسی لب کس را نشاید / مگر دندان که او خردش بخاید
به شیرین بوسه را بازار تیز است / که شیرینی لبش را خانه‌خیز است
به شیرین از شکر چندین مزن لاف / که از قصّاب دور افتد قصب‌باف
دو باشد منجنیق از روی فرهنگ / یکی ابریشم اندازد یکی سنگ
به شکّر نشکند شیرینی کس / لب شیرین بوَد شکّرشکن بس
تو را گر ناگواری بود از این بیش / ز شکّر ساختی گل‌شکّرِ خویش
شکر خواهی و شیرین نیز خواهی / شکار ماه کن یا صید ماهی
هوای قصر شیرینت تمام است / سر کوی شکر دانی کدام است
من از خون جگر باریدن خویش / نپردازم به سر خاریدن خویش
نیاید شه‌پرستی دیگر از من / پرستاری طلب چابک‌تر از من
به یاد من که باد این یاد بدرود / نوا خوش می‌زنی گر نگسلد رود
به تندی چند گویی با اسیران؟ / تو می‌گو تا نویسندت دبیران
ز غم خوردن دلی آزاد داری / به دم دادن سری پرباد داری
چه باید با تو خون خوردن به ساغر؟ / به دم فربه شدن چون میش لاغر
ز تو گر کار من بد گشت بگذار / خدایی هست کاو نیکو کند کار

نشینم هم در این ویرانه وادی
برانگیزم منادی بر منادی

که با شیرین چه بازی کرد پرویز
عروس اینجا، کجا کرد او شکرریز

بس آن یک ره که در دام اوفتادم
هم از نرخ و هم از نام اوفتادم

چو شد در نامها نامم شکسته
در بی‌نامونَنگان باد بسته

ز در بستن رقیبم رسته باشد
خزینه بِه که او دربسته باشد

ز قند من سَمَرها در جهان است
درِ قصرم سمرقندی از آن است

اگر بر در گشادن نیستم دست
توانم بر تو از گیسو رَسَن بست

گرم باید چو مِی در جامت آرم
به زلف چون رسن بر بامت آرم

ولی باد از رسن پایت ربوده‌ست
رسن‌بازی نمی‌دانی، چه سودست؟

همان بِه کآنچه من دیدم به داغت
نسوزم روغن خود در چراغت

ز جوش خون دل چون بازگفتم
شبت خوش باد و روزت خوش که رفتم

بگفت این و چو سرو از جای برخاست
جبین را کج گرفت و فرق را راست

پرند افشاند و از طرف پرندش
جهان پر شد ز قالبهای قندش

بدان آیین که خوبان را بوَد دست
زنخدان می‌گشاد و زلف می‌بست

جمال خویش را در خزّ و خارا
به پوشیدن همی‌کرد آشکارا

گهی می‌کرد نسرین را قصب‌پوش
گهی می‌زد شقایق بر بناگوش

گهی بر فرق بند آشفته می‌بود
گره می‌بست و بر مه مشک می‌سود

به زیور راست کردن دیر می‌شد
که پایش بر سر شمشیر می‌شد

ز نیکو کردن زنجیر خلخال
نه نیکو کرد بر زنجیریان حال

ز گیسو، گه کمر می‌کرد و گه تاج
بدان تاج و کمر شه گشته محتاج

شقایق بستنش بر گردن ماه	کمند انداخته بر گردن شاه
در آن حلواپزی کرد آتشی نرم	که حلوا را بسوزد آتش گرم
چو هر هفت آنچه بایست از نکویی	بکرد آن خوبروی از خوبرویی
به شوخی پشت بر شه کرد حالی	ز خورشید آسمان را کرد خالی
در آن پیچش که زلفش تاب می‌داد	سرینش ساق را سیماب می‌داد
به گیسوی رسن‌وار از پس پشت	چو افعی هرکه را می‌دید، می‌کُشت
بلورین گردنش در طوق‌سازی	بدان مشکین‌رسن می‌کرد بازی
دلی کز عشق آن گردن همی‌مُرد	رسن در گردنش با خود همی‌برد
به رعنایی گذشت از گوشهٔ بام	ز شاه آرام شد چون شد دلارام
بسی دادش به جان خویش سوگند	که تا بازآمد آن رعنای دلبند
نشست و لؤلؤ از نرگس همی‌ریخت	بدان آب از جهان آتش برانگیخت
به هر دستان که دل شاید ربودن	نمود آنچ از فسون باید نمودن
عمل‌هایی که عاشق را کند سست	عجب چست آید از معشوقهٔ چست

پاسخ دادن خسرو، شیرین را

ملک چون دید ناز آن نیازی	سپر بفکند از آن شمشیربازی
شکایت را به شیرینی نهان کرد	ز شیرینان شکایت چون توان کرد؟
به شیرین گفت کای چشم و چراغم	همای گلشن و طاووس باغم
سرم را تاج و تاجم را سریری	هم ازپای‌افکنی، هم دستگیری
مرا دلبر تو و دلداری از تو	ز تو مستی و هم هشیاری از تو

ندارم جز تویی کآنجا کشم رخت — نه تاجی بِه ز تو کآنجا زنم تخت
گرفتم کز من آزاری گرفتی — پی خونم چرا باری گرفتی؟
بدین دیری که آیی در کنارم — بدین زودی مکُش، لختی بدارم
نکو گفت این سخن دهقان به نمرود — که کشتن دیر باید، کاشتن زود
چه خواهی؟ عذر یا جان؟ هر دو اینک — توانی عید و قربان هر دو اینک
مکن نازی که بار آرَد نیازت — نوازش کن که از حد رفت نازت
به نومیدی دلم را بیش مشکن — نشاطم را چو زلف خویش مشکن
غم از حد رفت و غمخوارم کسی نیست — تویی و در تو غمخواری بسی نیست
غمی کآن با دل نالان شود جفت — به همسالان و همحالان توان گفت
نشاید گفت با فارغ‌دلان راز — مخالف درنسازد ساز با ساز
فروگیر از سرِ بار این جرس را — به‌آسانی برآر این یک نفس را
جهان را چون من و چون تو بسی بود — بوَد با ما مقیم اَر با کسی بود
از این دروازه کاو بالا و زیر است — نخواندستی که تا دیر است دیر است
فریب دل بس است ای دل‌فریبم — نوازش کن که از حد شد شکیبم
بساز ای دوست کارم را که وقت است — ز سر بنشان خمارم را که وقت است
بس است این طاق ابرو ناگشادن — به طاقی با نطاقی وانهادن
در فرخار بر فغفور بستن — به جوی مولیان بر پل شکستن
غم عالم چرا بر خود نهادی؟ — رها کن غم که آمد وقت شادی
به روز ابر، غم خوردن صواب است — تو شادی کن که امروز آفتاب است

خسرو و شیرین

شبیخون بر شکسته چند سازی؟ / گرفته با گرفته چند بازی؟
نه دانش باشد آن‌کس را نه فرهنگ / که وقت آشتی پیش آورَد جنگ
خردمندی که در جنگی نهد پای / بمانَد آشتی را در میان جای
در این جنگ آشتی رنگی برانگیز / زمانی تازه شو تا کی شوی تیز
به روی دوستان مجلس برافروز / که تا روشن شود هم چشم و هم روز
به بستان آمدم تا میوه چینم / منه خار و خسک در آستینم
ز چشم و لب در این بستان پدرام / گهی شکّرگشایی گاه بادام
در این بستان مرا گو خیز و بستان / ترنج غبغب و نارنج پستان
سنان خشم و تیر طعنه تا چند / نه جنگ است این، درِ پیکار دربند
تو ای آهوسُرین نز بهر جنگی / رها کن بر دَدان خوی پلنگی
فرود آی از سر این کبر و این ناز / فرودآوردهٔ خود را مینداز
دراندیش ارچه کبکت نازنین است / که شاهینی و شاهی در کمین است
هم آخر در کنار پستم افتی / به دست آیی و هم در دستم افتی
همان بازی کنم با زلف و خالت / که با من می‌کند هر شب خیالت
چه کار افتاده کاین کار اوفتاده / بدین درمانده چون بخت ایستاده؟
نه بوی شفقتی در سینه داری / نه حق صحبت دیرینه داری
گلیم خویشتن را هرکس از آب / تواند برکشید ای دوست، مشتاب
چو دورت بینم از دمساز گشتن / رهم نزدیک شد در بازگشتن
اگر خواهی حسابم را دگر کن / ره نزدیک را نزدیک‌تر کن
گره بگشای ز ابروی هلالی / خزینه پُرگهر کن خانه خالی

۲۵۱

نخواهی کـاری‌اَم در خانهٔ خویش
مـبـارک بـاد، گـیـرم راه در پیش

بـدان ره کـآمـدم دانـم شـدن باز
چـنـان کـاوّل زدم دانـم زدن ساز

بـه داروی فـرامـوشی کـشم دست
بـه یـاد سـاقـی دیـگـر شـوم مست

بـه جـلّاب دگـر نـوشـیـن کـنـم جام
بـه حـلـوای دگـر شـیـریـن کـنم کام

ز شـیـریـن مـهـر بـردارم دگـربـار
شـکـرنـامـی بـه چـنـگ آرم شـکـربـار

نـبـیـد تـلـخ بـا او مـی‌کـنـم نـوش
ز تـلـخـی‌های شـیـریـن گـر کـنـم گـوش

دلـم در بـازگـشـتـن چـاره‌سـاز است
سـخـن کـوتـاه شـد مـنـزل دراز است

پاسخ دادن شیرین، خسرو را

بـه خـدمـت شـمـسهٔ خـوبـان خلّخ
زمـیـن را بـوسـه داد و داد پـاسخ

کـه دائـم شـهـریـارا کـامـران بـاش
بـه صـاحـب‌دولـتـی صـاحـبـقـران بـاش

مـبـادا بـی‌تـو هـفـت اقـلـیـم را نـور
غـبـار چـشـم‌زخـم از دولـت دور

هـزارت حـاجـت از شـاهـی روا بـاد
هـزارت سـال در شـاهـی بـقـا بـاد

کـسـی کـاو بـاده بـر یـادت کـنـد نـوش
گـر آن‌کـس خـود مـنـم بـادت در آغوش

بس است این زهـر شکّرگون فشاندن
بـر افـسـون‌خـوانـده‌ای افـسـانـه خـوانـدن

سـخـن‌هـای فـسـون‌آمـیـز گـفـتـن
حـکـایـت‌هـای بـادانـگـیـز گـفـتـن

بـه نـخـجـیـر آمـدن بـا چـتـر زرّیـن
نـهـادن مـنّـتـی بـر قـصـر شـیـریـن

نـبـاشـد پـادشـاهـی را گـزنـدی
زدن بـر مـسـتـمـنـدی ریـشـخـنـدی

بـه صـیـد انـدر سـگـی تـوفـیـر کـردن
بـه تـوفـیـر آهـویـی نـخـجـیـر کـردن

چو من گنجی که مهرم خاک نشکست
بـه سـردسـتـی نـیـایـم بـر سـر دسـت

تو زین بازیچه‌ها بسیار دانی — و زین افسانه‌ها بسیار خوانی
خلاف آن شد که با من درنگیرد — گل آرَد بید، لیکن بر نگیرد
تو آن رودی که پایانت ندانم — چو دریا راز پنهانت ندانم
من آن خانیچه‌ام کآبم عیان است — هر آنچَم در دل آید بر زبان است
کسی در دل چو دریا کینه دارد — که دندان چون صدف در سینه دارد
حریفی چرب شد شیرین بر این بام — کزین چربی و شیرینی شود رام؟
شکرگفتاری‌ات را چون نیوشم؟ — که من خود شهد و شکّر می‌فروشم
زبانی تیز می‌بینم دگر هیچ — جگرسوزیّ و جز سوز جگر هیچ
سخن تا کی ز تاج و تخت گویی؟ — نگویی سَخته، امّا سخت گویی
سخن را تلخ گفتن، تلخ‌رایی‌ست — که هرکس را در این غار اژدهایی‌ست
سخن با تو نگویم تا نسنجم — نسنجیده مگو تا من نرنجم
قرار کارها دیر اوفتد دیر — که من آیینه بردارم تو شمشیر
سخن در نیک و بد دارد بسی روی — میان نیک و بد باشد یکی موی
در این محمل کسی خوش‌دل نشیند — که چشم زاغ پیش از پس ببیند
سر و سنگ است نام و ننگ، زنهار — مزن بر آبگینه سنگ، زنهار
سخن تا چند گویی از سرِ دست؟ — همانا هم تو مستی، هم سخن مست
سخن کآن از دماغ هوشمند است — گر از تَحتَ‌الثَّری آید بلند است
سخن‌گو چون سخن بیخود نگوید — اگر جز بد نگوید، بد نگوید
سخن باید که با معیار باشد — که پُر گفتن خران را بار باشد
یکی زین صد که می‌گویی رهی را — نگوید مطربی لشکرگهی را

اگر گردی به درد سر کشیدن / ز تو گفتن ز من یکیک شنیدن
گرت باید به یک پوشیده پیغام / برآوردن توانی صد چنین کام
عروسی را چو من کردی حصاری / پس از عالم عروسی چشم داری
ببین در اشک مرواریدپوشم / مکن بازی به مروارید گوشم
به آه عنبرینم بین که چون است / که عقد عنبرینه‌م پر ز خون است
لب چون ناردانم بین چه خردست / که نارم را ز بُستان دزد برده‌ست
مگر بر فندق دستم زنی سنگ / که عنّاب لبم دارد دلی تنگ
مبارک‌رویم، امّا در عماری / مبارک بادم این پرهیزکاری
مکن گستاخی از چشمم بپرهیز / که در هر غمزه دارد دشنهٔ تیز
هر آن مویی که در زلفم نهفته‌ست / بر او ماری سیه چون قیر خفته‌ست
تو را با من دم خوش درنگیرد / به قندیل یخ آتش درنگیرد
به طمع این رسن در چَه نیفتم / به حرص این شکار از ره نیفتم
دلت بسیار گم می‌گردد از راه / در او زنگی بباید بستن از آه
نبینی زنگ در هر کاروانی / ز بهر پاس می‌دارد فغانی
سحر تا کاروان نارد شباهنگ / نبندد هیچ مرغی در گلو زنگ
غلط رانی که زخمه‌ات مطلق افتاد / بر اَدهَم می‌زدی بر ابلق افتاد
به هندستان جنیبت می‌دواندی / غلط شد ره به بابل بازماندی
به دریا می‌شدی در شط نشستی / به گل رغبت نمودی لاله بستی
به جان داروی شیرین ساز کردی / ولی روزه به شکّر باز کردی
تو را من یار و آنگه جز منت یار؟ / تو را این کار و آنگه با منت کار؟

خسرو و شیرین

مکن چندین بر این غمخوار، خواری	که کردی پیش از این بسیار زاری
برو فرموش کن دِه رانده‌ای را	رها کن در دهی وامانده‌ای را
چو فرزندی پدر مادر ندیده	یتیمانه به لقمه پروریده
چو غولی مانده در بیغوله‌گاهی	که آنجا نگذرد موری به ماهی
ز تو کامی ندیده در زمانه	شده تیر ملامت را نشانه
در این سنگم رها کن زار و بی‌زور	دگر سنگی برو نِه تا شود گور
چو باشد زیر و بالا سنگ بر سنگ	بپوشد گرچه باشد ننگ بر ننگ
همان پندارم ای دلدار دلسوز	که افتادم ز شبدیز اوّلین روز
جوانمردی کن از من بار بردار	گل‌افشانی بس، از ره خار بردار
گل افشاندن، غبار انگیختن چند؟	نمک خوردن، نمکدان ریختن چند؟
بس آن کز بهر تو بیچاره گشتم	ز خان‌ومان خویش آواره گشتم
مرا آن روز شادی کرد بدرود	که شیرین را رها کردی به شهرود
من مسکین که و شهر مدائن؟	چه شاید کردن «المقدور کائن»
تو را مثل تو باید سربلندی	چه برخیزد ز چون من مستمندی؟
چَه آنجا کن کز او آبی برآید	رگ آنجا زن کز او خونی گشاید
بنای دوستی بر باد دادی	مگر کَاکنون اساس نو نهادی
گلیم نو کز او گرمی نیاید	کهن گردد کجا گرمی فزاید
درختی کز جوانی کوژ برخاست	چو خشک و پیر گردد، کی شود راست؟
قدم برداشتی و رنجه بودی	کرم کردی خداوندی نمودی
ولیک امشب شب درساختن نیست	امید حجره وا پرداختن نیست

هنوز این زیربا در دیگ خام است
هنوز اسباب حلوا ناتمام است

تو امشب بازگرد از حکمرانی
به مستان کرد نتوان میهمانی

چو وقت آید که گردد پخته این کار
توانم خواندنت مهمان دگربار

به عالم وقت هر چیزی پدید است
درِ هر گنج را وقتی کلید است

نبینی مرغ چون بی‌وقت خواند
به جای پرفشانی، سر فشاند؟

پاسخ خسرو، شیرین را

چو خسرو دید کآن معشوق طنّاز
ز سر بیرون نخواهد کردن آن ناز

فسونی چند با خواهش برآمود
فسون بردن به باطل کی کند سود؟

به لابه گفت کای مقصود جانم
چراغ دیده و شمع روانم

سرم را بخت و بختم را جوانی
دلم را جان و جان را زندگانی

چو گردون با دلم تا کی کنی حرب؟
به بستوی تهی می‌کن سرم چرب

به عشوه عاشقی را شاد می‌کن
مبارک مرده‌ای آزاد می‌کن

نبینی عیب خود در تندخویی
بدین‌سان عیب من تا چند گویی؟

چو کوری کاو نبیند کوری خویش
به صد گونه کشد عیب کسان پیش

ز لعل این سنگ‌ها بیرون میفکن
به خاک افکندی‌ام در خون میفکن

هلاکم کردی از تیمارخواری
عفاک‌الله، زهی تیمارداری

شب آمد، برف می‌ریزد چو سیماب
ز یخ‌مهری چو آتش روی برتاب

مکن کامشب ز برفم تاب گیرد
بدا روزا که این برف آب گیرد

یک امشب بر درِ خویشم بده بار
که تا خاک درت بوسم فلک‌وار

به زانـوی ادب پیـشت نشـینم / بـدوزم دیـده وآنگـه در تو بیـنم
ره آنکـس راسـت در کاشـانهٔ تو / کـه دوزد چشـم خـود در خانهٔ تو
مدان آن دوست را جز دشمن خویش / کـه یـابی چشـم او بـر روزن خویش
بـر آنکـس دوسـتی بـاشد حلالت / کـه خـواهد بیشی انـدر جـاه و مالت
رفیقی کـاو بـوَد بـر تو حسدناک / به خاکش دِه که نرزد صحبتش خاک
مکن جانـا بـه خـون، حلق مـرا تر / مـدارم بیش از این چون حلقه بر در
عذابـم مـی‌دهی وآن ناصـواب است / بهشت است این و در دوزخ عذاب است
بهشتـی میـوه‌ای داری رسیـده / بـه جـز بـاغ بهشتـش کـس ندیده
بهشت قصر خـود را بـاز کن در / درخـت میـوه را ضـایـع مکن بر
رطب بر خوان، رطب‌خواری نه بر خوان / سکنـدر تشنه‌لب بـر آبِ حیـوان
درم بگشـای و راه کینه دربند / کمر در خدمـت دیـریـنه دربند
وگر ممکـن نبـاشد در گشـادن / غریبـی را یـک امشـب بـار دادن
برافکن برقـع از محـراب جمشید / که حاجتمند برقع نیست خورشید
گر آشفته شـدم، هوشـم تو بـردی / ببر جـوشم که سرجوشم تو بردی
مـفرّح هـم تو دانـی کرد بـر دست / که هم یـاقوت و هم عنبر تو را هست
لبی چون انگبین داری ز من دور؟ / زبان در من کشی چـون نیش زنبور؟
مکن بـا ایـن همـه نـرمی درشتی / که از قاقـم نیایـد خارپشتـی
چنان کن کز تو دل‌خـوش بـازگردم / به دیـدار تـو عشرت‌ساز گـردم
قـدم گـرچه غبـارآلـود دارم / بـه دیـدار تـو دل خشنـود دارم
وگر بـر مـن نخواهد شد دلت راست / به دشـواری تـوانی عذر آن خواست

مکن بر فرق خسرو سنگ‌باری — چو فرهادش مکش در سنگ‌ساری
کسی کَاندازد او بر آسمان سنگ — به آزار سر خود دارد آهنگ
شکست سر کنی خون بر تن افتد — قفای گردنان بر گردن افتد
گذر بر مهر کن چون دل‌نوازان — به من بازی مکن چون مهره‌بازان
نه هر عاشق که یابی مست باشد — نه هر کز دست شد زآن دست باشد
گهی با من به صلح و گه به جنگی — خدا توبه دهادت زین دورنگی
سپیدی کن حقیقت یا سیاهی — که نبوَد مارماهی، مار و ماهی
شدی بدخو ندانم کاین چه کین است — مگر کآیین معشوقان چنین است
مرا تا بیش رنجانی که خاموش — چو دریا بیشتر پیدا کنم جوش
تو را تا پیش‌تر گویم که بشتاب — شوی پس‌تر، چو شاگرد رسن‌تاب
مزن چندین جراحت بر دل تنگ — دل است این دل نه پولاد است و نه سنگ
به کام دشمنم کردی نه نیکوست — که بدکاری‌ست دشمن‌کامی ای دوست
بده یک وعده چون گفتار من راست — مکن چندین کجی در کار من راست
به‌رغم دشمنان بنواز ما را — نهان می‌سوز و می‌ساز آشکارا
به شور انگیختن چندین مکن زور — که شیرین تلخ گردد چون شود شور
بکن چربی که شیرینیت یار است — که شیرینی به چربی سازگار است
تو را در ابر می‌جستم چو مهتاب — کنونت یافتم چون ابر بی‌آب
چراغی عالم‌افروزنده بودی — چو در دست آمدی سوزنده بودی
گلی دیدم ز دورت سرخ و دلکش — چو نزدیک آمدی خود بودی آتش
عتاب از حد گذشته جنگ باشد — زمین چون سخت گردد، سنگ باشد

نه هر تیغی بوَد با زخم همپشت		نه یکسان روید از دستی ده انگشت
توانم من کز اینجا بازگردم		بِه از تو با کسی دمساز گردم
ولیکن حق خدمت می‌گزارم		نظر بر صحبت دیرینه دارم

پاسخ دادن شیرین، خسرو را

اجازت داد شیرین باز لب را		که در گفت آورَد شیرین رطب را
عقیق از تارک لؤلؤ برانگیخت		گهر می‌بست و مروارید می‌ریخت
نخستین گفت کِای شاه جوان‌بخت		به تو آراسته هم تاج و هم تخت
به نیروی تو بر بدخواه پیوست		عَلَم را پای باد و تیغ را دست
به بالای تو دولت را قبا چست		به بازوی تو گردون را کمان سست
ز یارت بخت باد، از بختیاری		که پشتیوان پشت روزگاری
پس آنگه تند شد چون کوه آتش		به خسرو گفت کای سالار سرکش
تو شاهی، رو که شه را عشق‌بازی		تکلّف کردنی باشد مجازی
نباشد عاشقی جز کار آن‌کس		که معشوقیش باشد در جهان بس
مزن طعنه مرا در عشق فرهاد		به نیکی کن غریبی مرده را یاد
مرا فرهاد با آن مهربانی		برادرخوانده‌ای بود آن‌جهانی
نه یک ساعت به من در تیز دیده		نه از شیرین جز آوازی شنیده
بدان تلخی که شیرین کرد روزش		چو عود تلخ شیرین بود سوزش
از او دیدم هزار آزرم دل‌سوز		که نشنیدم پیامی از تو یک روز
مرا خاری که گل باشد بر آن خار		بِه از سروی که هرگز ناوَرَد بار

ز آهن زیر سر کردن ستونم　　بِه از زرّین‌کمر بستن به خونم
مسی کز وی مرا دستینه سازند　　بِه از سیمی که در دستم گدازند
چراغی کاو شبم را برفروزد　　بِه از شمعی که رختم را بسوزد
بوَد عاشق چو دریا سنگ در بر　　منم چون کوه دائم سنگ بر سر
به زندان مانده چون آهن در این سنگ　　دل از شادی و دست از دوستان تنگ
مبادا تنگ‌دل را تنگ‌دستی　　که با دیوانگی صعب است مستی
چو مستی دارم و دیوانگی هست　　حریفی ناید از دیوانهٔ مست
قلم درکش به حرف دست‌سایم　　که دست حرف‌گیران را نشایم
همان انگار کآمد تندبادی　　ز باغت برد برگی بامدادی
مرا سیلاب محنت دربه‌درکرد　　تو رخت خویشتن برگیر و برگرد
من اینک مانده‌ام در آتش تیز　　تو در من بین و عبرت گیر و بگریز
هوا کافوربیزی می‌نماید　　هوای ما اگر سرد است شاید
چو ابر از شوربختی شد نمک بار　　دل از شیرین شورانگیز بردار
هواداری مکن شب را چو خفّاش　　چو بازِ جُرّه خور روزرو باش
شد آن افسانه‌ها کز من شنیدی　　گذشت آن مهربانی‌ها که دیدی
شعیری زآن شعار نو نمانده‌ست　　وگر تازی ندانی جو نمانده‌ست
نه آن ترکم که من تازی ندانم　　شکن‌کاری و طنّازی ندانم
فلک را طنزگه کوی من آمد　　شکن خود کار گیسوی من آمد
دلت گر مرغ باشد پر نگیرد　　دمت گر صبح باشد درنگیرد
اگر صد خواب یوسف داری از بر　　همانی و همان عیسی و بس خر

گر آنگه می‌زدی یک حربه چون میغ
چو صبح اکنون دودستی می‌زنی تیغ

بُدی دیلم، کیایی برگزیدی
تبر بفروختی، زوبین خریدی

برو کز هیچ رویی درنگنجی
اگر مویی که مویی درنگنجی

به زور و زرق کسب‌اندوزیِ خویش
نشاید خورد بیش از روزی خویش

گره بر سینه زن، بی‌رنج مخروش
ادب کن عشوه را یعنی که خاموش

حلالی خور چو بازان شکاری
مکن چون کرکسان مردارخواری

مرا شیرین بدان خوانند پیوست
که بازی‌های شیرین آرَم از دست

یکی را تلخ‌تر گریانم از جام
یکی را عیش خوش‌تر دارم از نام

گلابم گر کنم تلخی چه باک است
گلاب آن بِه که او خود تلخناک است

نبیذی قاتلم بگذارم از دست
که از بویم بمانی سال‌ها مست

چو نام من به شیرینی برآید
اگر گفتار من تلخ است شاید

دو شیرینی کجا باشد به هم نغز؟
رطب با استخوان به، جوز با مغز

درشتی کردنم نز خارپشتی‌ست
بسا نرمی که در زیرِ درشتی‌ست

گهر در سنگ و خرما هست در خار
وز این‌سان در خرابی گنج بسیار

تحمّل را به خود کن رهنمونی
نه چندانی که بار آرَد زبونی

زبونی کآن ز حد بیرون توان کرد
جهودی شد جهودی چون توان کرد

چو خرگوش افکند در بردباری
کند هر کودکی بر وی سواری

چو شاهین بازمانَد از پریدن
ز گنجشکش لگد باید چشیدن

شتر کز هم جدا گردد قطارش
ز خاموشی کشد موشی مهارش

کسی کاو جنگ شیران آزماید
چو شیر آن بِه که دندانی نماید

سگان وقتی که وحشت‌ساز گردند
ز یکدیگر به دندان بازگردند

پس آنگه بر زبان آورد سوگند
به هوش زیرک و جان خردمند

به قدر گنبد پیروزه گلشن
به نور چشمهٔ خورشید روشن

به هر نقشی که در فردوس پاک است
به هر حرفی که در منشور خاک است

بدان زنده که او هرگز نمیرد
به بیداری که خواب او را نگیرد

به دارایی که تن‌ها را خورش داد
به معبودی که جان را پرورش داد

که بی‌کاوین اگرچه پادشاهی
ز من برنایدت کامی که خواهی

بدین تندی ز خسرو روی برتافت
ز دست افکند گنجی را که دریافت

بازگشتن خسرو از قصر شیرین

شباهنگام کاهوی خُتَن‌گرد
ز ناف مشکِ خود، خود را رسن کرد

هزار آهوبره لب‌ها پر از شیر
بر این سبزه شدند آرامگه گیر

ملک چون آهوی نافه دریده
عتابِ یارِ آهوچشم دیده

ز هر سو قطره‌های برف و باران
شده بارنده چون ابر بهاران

ز هیبت کوه چون گل می‌گدازید
ز برف ارزیز بر دل می‌گدازید

به زیر خسرو از برف دِرَمریز
نقاب نقره بسته خنگ شبدیز

زبانش موی شد وز هیچ رویی
به مشکین‌موی درنگرفت مویی

بسی نالید تا رحمت کند یار
به صد فرصت نشد یک نکته بر کار

نفیرش گرچه هر دم تیزتر بود
جوابش هر زمان خون‌ریزتر بود

چو پاسی از شب دیجور بگذشت
از آن در شاه دل‌رنجور بگذشت

فرس می‌راند چون بیمار خیزان
ز دیده بر فرس خوناب‌ریزان

سر از پس مانده می‌شد با دل ریش
رهی بی‌خویشتن بگرفته در پیش

نه پایِ آنکه رانَد اسب را تیز
نه دستِ آنکه بُرّد پای شبدیز

سرشک و آه را ره‌توشه بسته
ز مروارید بر گل خوشه بسته

در این حسرت که آوَخ گر در این راه
پدیدار آمدی یا کوه یا چاه

مگر بودی درنگم را بهانه
بماندی رختم اینجا جاودانه

گهی می‌زد ز تندی دست بر دست
گهی دستارچه بر دیده می‌بست

چو آمد سوی لشکرگاه نومید
دلش می‌سوخت از گرمی چو خورشید

درید ابر سیاه از سبز گلشن
برآمد ماهتابی سخت روشن

شهنشه نوبتی بر چرخ پیوست
کنار نوبتی را شقّه بربست

نه از دل در جهان نظّاره می‌کرد
به جای جامه دل را پاره می‌کرد

به آسایش نمودن سر نمی‌داشت
سر از زانوی حسرت برنمی‌داشت

ندیم و حاجب و جاندار و دستور
همه رفتند و خسرو ماند و شاپور

به صنعت هر دم آن استاد نقّاش
بر او نقش طرب بستی که خوش باش

زدی بر آتش سوزان او آب
به رویش در بخندیدی چو مهتاب

دلش دادی که شیرین مهربان است
بدین تلخی مبین کش در زبان است

اگر شیرین سر پیکار دارد
رطب دانی که سر با خار دارد

مکن سودا که شیرین خشم ریزد
ز شیرینی به جز صفرا چه خیزد؟

مرنج از گرمی شیرینِ رنجور
که شیرینی به گرمی هست مشهور

ملک چون جای خالی دید از اغیار
شکایت کرد با شاپور بسیار

که دیدی تا چه رفت امروز با من؟ چه کرد آن شوخ عالم‌سوز با من؟
چه بی‌شرمی نمود آن ناخداترس؟ چو زن گفتی، کجا شرم و کجا ترس؟
کُلَه چون نارون پیشش نهادم به استغفار چون سرو ایستادم
تبر بر نارون گستاخ می‌زد به دهره سروبُن را شاخ می‌زد
نه زآن سرما نوازش گرم گشتش نه دل زآن سخت‌رویی نرم گشتش
زبانش سربه‌سر تیر و تبر بود یکایک عذرش از جرمش بتر بود
بلی تیزی نماید یار با یار نه تا این حد که باشد خار با خار
ز تیزی نیز من دارم نشانی مرا در کالبد هم هست جانی
اگر هاروت بابل شد جمالش وگر سربابِل هندوست خالش
ز بس سردی که چون یخ شد سرشتم فسون هر دو را بر یخ نوشتم
غمش را کز شکیبایی فزون است منِ غمخواره می‌دانم که چون است
سرشت طفل بد را دایه داند بدِ همسایه را همسایه داند
مرا او دشمنی آمد نهانی نهفته کین و ظاهر مهربانی
چه خواهش کآن نکردم دوش با او نَپَذرُفت و جدا شد هوش با او
سخن‌های خوش از هر رسم و راهی بگفتم سالی و نشنید ماهی
شب آمد روشنایی هم نبخشید شکست و مومیایی هم نبخشید
اگرچه وصل شیرین بی‌نمک نیست وز او شیرین‌تری زیر فلک نیست
مرا پیوند او خواری نیرزد نمک خوردن جگرخواری نیرزد
به زیر پای پیلان در شدن پست بِه از پیش خسیسان داشتن دست
به آب اندر شدن غرقه چو ماهی از آن بِه کز وزغ زنهار خواهی

به ناخن سنگ برکندن ز کهسار
بِه از حاجت به نزد ناسزاوار
همه‌کس دُر دَر آبِ پاک یابد
کسی کاو خاک جوید، خاک یابد
چرا در سنگ‌ریزه کان کنم، کان؟
چه بی‌روغن چراغی جان کنم، جان؟
چه باید ملک جان دادن به شوخی
که بنشیند کلاغش بر کلوخی؟
مرا چون من کسی باید به ناموس
که باشد همسر طاووس، طاووس
نخستین خاک را بوسید شاپور
پس آنگه زد بر آتش آب کافور
کزین تندی نباید تیز بودن
جوانمردی‌ست عذرانگیز بودن
ستیز عاشقان چون برق باشد
میان ناز و وحشت فرق باشد
اگر گرم است شیرین هست معذور
که شیرینی به گرمی هست مشهور
نه شیرین، خود همه خرمادَهانی
ندارد لقمهٔ بی‌استخوانی
گرت سر گردد از صفرای شیرین
ز سر بیرون مکن سودای شیرین
مگر شیرین از آن صفرا خبر داشت
که چندان سرکه در زیر شکر داشت
چو شیرینی و ترشی هست در کار
از این صفرا و سودا دست مگذار
عجب ناید ز خوبان زودسیری
چنانک از سگ، سگی وز شیر، شیری
شَبَه با دُر بوَد عادت چنین است
کلید گنج زرّین آهنین است
به جور از نیکوان نتوان بریدن
بباید ناز معشوقان کشیدن
همه خوبان چنین باشند بدخوی
عروسی کی بود بی‌رنگ و بی‌بوی؟
کدامین گل بوَد بی‌زحمتِ خار؟
کدامین خط بوَد بی‌زخمِ پرگار؟
ز خوبان توسنی رسم قدیم است
چو مار آبی بوَد زخمش سلیم است
رهایی خواهی از سیلاب اندوه
قدم بر جای باید بود چون کوه

گر از هر باد چون کاهی بلرزی — اگر کوهی شوی کاهی نیَرزی
بِه اَر کامت به ناکامی برآید — که بوی عنبر از خامی برآید
بر آن مه ترکتازی کرد نتوان — که بر مه دستیازی کرد نتوان
زن است آخر در اندر بند و مشتاب — که از روزن فرود آید چو مهتاب
مگر ماه و زن از یک فن درآیند — که چون در بندی از روزن درآیند
چه پنداری که او زین غصّه دور است؟ — نه دور است او، ولی دانم صبور است
گر از کوه جفا سنگی درافتد — تو را بر سایه، او را بر سر افتد
وگر خاری ز وحشت حاصل آید — تو را بر دامن، او را بر دل آید
یک امشب اَر صبوری کرد باید — شب آبستن بوَد تا خود چه زاید
ندارد جاودان طالع یکی خوی — نمانَد آب دائم در یکی جوی
همه ساله نباشد کامکاری — گهی باشد عزیزی، گاه خواری
به هر نازی که بر دولت کند بخت — نباید دولتی را داشتن سخت
کجا پرگار گردشساز گردد — به گردشگاه اوّل بازگردد
هر آن رایض که او توسن کند رام — کُنَد آهستگی با کرّهٔ خام
به صبرش عاقبت جایی رساند — که بر وی هرکه را خواهد نشاند
به صبر از بند گردد مرد رسته — که صبر آمد کلید کارِ بسته
گشاید بند چون دشوار گردد — بخندد صبح چون شب تار گردد
امیدم هست کاین سختی سرآید — مراد شه بدین زودی برآید
بدین وعده ملک را شاد میکرد — خرابی را به رِفق آباد میکرد
ز دولت بر رخ شه خال میزد — چو اختر میگذشت او فال میزد

پشیمان شدن شیرین از رفتن خسرو

همان صاحب‌سخن پیرِ کهن‌سال / چنین آگاه کرد از صورت حال
که چون بی‌شاه شد شیرینِ دل‌تنگ / به دل برمی‌زد از سنگین‌دلی سنگ
ز مژگان خونِ بی‌اندازه می‌ریخت / به هر نوحه سرشکی تازه می‌ریخت
چو مرغی نیم‌کُشت افتان‌وخیزان / ز نرگس بر سمن سیماب‌ریزان
مژه بر نرگسانِ مست می‌زد / ز دست دل به سر بر دست می‌زد
هوا را تشنه کرد از آه بریان / زمین را آب داد از چشم گریان
نه دستِ آنکه غم را پای دارد / نه جای آنکه دل بر جای دارد
چو از بی‌طاقتی شوریده‌دل شد / از آن گستاخ‌رویی‌ها خجل شد
به گلگون برکشید آن تنگ‌دل تنگ / فرس گلگون و آب دیده گلرنگ
برون آمد بر آن رخش خجسته / چو آبی بر سر آتش نشسته
رهی باریک چون پرگار ابروش / شبی تاریک چون ظلمات گیسوش
تکاور بر ره باریک می‌راند / خدا را در شب تاریک می‌خواند
جهان‌پیمایش از گیتی‌نوردی / گِرو برده ز چرخ لاجوردی
به آیین غلامان راه برداشت / پی شبدیز شاهنشاه برداشت
به هر گامی که گلگونش گذر کرد / به گلگون آب دیده خاک تر کرد
همی‌شد تا به لشکرگاه خسرو / جنیبت راند تا خرگاه خسرو
زبان پاسبانان دید بسته / حمایل‌های سرهنگان گسسته
همه افیون‌خور مهتاب گشته / ز پای‌افتاده مستِ خواب گشته
به هم بر شد در آن نظّاره کردن / نمی‌دانست خود را چاره کردن

ز درگــاه مـلـک مـی‌دیـد شـاپـور / کـه مـی‌رانَـد سـواری پُـر تـک از دور
بـه افـسـون‌ها در آن تـابـنـده مهتاب / ملک را بـرده بـود آن لحظه در خواب
بـرون آمـد سـوی شـیـریـن خـرامـان / نـکـرد آگـه کـسـی را از غـلامـان
بـدو گفت ای پری‌پیکر، چه مـردی؟ / پـری گـر نیستی، اینجا چه گـردی؟
کـه شـیـر اینجا رسـد بـی‌زور گـردد / وگـر مـار آیـد اینجا مـور گـردد
چـو گـلـرخ دیـد در شـاپـور بشناخت / سبک خـود را ز گلگون انـدر انداخت
عجب درمـانـد شـاپـور از سپاسش / فـراتـر شـد کـه گـردد روشـنـاسـش
نـظـر چـون بـر جـمـال نـازنـیـن زد / کُـلَـه بـر آسـمـان، سـر بـر زمـیـن زد
بـپـرسـیـدش کـه چـون افـتـاد رایـت؟ / کـه مـا را تـوتـیـا شـد خـاک پـایـت
پـری‌پـیـکـر نـوازش‌هـا نـمـودش / بـه لـفـظ مـادگـان لـخـتـی سـتـودش
گرفتش دست و یک‌سو برد از آن پیش / حـکـایـت کـرد بـا او قـصّـهٔ خـویـش
از آن شـوخـیّ و نـادانـی نـمـودن / خـجـل گـشـتـن، پـشـیـمـانـی فـزودن
وزآن افـسـانـه‌هـای خـام گـفـتـن / سـخـن چـون مـرغ بـی‌هـنـگـام گفتن
نـمـود آنـگـه کـه چـون شـه بـارگـی رانـد / دلـم در بـنـد غـم یـکـبـارگـی مـانـد
چـنـان در کـار خـود بـیـچـاره گـشـتـم / کـه مـنـزل‌هـا ز عـقـل آواره گـشـتـم
وزآن بـیـچـارگـی کـردم دلـیـری / کـنـد وقـت ضـرورت، گـور، شـیـری
تـو دولـت بـیـن کـه تـقـدیـر خـداونـد / مـرا در دسـت بـدخـواهـی نـیـفـکـنـد
چـو ایـن بـرخـواسـتـه بـر خـواسـت آمـد / بـه حـکـم راسـت آمـد، راسـت آمـد
کـنـون خـود را ز تـو بـی‌بـیـم کـردم / بِـه آمـد را بـه تـو تـسـلـیـم کـردم
دو حـاجـت دارم و در بـنـد آنـم / بـرآور زانـکـه حـاجـتـمـنـد آنـم

یکی شه چون طرب را گوش گیرد / جهان آواز نوشانوش گیرد
مرا در گوشه‌ای تنها نشانی / نگویی راز من شه را نهانی
بدان تا لهو و نازش را ببینم / جمال جان‌نوازش را ببینم
دوم حاجت که گر یابد به من راه / به کاوین سوی من بیند شهنشاه
گر این معنی به جای آورد خواهی / بکن ترتیب تا ماند سیاهی
و گرنه تا ره خود پیش گیرم / سر خویش و سرای خویش گیرم
چو روشن گشت بر شاپور کارش / به صد سوگند شد پذرفتگارش
بر آخر بست گلگون را چو شبدیز / در ایوان برد شیرین را چو پرویز
دو خرگه داشتی خسرو مهیّا / برآموده به گوهر چون ثریّا
یکی ظاهر ز بهر باده خوردن / یکی پنهان ز بهر خواب کردن
پری‌رخ را بهسان پارهٔ نور / سوی آن خوابگاه آورد شاپور
گرفتش دست و بنشاندش بر آن دست / برون آمد درِ خرگه فروبست
به بالین شه آمد دل‌گشاده / به خدمت کردن شه دل نهاده
زمانی طوف می‌زد گرد گلشن / زمانی شمع را می‌کرد روشن

خواب دیدن خسرو و تعبیر شاپور

ز خواب خوش درآمد ناگهان شاه / جبین‌افروخته چون بر فلک ماه
ستایش کرد بر شاپور بسیار / که ای من خفته و بختم تو بیدار
به اقبال تو خوابی خوب دیدم / کز آن شادی به گردون سر کشیدم
چنان دیدم که اندر پهن‌باغی / به دست آوردمی روشن‌چراغی

چراغم را به نور شمع و مهتاب بکن تعبیر تا چون باشد این خواب
به تعبیرش زبان بگشاد شاپور که چشمت روشنی یابد بدان نور
به روز آرَد خدای این تیره‌شب را بگیری در کنار آن نوش‌لب را
بدین مژده بیا تا باده نوشیم زمین را کیمیای لعل پوشیم
بیاراییم فردا مجلسی نو به بادهٔ سال‌خورد و نرگسی نو
چو از مشرق برآید چشمهٔ نور برانگیزد ز دریا گرد کافور
می کافوربو در جام ریزیم وز این دریا در آن زورق گریزیم
رخ شاه از طرب چون لاله بشکفت چو نرگس در نشاط این سخن خفت

مجلس آراستن خسرو در شکارگاه

سحرگه چون روان شد مهد خورشید جهان پوشید زیورهای جمشید
برآمد دزدی از مشرق سبک‌دست عروس صبح را زیور به هم بست
بجنبانید مرغان را پر و بال برآوردند خوبان بانگ خلخال
درآمد شهریار از خواب نوشین دلش خرم شده زآن خواب دوشین
ز نو فرمود بستن بارگاهی که با او بود کوهی کم ز کاهی
برآمد نوبتی را سر بر افلاک نهان شد چشم بد چون گنج در خاک
کشیده بارگاهی شصت بر شصت ستاده خلق بر در دست بر دست
به سرهنگان سلطانی حمایل در او درگه شده زرّین شمایل
ز هر سو دیلمی گردن به عیّوق فروهشته کُلَه چون جعد منجوق
به دهلیز سراپرده سیاهان حبش را بسته دامن در سپاهان
سیاهان حبش ترکان چینی چو شب با ماه کرده همنشینی

صبا را بود در پایین اورنگ ... ز تیغ تنگ‌چشمان رهگذر تنگ
طناب نوبتی یک میل در میل ... به نوبت بسته بر در، پیل در پیل
ز گردک‌های دورادور بسته ... مه و خورشید چشم از نور بسته
در این گردک نشسته خسرو چین ... در آن دیگر فتاده شور شیرین
بساطی شاهوار افکنده زربفت ... که گنجی برد هر بادی کز او رفت
ز خاکش باد را گنج روان بود ... مگر خود گنج بادآورد آن بود
منادی جمع کرده همدمان را ... برون کرده ز در نامحرمان را
نمانده در حریم پادشایی ... وشاقی جز غلامان سرایی
ادب‌پرور ندیمانی خردمند ... نشسته بر سر کرسی تنی چند
نهاده توده توده بر کران‌ها ... ز یاقوت و زمرّد نُقل‌دان‌ها
به دست هرکسی بر طرفه گنجی ... مکلّل کرده از عنبر ترنجی
ملک را زرِّ دست‌افشار در مشت ... کز افشردن برون می‌شد از انگشت
لبالب کرده ساقی جام چون نوش ... پیاپی کرده مطرب نغمه در گوش
نشسته باربد بربط‌گرفته ... جهان را چون فلک در خط‌گرفته
به دستان دوستان را کیسه‌پرداز ... به زخمه زخم دل‌ها را شفاساز
ز دود دل گره بر عود می‌زد ... که عودش بانگ بر داوود می‌زد
همان نغمه دماغش در جرس داشت ... که موسیقار عیسی در نفس داشت
ز دل‌ها کرده در مجمر فروزی ... به وقت عودسازی عودسوزی
چو بر دستان زدی دست شکرریز ... به خواب اندر شدی مرغ شب‌آویز
بدان‌سان گوش بربط را بمالید ... کز آن مالش دل بربط بنالید

خسرو و شیرین

چو بر زخمه فکند ابریشمِ ساز در آورد آفرینش را به آواز
نکیسا نام، مردی بود چنگی ندیمی خاص، امیری سخت سنگی
کز او خوش‌گوتری در لحن آواز ندید این چنگ‌پشت ارغنون‌ساز
ز رود آواز موزون او برآورد غنا را رسم تقطیع او درآورد
نواهایی چنان چالاک می‌زد که مرغ از درد پر بر خاک می‌زد
چنان بر ساختی الحان موزون که زهره چرخ می‌زد گرد گردون
جز او کافزون شمرد از زهره خود را ندادی یاری‌ای کس باربد را
در آن مجلس که عیش آغاز کردند به یکجا چنگ و بربط ساز کردند
نوای هر دو ساز از بربط و چنگ به هم در ساخته چون بوی با رنگ
ترنّمشان خمار از گوش می‌بُرد یکی دل داد و دیگر هوش می‌بُرد
به ناله سینه را سوراخ کردند غلامان را به شه گستاخ کردند
ملک فرمود تا یکسر غلامان برون رفتند چون کبک خرامان
مغنّی ماند و شاهنشاه و شاپور شدند آن دیگران از بارگه دور
ستای باربد دستان همی‌زد به هشیاری ره مستان همی‌زد
نکیسا چنگ را خوش کرده آغاز فکنده ارغنون را زخمه بر ساز
ملک بر هر دو، جان انداز کرده درِ گنج و درِ دل باز کرده
چو زین خرگاه گردان دور شد شاه برآمد چون رخ خرگاهیان ماه
به گرد خرگه آن چشمهٔ نور طوافی کرد چون پروانه شاپور
ز کنج پرده گفت آن هاتف جان کزین مطرب یکی را سوی من خوان
بدین درگه نشانش ساز در چنگ که تا بر سوز من بردارد آهنگ

به حسب حال من پیش آوَرَد ساز
بگوید آنچه من گویم بدو باز

نکیسا را بر آن در برد شاپور
نشاندش یک دو گام از پیشگه دور

کز این خرگاه محرم دیده بردوز
سماع خرگهی از وی درآموز

نوا بر طرز این خرگاه می‌زن
رهی کاو گویدت، آن راه می‌زن

از این سو باربد چون بلبل مست
ز دیگر سو نکیسا چنگ در دست

فروغ شمع‌های عنبرآلود
بهشتی بود از آتش، باغی از دود

نوا بازی‌کنان در پردهٔ تنگ
غزل گیسوکشان در دامن چنگ

به گوش چنگ در ابریشم ساز
فکنده حلقه‌های محرم آواز

ملک دل داده تا مطرب چه سازد
کدامین راه و دستان را نوازد

نگار خرگهی با مطرب خویش
غم دل گفت کاین برگو، میندیش

غزل گفتن نکیسا از زبان شیرین

نکیسا بر طریقی کآن صنم خواست
فروگفت این غزل در پردهٔ راست

مخسب ای دیدهٔ دولت زمانی
مگر کز خوش‌دلی یابی نشانی

برآی از کوه صبر ای صبح امید
دلم را چشم، روشن کن به خورشید

بساز ای بخت با من روزکی چند
کلیدی خواه و بگشای از من این بند

ز سر بیرون کن ای طالع گرانی
رها کن تا توانی ناتوانی

به عیاّری برآر ای دوست دستی
برافکن لشکر غم را شکستی

جگر در تاب و دل در موج خون است
گر آری رحمتی وقتش کنون است

نه زین افتاده‌تر یابی ضعیفی / نه زین بیچاره‌تر یابی حریفی
اگر بر کف ندانم ریخت آبی / توانم کرد بر آتش کبابی
وگر جلّاب دادن را نشایم / فُقاعی را به دست آخر گشایم
وگر نقشی ندانم دوخت آخر / سپند خانه دانم سوخت آخر
وگر چینی ندانم دَرنشاندن / توانم گردی از دامن فشاندن
مَیَندازم چو سایه بر سر خاک / که من خود اوفتادم زار و غمناک
چو مَه در خانه پروینیت باید / چو زهره دَردبرچینیت باید
سرایت را به هر خدمت که خواهی / کنیزی می‌کنم دعوی نه شاهی
مرا پرسی که چونی ز آرزویم / چو می‌دانیّ و می‌پرسی چه گویم؟
غریبی چون بوَد غمخوار مانده / زکارافتاده و درکارمانده
چو گل در عاشقی پرده دریده / ز عالم رفته و عالم ندیده
چو خاک آماجگاه تیر گشته / چو لاله در جوانی پیر گشته
به امّیدی جهان بر باد داده / به پنداری بدین روز اوفتاده
نه همپشتی که پشتم گرم دارد / نه بختی کز غریبان شرم دارد
مَثَل زد غرقه چون می‌مُرد بی‌رخت / که باید مرده را نیز از جهان بخت
ز بی‌کامی دلم تنهانشین است / بسازم گر تو را کام این‌چنین است
چو برناید مرا کامی که باید / بسازم تا تو را کامی برآید
مگر تلخ آمد آن لب را وجودم / که وقت ساختن سوزد چو عودم
مرا این سوختن سوری عظیم است / که سوز عاشقان سوزی سلیم است
نخواهم کرد بر تو حکم رانی / گَرَم زین بهترک داری تو دانی

سرود گفتن باربد از زبان خسرو

نکیسا چون زد این افسانه بر چنگ
ستای باربد برداشت آهنگ

عراقی‌وار بانگ از چرخ بگذاشت
به آهنگ عراق این بانگ برداشت

نسیم دوست می‌یابد دماغم
خیال گنج می‌بیند چراغم

کدامین آب خوش دارد چنین جوی؟
کدامین باد را باشد چنین بوی؟

مگر وقت شدن طاووس خورشید
پَر افشان کرد بر گلزار جمشید

مگر سروی ز طارم سر برآورد
که ما را سربلندی بر سر آورد

مگر ماه آمد از روزن درافتاد
که شب را روشنی در منظر افتاد

مگر باد بهشت اینجا گذر کرد
که چندین خرّمی در ما اثر کرد

مگر باز سپید آمد فرا دست
که گلزار شب از زاغ سیه رَست

مگر با ماست آب زندگانی
که ما را زنده‌دل دارد نهانی

مگر اقبال شمعی نو برافروخت
که چون پروانه غم را بال و پر سوخت

مگر شیرین ز لعل افشاند نوشی
که از هر گوشه‌ای خیزد خروشی

بگو ای دولت آن رشک پری را
که بازآور به ما نیک‌اختری را

تو را بسیار خصلت جز نکوییست
بگویم راست، مردی راستگوییست

منم جو کِشته و گندم درودە
تو را جو داده و گندم نموده

مبین کز توسنی خشمی نمودم
تواضع بین که چون رام تو بودم

نبرّد دزد هندو را کسی دست
که با دزدی جوانمردیش هم هست

ندارم نیم‌دل در پادشاهی
ولیکن درد دل چندان که خواهی

لگدکوب غمت زآن گشت روحم
که بخت بد لگد زد بر فتوحم

دلم خون گرید از غم، چون نگرید؟
کدامین ظالم از غم خون نگرید؟

تنم ترسد ز هجران، چون نترسد؟
کدامین عاقل از مجنون نترسد؟

چو بی‌زلف تو بیدل بود دستم
دل خود را به زلفت بازبَستم

به خلوت با لبت دارم شماری
وز اینم کردنی‌تر نیست کاری

گرم خواهی به خلوت بار دادن
به جای گل چه باید خار دادن

از آن حقّه که جز مرهم نیاید
بده زآن کاو به دادن کم نیاید

چه باشد کز چنان آب حیاتی
به غارت برده‌ای، بخشی زکاتی

سرود گفتن نکیسا از زبان شیرین

چو برزد باربد زین‌سان نوایی
نکیسا کرد از آن خوش‌تر ادایی

شکفته چون گل نوروز و نورَنگ
به نوروز این غزل درساخت با چنگ

زهی چشمم به دیدار تو روشن
سر کویَت مرا خوش‌تر ز گلشن

خیالت پیشوای خواب و خوردم
غبارت توتیای چشم‌دَردم

به تو خوش‌دل دماغ مشک‌بیزم
ز تو روشن چراغ صبح‌خیزم

مرا چشمی و چشمم را چراغی
چراغ چشم و چشم‌افروز باغی

فروغ از چهر تو مهر فلک را
نمک از کانِ لعل تو نمک را

جمالت اختران را نور داده
به‌خوبی عالمت منشور داده

چه مِی خوردی که رویت چون بهار است؟
از آن می‌خور که آنت سازگار است

جمالت چون جوانی جان نوازد
کسی جان با جوانی درنبازد؟

تو نیز اَر آینه بر دست داری / ز عشق خود، دل خود مست داری
مبین در آینه چین ای بت چین / که باشد خویشتن‌بین خویشتن‌بین
کسی آن آینه بر کف چه گیرد؟ / که هر دم نقش دیگر کس پذیرد
تو را آیینه چشم چون منی بس / که ننماید به‌جز تو صورت کس
بدان داور که او دارای دهر است / که بی‌تو عمر شیرینم چو زهر است
تو با تریاک و من با زهر جان‌سوز / تو را آن روز وآنگه من بدین روز
به ترک بی‌دلی گفتن دلت داد؟ / زهی رحمت که رحمت بر دلت باد
گمان بودم که چون سستی پذیرم / در آن سختی تو باشی دستگیرم
کنون کُافتادم از سستی و مستی / گرفتی دست، لیکن پای بستی
بس است این یار خود را زار کشتن / جوانمردی نباشد یار کشتن
زنی هر ساعتم بر سینه خاری / مزن، چون می‌زنی بنواز باری
حدیث بی‌زبانی بر زبان آر / میان‌دربسته‌ای را در میان آر
ز بی‌رختی کشیدم بر دَرَت رخت / که سختی روی مردم را کنَد سخت
وگرنه من کی‌ام کز حصن فولاد / چراغی را برون آرَم بدین باد؟
تو را گر دست بالا می‌پرستم / به حکم زیردستی، زیردستم
مشو در خونِ چون من زیردستی / چه نقصان کعبه را از بت‌پرستی؟
چه داریم از جمال خویش مهجور؟ / رها کن تا تو را می‌بینم از دور
جوانی را به یادت می‌گذارم / بدین امید روزی می‌شمارم
خوشا وقتی که آیی در بَرَم تنگ / میِ نابم دهی بر نالهٔ چنگ
به ناز نیم‌شب زلفت بگیرم / چو شمع صبحدم پیشت بمیرم

شبی کز لعل مِی‌گونت شوم مست
بخسبم تا قیامت بر یکی دست

من و زین پس زمین‌بوس وثاقت
ندارم بیش از این برگ فراقت

به تو دادم عنان کارسازی
تو دانی گر کشی ور می‌نوازی

به پیشت کشته و افکنده باشم
از آن بهتر که بی‌تو زنده باشم

سرود گفتن باربد از زبان خسرو

نکیسا چون زد این طیّاره بر چنگ
ستای باربد برداشت آهنگ

به آواز حزین چون عذرخواهان
روان کرد این غزل را در سپاهان

سحرگاهان که از می مست گشتم
به مستی بر درِ باغی گذشتم

بهاری مشک‌بو دیدم در آن باغ
به چنگ زاغ و در خون چنگ آن زاغ

گل صدبرگ با هر برگ خاری
به زندان کرده گنجی در حصاری

حصاری لعبتی در بسته بر من
حصاری قفل او نشکسته دشمن

بهشتی‌پیکری از جان سرشتش
ز هر میوه درختی در بهشتش

ز چندان میوه‌های تازه و تر
ندیدم جز خماری خشک در سر

پری‌رویی که در دل خانه کرده
دلم را چون پری دیوانه کرده

به بیداری دماغم هست رنجور
کز اندیشه‌م نمی‌گردد پری دور

وگر خسبم به مغزم بر دهد تاب
پری‌وارم کند دیوانه در خواب

پری را هم دل دیوانه جوید
در آبادی نه، در ویرانه جوید

همانا کان پری‌روی فسون‌سنج
در آن ویرانه زآن پیچید چون گنج

گر آن گنج آید از ویرانه بیرون
به تاجش برنهم چون دُرّ مکنون

به خواب نرگس جادوش سوگند که غمزه‌ش کرد جادو را زبان‌بند
به دود افکندن آن زلف سرکش که چون دودافکنان در من زد آتش
به بانگ زیورش کز شور خلخال درآرَد مردهٔ صد ساله را حال
به مروارید دیباهای مهدش به مروارید شیرین‌کار شهدش
به عنبر سودنش بر گوشهٔ تاج به عقد آمودنش بر تختهٔ عاج
به نازش کز جبایت بی‌نیاز است به عذرش کآن بسی خوش‌تر ز ناز است
به طاق آن دو ابروی خمیده مثالی زآن دو طغرا برکشیده
بدان مژگان که چون بر هم زند نیش کند زخمش دل هاروت را ریش
به چشمش کز عتابم کرد رنجور به چشمک کردنش کز در مشو دور
بدان عارض کز او چشم آب گیرد ز تری نکته بر مهتاب گیرد
بدان گیسو که قلعه‌ش را کمند است چو سرو قامتش بالابلند است
به مارافسایی آن طرّه و دوش به چنبربازیِ آن حلقه و گوش
بدان نرگس که از نرگس گرو برد بدان سنبل که سنبل پیش او مرد
بدان سیّ و دو دانه لؤلؤ تر که دارد قفلی از یاقوت بر در
به سحر آن دو بادام کمربند به لطف آن دو عنّاب شکرخند
به چاه آن زنخ بر چشمهٔ ماه که دل را آب از آن چشمه‌ست و آن چاه
به طوق غبغبش گویی که آبی معلّق گشته است از آفتابی
بدان سیمین دو نار نرگس‌افروز که گردی بستد از نارنج نوروز
به فندق‌های سیمینَش، ده انگشت که قاقم را ز رشک خویشتن کشت
بدان ساعد که از بس رونق و آب چو سیمین تخته شد بر تخت سیماب

بدان نازک میان شوشه‌اندام	ولیکن شوشه‌ای از نقرهٔ خام
به سیمین ساق او گفتن نیارم	که گر گویم به شب خفتن نیارم
به خاک پای او کز دیده بیش است	به دو سوگند من بر جای خویش است
که گر دستم دهد کارم به دستش	میان جان کنم جای نشستش
ز دستم نگذرد تا زنده باشم	جهان را شاه و او را بنده باشم

سرود گفتن نکیسا از زبان شیرین

چو رود باربد این پرده پرداخت	نکیسا زود چنگ خویش بنواخت
در آن پرده که خوانندش حصاری	چنین بکری برآورد از عماری
دلم خاک تو گشت ای سرو چالاک	برافکن سایهٔ چون سرو بر خاک
از این مشکین‌رَسَن، گردن چه تابی؟	رَسَن‌در‌گردنی چون من، نیابی
اگر گردن‌کشی کردم چو میران	رسن در گردن آیم چون اسیران
نگنجد آسمان در خانهٔ من	دو عالم در یکی ویرانهٔ من
نتابد پای پیلان خانهٔ مور	نباشد پشّه با سیمرغ همزور
سپهری کی فرود آید به چاهی؟	کجا گنجد بهشتی در گیاهی؟
سری کاو نُزل دربان را نشاید	نثار تخت سلطان را نشاید
به جان آوردن دوشینه منگر	به جان بین کآوریدم دیده بر سر
در آن حضرت که خواهش را قدم نیست	شفیعی بایدم وآن جز کَرَم نیست
به عذر کردن چندین گناهم	اگر عذری به دست آرم بخواهم
زنم چندان زمین را بوس در بوس	که بخشایش برآرَد کوس در کوس

به چهره خاک را چندان خراشم
کزآن خاک آبرویی برتراشم

بساطت را به رخ چندان کنم نرم
که اقبالم دهد منشور آزَرم

چنین خواندم ز طالع‌نامهٔ شاه
که صاحب‌طالع پیکان بوَد ماه

من آن پیکم که طالع، ماه دارم
چو پیکان پای از آن در راه دارم

ز جوشِ این دلِ جوشیده با تو
پیامی داشتم پوشیده با تو

بَریدم تا پیامت را گذارم
هم از گنج تو وامت را گذارم

دهانم گر ز خردی کرد یک ناز
به خرده در میان آوردمش باز

زبان گر برزد از آتش زبانه
نهادم با دو لعلش در میانه

وگر زلفم سر از فرمان بری تافت
هم از سر تافتن تأدیب آن یافت

وگر چشمم ز ترکی تنگی‌ای کرد
به عذر آمد چو هندوی جوانمرد

خم ابروم اگر زه بر کمان بست
بزن تیرش تو را نیز آن کمان هست

وگر غمزه‌م به مستی تیری انداخت
به هشیاری ز خاکت توتیا ساخت

گر از تو جعد خویش آشفته دیدم
به زنجیرش نگر چون درکشیدم

چو مشعل سر درآوردم بدین در
نهادم جان خود چون شمع بر سر

اگر خطّت کمر بندد به خونم
نیابی نقطه‌وار از خط برونم

وگر گیرد وصالت کار من سست
به آب دیده گیرم دامنش چست

عقیقت گر خورد خونم از این بیش
به مروارید دندانش کنم ریش

من آن باغم که میوه‌ش کس نچیده‌ست
درش پیدا، کلیدش ناپدیدست

کسی گر جز تو بر نارَم کشد دست
به عشوه زآب انگورش کنم مست

جز آن لب کز شکر دارد دهانی
ز بادامم نیابد کس نشانی

اگر چون فندقم بر سر زنی سنگ ز عنّابم نیابد جز تو کس رنگ
بر آن‌کس چون دهان پسته خندم که جز تو پسته بگشاید ز قندم
کسی کاو با ترنجم کار دارد ترنج‌آسا قدم بر خار دارد
رطب‌چینی که با نخلم ستیزد ز من جز خار هیچش برنخیزد
دهانی کاو طمع دارد به سیبم به موم سرخ چون طفلش فریبم
اگر زیر آفتاب آید، زبر ماه بدین میوه نیابد جز تو کس راه

غزل گفتن باربد از زبان خسرو

نکیسا چون زد این افسانه بر ساز ستای باربد برداشت آواز
نوا را پردهٔ عشّاق آراست درافکند این غزل را در ره راست
مرا در کویَت ای شمع نکویی فلک پای بز افکنده‌ست گویی
که گر چون گوسفندم می‌بُری سر به پای خود دَوَم چون سگ بر آن در
دلم را می‌بری اندیشه‌ای نیست ببر کز بیدلی بِه پیشه‌ای نیست
تنی کاو بار این دل برنتابد به سرباری غمِ دلبر نتابد
چو در خدمت نباشد شخص رنجور نباید دل که از خدمت بوَد دور
بسی کوشم که دل بردارم از تو که بس رونق ندارد کارم از تو
نه بتوان دل ز کارَت برگرفتن نه از دل نیز بارَت برگرفتن
بدان جان کز چنین صد جان فزون است که جانم بی‌تو در غرقاب خون است
بدان چشم سیه کاهوشِکار است کز آهوی تو چشمم را غبار است
فروماندم ز تو خالی و نومید چو ذرّه کاو جدا مانَد ز خورشید

جدا گشتم ز تو رنجور و تنها
چو ماهی کاو جدا مانَد ز دریا

مَدارم بیش از این چون ماه در میغ
تو دانی و سر، اینک تاج یا تیغ

چو در ملک جمالت تازه شد رای
عنایت را مثالی تازه فرمای

پس از عمری که کردم دیده جایت
کم از یک شب که بوسم جای پایت؟

چنان دان گر لبم پرخنده داری
که بی‌شک مرده‌ای را زنده داری

به بوسی برفروز افسرده‌ای را
به بویی زنده گردان مرده‌ای را

مرا فرّخ بوَد روی تو دیدن
مبارک باشد آوازت شنیدن

خلاف آن شد که از چشمم نهانی
چو از چشم بد آب زندگانی

خدایی کآفرینش کردهٔ اوست
ز تن تا جان پدیدآوردهٔ اوست

امیدم هست کز روی تو دل‌سوز
به روز آرَد شبم را هم یکی روز

چو شیرین دست‌بردِ باربد دید
ز دست عشق، خود را کار، بد دید

نوایی برکشید از سینهٔ تنگ
به چنگی داد کاین درساز در چنگ

بزن راهی که شه بی‌راه گردد
مگر کاین داوری کوتاه گردد

سرود گفتن نکیسا از زبان شیرین

نکیسا در ترنّم جادوی ساخت
پس آنگه این غزل در راهوی ساخت

بساز ای یار با یاران دل‌سوز
که دی رفت و نخواهد ماند امروز

گره بگشای با ما بستگی چند
شتاب عمر بین آهستگی چند

ز یاری حکم کن تا شهریاری
ندارد هیچ بنیاد استواری

به روزی چند با این سست‌رَختی
بدین سختی چه باید کرد سختی؟

به عمری کاو بوَد پنجاه یا شصت / چه باید صد گره بر جان خود بست؟

بسا تابه که ماند از طیرگی سرد / بسا سکبا که سگبان پخت و سگ خورد

خوش آن باشد که امشب باده نوشیم / امان باشد که فردا بازکوشیم؟

چو بر فردا نماند امّیدواری / بباید کردن امشب سازگاری

جهان بسیار شب‌بازی نموده‌ست / جهان نادیده‌ای جانا، چه سودست؟

بهاری داری از وی برخور امروز / که هر فصلی نخواهد بود نوروز

گلی کاو را نبوید آدمی‌زاد / چو هنگام خزان آید برد باد

گل آن بهتر کزو گلّاب خیزد / گلابی گر گذارد گل بریزد

در آن حضرت که نام زر سفال است / چو من مس در حساب آید محال است

لب دریا و آنگه قطرهٔ آب؟ / رخ خورشید و آنگه کرم شبتاب؟

چو بازار تو هست از نیکوی تیز / کسادی را چو من رونق برانگیز

بخر کالای کاسد تا توانی / به کار آید یکی روزت چه دانی؟

درستی گرچه دارد کار و باری / شکسته‌بسته نیز آید به کاری

اگرچه زر به مُهر افزون‌عیار است / قراضه‌ریزه‌ها هم در شمار است

نهادستی ز عشقم حلقه در گوش / بدین عیبم خریدی، باز مفروش

تمنّای من از عمر و جوانی / وصال توست وآنگه زندگانی

به پیغامی ز تو راضی‌ست گوشم / برآیم زین اگر زین بیش کوشم

منم در پای عشقت رفته از دست / به خلوت خورده مِی، تنها شده مست

منم آن سایه کز بالا و از زیر / ز پایت سر نگردانم به شمشیر

نگردم از تو تا بی‌سر نگردم	ز تو تا درنگردم، برنگردم
سخن تا چند گویم با خیالت؟	برون رانم جنیبت با جمالت؟
به هر سختی که تا اکنون نمودم	چو لحن مطربان در پرده بودم
کنون در پردهٔ خون خواهم افتاد	چو برق از پرده بیرون خواهم افتاد
چراغ از دیده چندان روی پوشد	که دیگ روغنش ز آتش نجوشد
بخسبانم تو را، من مِی خورم ناب	که من سرمست خوش باشم، تو در خواب
به جای توتیا گَردت ستانم	گهی بوسه، گهی دردت ستانم
سر زلفت به گیسو بازبندم	گهی گِریَم ز عشقت، گاه خندم
چنان بندم به دل نقش نگینت	که بر دستت نداند آستینت
در آغوش آن‌چنان گیرم تنت را	که نبوَد آگهی پیراهنت را
چو لعبت‌باز شب پنهان کند راز	من اندر پرده چون لعبت شوم باز
گر از دستم چنین کاری برآید	ز هر خاریم گلزاری برآید
خدایا ره به پیروزیم گردان	چنین پیروزی‌ای روزیم گردان
چو خسرو گوش کرد این بیت چالاک	ز حالت کرد حالی جامه را چاک
به صد فریاد گفت ای باربد هان	قوی کن جان من در کالبد هان

سرود گفتن باربد از زبان خسرو

نکیسا چون ز شاه آتش برانگیخت	ستای باربد آبی بر او ریخت
به استادی نوایی کرد بر کار	کز او چنگ نکیسا شد نگونسار
ز ترکیب ملک برد آن خلل را	به زیرافکن فروگفت این غزل را

خسرو و شیرین

ببخشای ای صنم بر عذرخواهی	که صد عذر آورد در هر گناهی
گر از حکم تو روزی سر کشیدم	بسی زهر پشیمانی چشیدم
گرفتم هرچه من کردم گناه است	نه آخر آب چشمم عذرخواه است؟
پشیمانم ز هر بادی که خوردم	گرفتارم به هر غدری که کردم
قلم در حرف کِش بی‌آبی‌ام را	شفیع آرَم به تو بی‌خوابی‌ام را
ازین پس سر ز پایت برندارم	سر از خاک سرایت برندارم
کنم در خانهٔ یک چشم جایت	به دیگر چشم بوسم خاک پایت
سگم وز سگ بتر پنهان نگویم	گَرَت جان از میان جان نگویم
نصیب من ز تو در جمله هستی	سلامی بود و آن در نیز بستی
اگر محروم شد گوش از سلامت	زبان را تازه می‌دارم به نامت
در این تب گرچه بَرنارم فغانی	گَرَم پرسی ندارد هم زیانی
ز تو پرسش مرا امّیدِ خام است	اگر بر خاطرت گردم تمام است
نداری دل که آیی بر کنارم	وگر داری من آن طالع ندارم
نمایی کز غمت غمناکم ای جان	نگویی من کدامین خاکم ای جان
اگر تو راضی‌ای کاین دل خراب است	رضای دوستان جستن صواب است
تو بر من تا توانی ناز می‌ساز	که تا جانم برآید می‌کشم ناز
منم عاشق مرا غم سازگار است	تو معشوقی، تو را با غم چه کار است؟
تو گر سازی وگر نه من برآنم	که سوزم در غمت تا می‌توانم
مرا گر نیست دیدار تو روزی	تو باقی باش در عالم‌فروزی

اگر من جان دهم در مهربانی		تو را باید که باشد زندگانی
اگر من بر نخوردم از نکویی		تو برخوردار باش از خوب‌رویی
تو دائم مان که صحبت جاودان نیست		من اَر مانم وگرنه باک از آن نیست
ز تو بی‌روزی‌ام خوانند و گویم		مرا آن بِه که من بهروز اویم
مرا گر روز و روزی رفت بر باد		تو را هر روز، روز از روز بِه باد
چو برزد باربد بر خشک رودی		بدین تری که برگفتم سرودی
دل شیرین بدان گرمی برافروخت		که چون روغن چراغ عقل را سوخت
چنان فریاد کرد آن سرو آزاد		کزآن فریاد شاه آمد به فریاد
شهنشه چون شنید آواز شیرین		رسیلی کرد و شد دمساز شیرین
در آن پرده که شیرین ساختی ساز		هم‌آهنگیش کردی شه به آواز
چو شخصی کاو به کوهی راز گوید		بدو کوه آن سخن را بازگوید
ازین سو مه ترانه برکشیده		وزآن سو شاه پیراهن دریده
چو از سوز دو عاشق آه برخاست		صُداع مطربان از راه برخاست
ملک فرمود تا شاپور حالی		ز جز خسرو سرا را کرد خالی
بر آن آواز خرگاهی پر از جوش		سوی خرگاه شد بی‌صبر و بی‌هوش
درآمد در زمان شاپور هشیار		گرفتش دست و گفتا جا نگه‌دار
اگرچه کار خسرو می‌شد از دست		چو خود را دستگیری دید بنشست
پس آنگه گفت کاین آواز دل‌سوز		چه آواز است؟ رازش در من آموز

بیرون آمدن شیرین از خرگاه

حکایت برگرفته شاه و شاپور / جهان دیدند یکسر نور در نور
پری‌پیکر برون آمد ز خرگاه / چنان کز زیر ابر آید برون ماه
چو عیّاران سرمست از سرِ مهر / به پای شه درافتاد آن پری‌چهر
چو شه معشوق را مولای خود دید / سر مه را به زیر پای خود دید
ز شادی ساختش بر فرق خود جای / که شه را تاج بر سر بِه که در پای
در آن خدمت که یارش ساز می‌کرد / مکافاتش یکی ده باز می‌کرد
چو کار از پای‌بوسی برتر آمد / تقاضای دهن‌بوسی برآمد
از آن آتش که بر خاطر گذر کرد / ترُش‌رویی به شیرین در اثر کرد
ملک حیران شده کآن روی گلرنگ / چرا شد شاد و چون شد باز دل‌تنگ
نهان در گوش خسرو گفت شاپور / که گر مه شد گرفته هست معذور
برای آنکه خود را تا به امروز / به نام نیک پرورد آن دل‌افروز
کنون ترسد که مطلق‌دستیِ شاه / نهد خال خجالت بر رخ ماه
چو شه دانست کآن تخم برومند / بدو سر درنیارد جز به پیوند
بسی سوگند خورد و عهدها بست / که بی‌کاوین نیارد سوی او دست
بزرگان جهان را جمع سازد / به کاوین کردنش گردن فرازد
ولی باید که می در جام ریزد / که از دست این زمان آن برنخیزد
یک امشب شادمان با هم نشینیم / به روی یکدگر عالم ببینیم
چو عهد شاه را بشنید شیرین / به خنده برگشاد از ماه پروین

لبش با دُر به غوّاصی درآمد / سر زلفش به رقّاصی برآمد
خروش زیور زر تاب داده / دماغ مطربان را خواب داده
لبش از می قدح بر دست کرده / به جرعه ساقیان را مست کرده
ز شادی چون تواند ماند باقی / که مه مطرب بوَد، خورشید ساقی
دل از مستی چنان مخمور مانده / کز اسباب غرض‌ها دور مانده
دماغ از چاشنی‌های دگرنوش / ز لذّت کرده شهوت را فراموش
بخور عطر و آنگه روی زیبا / دل از شادی کجا باشد شکیبا؟
فرومانده ز بازی‌های دلکش / در آب و آتش اندر آب و آتش
کشش‌هایی بدان رغبت که باید / چو مغناطیس کآهن را رباید
ولیکن بود صحبت زینهاری / نکردند از وفا زنهارخواری
چو آمد در کف خسرو دل دوست / برون آمد ز شادی چون گل از پوست
دل خود را چو شمع از دیده پالود / پرند ماه را پروین برآمود
به مژگان دیده را در ماه می‌دوخت / مگر بر مجمرِ مه عود می‌سوخت
گهی می‌سود نرگس بر پرندش / گهی می‌بست سنبل بر کمندش
گهی بر نار سیمینش زدی دست / گهی لرزید چون سیماب پیوست
گهی مرغول جَعدش باز کردی / ز شب بر ماه مشک‌انداز کردی
گه از فرق سرش معجر گشادی / غلامانه کلاهش برنهادی
گه از گیسوش بستی بر میان بند / گه از لعلش نهادی در دهان قند
گهی سودی عقیقش را به انگشت / گه آوردی زنخ چون سیب در مشت
گهی دستینه از دستش ربودی / به بازوبندی‌اش بازو نمودی

گهی خلخال‌هاش از پای کندی
به جای طوق در گردن فکندی

گه آوردی فروزان شمع در پیش
در او دیدی و در حال دل خویش

گهی گفتی تنم را جان تویی، تو
گهی گفت این منم، من؟ آن تویی، تو؟

دلش در بند آن پاکیزه دلبند
به شاهدبازی آن شب گشت خرسند

نشاط هر دو در شهوت‌پرستی
به شیر مست ماند از شیرمستی

صدف می‌داشت دُرج خویش را پاس
که تا بر در نیفتد نوک الماس

ز بانگ بوس‌های خوشتر از نوش
زمانه ارغنون کرده فراموش

دهل‌زن چون دهل را ساز می‌کرد
هنوز این لابه و آن ناز می‌کرد

بدین‌سان هفته‌ای دمساز بودند
گهی با عذر و گه با ناز بودند

به روز آهنگ عشرت داشتندی
دمی بی‌خوش‌دلی نگذاشتندی

به شب نرد قناعت باختندی
به بوسه کعبتین انداختندی

شب هفتم که کار از دست می‌شد
غرض دیوانه، شهوت مست می‌شد

ملک فرمود تا هم در شب آن ماه
به برج خویشتن روشن کند راه

سپاهی چون کواکب در رکابش
که از پُرّی خدا داند حسابش

نشیند تا به صد تمکینش آرند
چو مه در محمل زرّینش آرند

چنان کآید به برج خویشتن ماه
به قصر خویشتن آمد ز خرگاه

چو رفت آن نقد سیمین باز در سنگ
ز نقد سیم شد دست جهان تنگ

فلک بر کرد زرّین بادبانی
نماند از سیم کشتی‌ها نشانی

شهنشه کوچ کرد از منزل خویش
گرفته راه دارالملک در پیش

به شهر آمد طرب را کار فرمود
برآسود و ز مِی خوردن نیاسود

به فیضِ ابروی سیمادرخشی
جهان را تازه کرد از تاج‌بخشی

درآمد مرد را بخشنده دارد
زمین تا درنیارد، بر نیارد

نه ریزد ابر بی‌توفیر دریا
نه بی‌باران شود دریا مهیّا

نه بر مرد تهی‌رو هست باجی
نه از ویرانه کس خواهد خراجی

شبی فرمود تا اخترشناسان
کنند اندیشهٔ دشوار و آسان

بجویند از شب تاریک تارک
به روشن‌خاطری روزی مبارک

که شاید مهد آن ماه دل‌افروز
به برج آفتاب آوردن آن روز

رصدبندان بر او مشکل گشادند
طرب را طالعی میمون نهادند

آوردن خسرو، شیرین را از قصر به مدائن

به پیروزی چو بر پیروزه‌گون تخت
عروس صبح را پیروز شد بخت

جهان رست از مرقّع پاره کردن
عروس عالم از زر یاره کردن

شه از بهر عروس آرایشی ساخت
که خور از شرم آن آرایش انداخت

هزار اشتر سیه‌چشم و جوان‌سال
سراسر سرخ‌موی و زردخلخال

هزار اسب مرصّع گوش تا دم
همه زرین‌ستام و آهنین‌سم

هزار استر ستاره‌چشم و شبرنگ
که دوران بود با رفتارشان لنگ

هزاران لعبتان نارپستان
به رخ هر یک چراغ بت‌پرستان

هزاران ماه‌رویان قصب‌پوش
همه دُر دَر کلاه و حلقه در گوش

ز صندوق و خزینه چند خروار
همه آکنده از لؤلؤی شهوار

ز مفرش‌ها که پُر دیبا و زر بود
ز صد بگذر که پانصد بیشتر بود

خسرو و شیرین

همه پُر زرّ و دیباهای چینی / کز آنسان در جهان اکنون نبینی
چو طاووسان زرّین دَه عماری / به هر طاووس در کبکی بهاری
یکی مهدی به زر ترکیب کرده / ز بهر خاص او ترتیب کرده
ز حدّ بیستون تا طاق گَرّا / جنیبتها روان با طوق و هرّا
زمین را عرض نیزه تنگ داده / هوا را موج بیرق رنگ داده
همه ره موکب خوبانِ چون شهد / عماری در عماری مهد در مهد
شکرریزان عروسان بر سر راه / قصبهای شکرگون بسته بر ماه
پری‌چهره بتان شوخ دلبند / ز خال و لب سرشته مشک با قند
به گرد فرق هر سرو بلندی / عراقی‌وار بسته فرق‌بندی
به پشت زین، بر اسبان روانه / ز گیسو کرده مشکین تازیانه
به گیسو در نهاده لؤلؤ زر / زده بر لؤلؤی زر، لؤلؤی تر
بدین رونق، بدین آیین، بدین نور / چنین آرایشی زو چشم بد دور
یکایک در نشاط و ناز رفتند / به استقبال شیرین بازرفتند
به جای فندق افشان بود بر سر / دُر افشان، هر دُری چون فندقِ تر
به جای پرّهٔ گل، نافهٔ مشک / مرصّع لؤلؤی تر با زر خشک
همه ره گنج‌ریز و گوهرانداز / بیاوردند شیرین را به صد ناز
چو آمد مهد شیرین در مدائن / غنی شد دامن خاک از خزائن
به هر گامی که شد چون نوبهاری / شهنشه ریخت در پایش نثاری
چنان کز بس درمریزان شاهی / درم روید هنوز از پشت ماهی
فرود آمد به دولتگاه جمشید / چو در برج حمل تابنده خورشید

ملک فرمود خواندن موبدان را / همان کارآگهان و بخردان را
ز شیرین قصّه‌ای بر انجمن راند / که هرکس جان شیرین بر وی افشاند
که شیرین شد مرا هم جفت و هم یار / به هر مهرش که بنوازم سزاوار
ز من پاک است با این مهربانی / که داند کرد از این‌سان زندگانی؟
گر او را جفت سازم جای آن هست / بدو گردن فرازم رای آن هست
می آن بهتر که با گل جام گیرد / که هر مرغی به جفت آرام گیرد
چو بر گردن نباشد گاو را جفت / به گاوآهن که داند خاک را سفت؟
همه گَرد از جبین‌ها برگرفتند / بر آن شغل آفرین‌ها برگرفتند
گرفت آن‌گاه خسرو دست شیرین / برِ خود خواند موبد را که بنشین
سخن را نقش بر آیین او بست / به رسم موبدان کاوین او بست
چو مهدش را به مجلس خاصگی داد / درون پردهٔ خاصش فرستاد

زفاف خسرو و شیرین

سعادت چون گلی پرورد خواهد / به بار آید پس آنگه مرد خواهد
نخست اقبال بردوزد کلاهی / پس آن‌گاهی نهد بر فرق شاهی
ز دریا دُر برآرد مرد غوّاص / به کم‌مدّت شود بر تاج‌ها خاص
چو شیرین گشت شیرین‌تر ز جلّاب / صلا در داد خسرو را که دریاب
بخور کاین جام شیرین نوش بادت / به‌جز شیرین، همه فرموش بادت
به خلوت، بر زبان نیکنامی / فرستادش به هشیاری پیامی
که جام باده در باقی کن امشب / مرا هم باده، هم ساقی کن امشب

مشو شیرین‌پرست اَر مِی‌پرستی / که نتوان کرد با یک دل دو مستی
چو مستی مرد را بر سر زند دود / کبابش خواه تر، خواهی نمک‌سود
دگر چون بر مرادش دست باشد / بگوید مست بودم، مست باشد
اگر بالای صد بکری برد مست / به هشیاری به هشیاران کشد دست
بسا مستا که قفل خویش بگشاد / به هشیاری ز دزدان کرد فریاد
خوش آمد این سخن شاه عجم را / بگفتا هست فرمان آن صنم را
ولیکن بود روز باده خوردن / جگرخواری نمی‌شایست کردن
نوای باربد، لحن نکیسا / جبین زهره را کرده زمین‌سا
گهی گفتی به ساقی نغمهٔ رود / بده جامی که باد این عیش بدرود
گهی با باربد گفتی می از جام / بزن کِامسال نیکت باد فرجام
ملک بر یاد شیرین تلخ‌باده / لبالب کرده و بر لب نهاده
به شادی هر زمان می‌خورد کاسی / بدین‌سان تا ز شب بگذشت پاسی
چو آمد وقت آن کآسوده و شاد / شود سوی عروس خویش داماد
چنان بُد مست کِش بیهوش بردند / به جای غاشیه‌ش بر دوش بردند
چو شیرین در شبستان آگهی یافت / که مستی شاه را از خود تهی یافت
به شیرینی جمال از شاه بنهفت / نهادش جفته‌ای شیرین‌تر از جفت
ظریفی کرد و بیرون از ظریفی / نشاید کرد با مستان حریفی
عجوزی بود مادرخوانده او را / ز نسل مادران وامانده او را
چه گویم؟ راست چون گرگی به تقدیر / نه چون گرگ جوان، چون روبه پیر
دو پستان چون دو خیک آبرفته / ز زانو زور و از تن تاب رفته

تنی چون خرکمان از کوژپشتی | بر او پشتی چو کیمخت از درشتی
دو رخ چون جوز هندی ریشه‌ریشه | چو حنظل هر یکی زهری به شیشه
دهان و لفجنش از شاخ‌شاخی | به گوری تنگ می‌ماند از فراخی
شکنجِ ابرویش بر لب فتاده | دهانش را شکنجه برنهاده
نه بینی! خرگهی بر روی بسته | نه دندان! یک دو زرنیخ شکسته
مژه ریزیده، چشم آشفته مانده | ز خوردن دست و دندان سفته مانده
به عمدا زیورش بربستش آن ماه | عروسانه فرستادش برِ شاه
بدان تا مستی‌اش را آزماید | که مه را ز ابر فرقی می‌نماید؟
ز طرف پرده آمد پیر بیرون | چو ماری کآید از نخجیر بیرون
گران‌جانی که گفتی جان نبودش | به دندانی که یک دندان نبودش
شه از مستی در آن ساعت چنان بود | که در چشم، آسمانش ریسمان بود
ولیک آن مایه بودش هوشیاری | که خوش‌تر زین رَوَد کبک بهاری
کمانِ ابروان را زه برافکند | بدان دل کآهوی فربه درافکند
چو صید افکنده شد، کاهی نیرزید | وزآن صد گرگ، روباهی نیرزید
کلاغی دید بر جای همایی | شده در مهد ماهی اژدهایی
به دل گفت این چه اژدرهاپرستی‌ست؟ | خیال خواب یا سودای مستی‌ست؟
نه بس شیرین شد این تلخ دوتا پشت | چه شیرین کز ترُش‌رویی مرا کشت
ولی چون غول مستی رهزنش بود | گمان افتاد کآن مادرزنش بود
درآورد از سر مستی به دو دست | فتاد آن جام و شیشه هر دو بشکست
به صد جهد و بلا برداشت آواز | که مُردم، جان مادر چاره‌ای ساز

چو شیرین بانگ مادرخوانده بشنید
به فریادش رسیدن مصلحت دید

برون آمد ز طرف هفت پرده
بِنامیزَد رخی هر هفت کرده

چه گویم چون شِکر؟ شِکّر کدام است؟
طبرزد نه که او نیزش غلام است

چو سروی گر بوَد در دامنش نوش
چو ماهی گر بوَد ماهی قصب‌پوش

مهی، خورشید با خوبیش درویش
گلی از صد بهارش مملکت بیش

بتی کآمد پرستیدن حلالش
بهشتی نقد بازار جمالش

بهشتی شربتی از جان سرشته
ولی نام طمع بر یخ نوشته

جهان‌افروز دل‌بندی، چه دل‌بند؟
به خرمن‌ها گل و خروارها قند

بهاری تازه چون گل بر درختان
سزاوار کنار نیک‌بختان

خجل‌رویی ز رویش مشتری را
چنان کز رفتنش کبک دری را

عقیق میمشکلش سنگ در مشت
که تا بر حرف او کس ننهد انگشت

نسیمش در بها همسنگ جان بود
ترازوداری زلفش بدان بود

ز خالش چشم بد در خواب رفته
چو دیده نقش او از تاب رفته

ز کرسی‌داریِ آن مشک جوسنگ
ترازو گاه جو می‌زد، گهی سنگ

لب و دندانی از عشق آفریده
لبش دندان و دندان لب ندیده

رخ از باغ سبک‌روحی نسیمی
دهان از نقطهٔ موهوم میمی

کشیده گرد مه مشکین‌کمندی
چراغی بسته بر دود سپندی

به نازی قلب ترکستان دریده
به بوسی دخل خوزستان خریده

رخی چون تازه گل‌های دلاویز
گلاب از شرم آن گل‌ها عرق‌ریز

سپید و نرم چون قاقم بر او پشت
کشیده چون دم قاقم ده انگشت

خسرو و شیرین

تنی چون شیر با شکّر سرشته
تَباشیرش به جای شیر هشته

ز تری خواست اندامش چکیدن
ز بازی زلفش از دستش پریدن

گشاده طاق ابرو تا بناگوش
کشیده طوق غبغب تا سر دوش

کرشمه کردنی بر دل عنان‌زن
خمارآلوده چشمی کاروان‌زن

ز خاطرها چو باده گر دمی برد
ز دل‌ها چون مفرّح دَرد می‌برد

گل و شکّر، کدامین گل؟ چه شکّر؟
به او، او ماند و بس، الله‌اکبر

ملک چون جلوهٔ دل‌خواه نو دید
تو گفتی دیودیده، ماه نو دید

چو دیوانه ز ماه نو برآشفت
در آن مستی و آن آشفتگی خفت

سحرگه چون به عادت گشت بیدار
فتادش چشم بر خرمای بی‌خار

عروسی دید زیبا جان در او بست
تنوری گرم، حالی نان در او بست

نبیذ تلخ گشته سازگارش
شکسته بوسهٔ شیرین خمارش

نهاده بر دهانش ساغر مل
شکفته در کنارش خرمن گل

دو مشکین طوق در حلقش فتاده
دو سیمین‌نار بر سیبش نهاده

بنفشه با شقایق در مناجات
شکر می‌گفت فی‌التأخیر آفات

چو ابر از پیش روی ماه برخاست
شکیب شاه نیز از راه برخاست

خرد با روی خوبان ناشکیب است
شراب چینیان، مانی‌فریب است

به خوزستان درآمد خواجه سرمست
طبرزد می‌ربود و قند می‌خست

نه خوش‌تر زآن صبوحی دیده دیده
نه صبحی زآن مبارک‌تر دمیده

سرِ اوّل به گل چیدن درآمد
چو گل زآن رخ به خندیدن درآمد

پس آنگه عشق را آوازه درداد
صلای میوه‌های تازه درداد

که از سیب و سمن بُد نقل‌سازیش — گهی با نار و نرگس رفت بازیش
گهی باز سپید از دست شه جست — تذرو باغ را بر سینه بنشست
گهی از بس نشاط‌انگیز پرواز — کبوتر چیره شد بر سینهٔ باز
گوزن ماده می‌کوشید با شیر — بر او هم شیر نر شد عاقبت چیر
شگرفی کرد و تا خازن خبر داشت — به یاقوت از عقیقش مهر برداشت
برون برد از دل پردرد او درد — برآورد از گل بی‌گرد او گرد
حصاری یافت سیمین قفل بر در — چو آب زندگانی مهر بر سر
نه بانگ پای مظلومان شنیده — نه دست ظالمان بر وی رسیده
خدنگ غنچه با پیکان شده جفت — به پیکان لعل پیکانی همی‌سفت
مگر شه خضر بود و شب سیاهی — که در آب حیات افکند ماهی
چو تخت پیل شه شد تختهٔ عاج — حساب عشق رست از تخت و از تاج
به ضرب دوستی بر دست می‌زد — دبیرانه یکی در شصت می‌زد
نگویم بر نشانه تیر می‌شد — رطب بی‌استخوان در شیر می‌شد
شده چنبر میانی بر میانی — رسیده زآن میان جانی به جانی
چکیده آب گل در سیمگون جام — شکر بگداخته در مغز بادام
صدف بر شاخ مرجان مهد بسته — به یکجا آب و آتش عهد بسته
ز رنگ‌آمیزی آن آتش و آب — شبستان گشته پرشنگرف و سیماب
شبان‌روزی به ترک خواب گفتند — به مرواریدها یاقوت سفتند
شبان‌روزی دگر خفتند مدهوش — بنفشه در بر و نرگس در آغوش
به یکجا هر دو چون طاووس خفته — که الحق خوش بوَد طاووس جفته

خسرو و شیرین

ز نوشین‌خواب چون سر برگرفتند / خدا را آفرین از سر گرفتند
به آب اندام را تأدیب کردند / نیایش‌خانه را ترتیب کردند
ز دست خاصگان پردهٔ شاه / نشد رنگ عروسی تا به یک ماه
همیلا و سمن‌ترک و همایون / ز حنّا دست‌ها را کرده گلگون
ملک روزی به خلوتگاه بنشست / نشاند آن لعبتان را نیز بر دست
به رسم، آرایشی در خوردشان کرد / ز گوهر سرخ و از زر زردشان کرد
همایون را به شاپور گزین داد / طبرزد خورد و پاداش انگبین داد
همیلا را نکیسا یار شد راست / سمن‌ترک از برای باربد خواست
ختن‌خاتون ز روی حکمت و پند / بزرگ‌امّید را فرمود پیوند
پس آنگه داد با تشریف و منشور / همه ملک مهین‌بانو به شاپور
چو آمد دولت شاپور در کار / در آن دولت عمارت کرد بسیار
دزِ اقنا که صحنش نور دارد / بنا گویند کز شاپور دارد
از آن پس کار خسرو خرّمی بود / ز دولت بر مرادش همدمی بود
جوانیّ و مراد و پادشاهی / از این بِه، گر به هم باشد، چه خواهی؟
نبودی روز و شب بی‌باده و رود / جهان را خورد و باقی کرد بدرود
جهان خوردن گزین کاین خوشگوار است / غم کار جهان خوردن چه کار است؟
به خوش‌طبعی جهان می‌داد و می‌خورد / قضای عیش چندین‌ساله می‌کرد
پس از یک‌چند چون بیداردل گشت / از آن گستاخ‌رویی‌ها خجل گشت
چو مویش دیده‌بان بر عارض افکند / جوانی را ز دیده موی برکند
ز هستی تا عدم مویی امید است / مگر کآن موی خود موی سپید است

چو در موی سیاه آمد سپیدی پدید آمد نشان ناامیدی
بنفشه زلف را چندان دهد تاب که باشد یاسمن را دیده در خواب
ز شب چندان توان دیدن سیاهی که برناید فروغ صبحگاهی
هوای باغ چندانی بوَد گرم که سبزی را سپیدی دارد آزرم
چو بر سبزه فشانَد برف کافور به باد سرد باشد باغ معذور
سگ تازی که آهوگیر گردد بگیرد آهویش چون پیر گردد
کمان ترک چون دور افتد از تیر دَفی باشد کهن با مطربی پیر
چو گندم را سپیدی داد رنگش شود تلخ اَر بود سالی درنگش
چو گازُرشوی گردد جامهٔ خام خورَد مقراضهٔ مقراض ناکام
بخار دیگ چون کف بر سر آرد همه مطبخ به خاکستر برآرد
سیاه مطبخی را گو میندیش که داری آسیایی نیز در پیش
اگر در مطبخت نام است عنبر شَوی در آسیا کافورپیکر
بر آن‌کس کآسیا گردی نشاند نماند گرد چون خود را فشاند
کسی کُافتد بر او زین آسیا گرد به صد دریا نشاید غسل او کرد
جوانی چیست؟ سودایی‌ست در سر وزآن سودا تمنّایی میسّر
چو پیری بر ولایت گشت والی برون کرد از سر آن سودا به سالی
جوانی گفت پیری را چه تدبیر؟ که یار از من گریزد چون شوم پیر
جوابش داد پیر نغزگفتار که در پیری تو خود بگریزی از یار
بر آن سر کآسمان سیماب ریزد چو سیماب از بت سیمین گریزد
سیه‌مویی جوان را غم زداید که در چشم سیاهان غم نیاید

غم از زنگی بگرداند عَلَم را	نداند هیچ زنگی نام غم را
سیاهی توتیای چشم از آن است	که فرّاش ره هندوستان است
مخسب ای سر که پیری در سر آمد	سپاه صبحگاه از در درآمد
ز پنبه شد بناگوشت کفن‌پوش	هنوز این پنبه بیرون ناری از گوش
چو خسرو در بنفشه یاسمن یافت	ز پیری در جوانی یاس من یافت
اگرچه نیک‌عهدی پیشه می‌کرد	جهان بدعهد بود اندیشه می‌کرد
گهی بر تخت زرّین نرد می‌باخت	گهی شبدیز را چون بخت می‌تاخت
گهی می‌کرد شهد باربد نوش	گهی می‌گشت با شیرین هم‌آغوش
چو تخت و باربد، شیرین و شبدیز	بشد هر چار نزهتگاه پرویز
از آن خوابِ گذشته یادش آمد	خرابی در دل آبادش آمد
چو می‌دانست کز خاکی و آبی	هر آنچ آباد شد گیرد خرابی
مه نو تا به بدری نور گیرد	چو در بدری رسد نقصان پذیرد
درخت میوه تا خام است خیزد	چو گردد پخته حالی بر بریزد

اندرز شیرین خسرو را در داد و دانش

به نزهت بود روزی با دل‌افروز	سخن در داد و دانش می‌شد آن روز
زمین بوسید شیرین کِای خداوند	ز رامش سوی دانش کوش یک چند
بسی کوشیده‌ای در کامرانی	بسی دیگر به کام دل برانی
جهان را کرده‌ای از نعمت آباد	خرابش چون توان کردن به بیداد؟
چو آن گاوی که از وی شیر خیزد	لگد در شیر گیرد تا بریزد

حذر کن زآنکه ناگه در کمینی / دعای بد کند خلوت‌نشینی
زنی پیر از نفس‌های جوانه / زند تیری سحرگه بر نشانه
ندارد سودت آنگه بانگ و فریاد / که نفرین داده باشد ملک بر باد
بسا آیینه کاندر دست شاهان / سیه گشت از نفیر دادخواهان
چو دولت روی برگرداند از راه / همه کاری نه بر موقع کند شاه
چو برگ باغ گیرد ناتوانی / خبر پیشین برد باد خزانی
چو دور از حاضران میرد چراغی / کشندش پیش از آن در دیده داغی
چو سیلی ریختن خواهد به انبوه / بغُرّد کوههٔ ابر از سر کوه
تگرگی کاو زند گشنیز بر خاک / رسد خود بوی گشنیزش بر افلاک
درختی کاوّل از پیوند کژ خاست / نشاید جز به آتش کردنش راست
جهان‌سوزی بد است و جورسازی / تو را بِه گر رعیّت را نوازی
از آن ترسم که گردد این مثل راست / که آن شه گفت کاو را کس نمی‌خواست
کهن‌دولت چو باشد دیرپیوند / رعیّت را نباشد هیچ در بند
ز مثل خود جهان را طاق بیند / جهان خود را به استحقاق بیند
ز مغروری که در سر ناز گیرد / مراعات از رعیّت بازگیرد
نو اقبالی برآرَد دست ناگاه / کند دست دراز از خلق کوتاه
خلایق را چو نیکوخواه گردد / به اجماع خلایق شاه گردد
خردمندی و شاهی، هر دو داری / سپیدی و سیاهی، هر دو داری
نجات آخرت را چاره‌گر باش / در این منزل ز رفتن باخبر باش
کسی کاو سیم و زر ترکیب سازد / قیامت را کجا ترتیب سازد؟

ببین دور از تو شاهانی که مردند
ز مال و ملک و شاهی هیچ بردند؟

بمانی، مال بدخواهِ تو باشد
ببخشی، شحنهٔ راه تو باشد

فروخوان قصّهٔ دارا و جمشید
که با هر یک چه بازی کرد خورشید

در این نُه پرده، آهنگ آن‌چنان ساز
که دانی پردهٔ پوشیده را راز

سؤال و جواب خسرو با بزرگ‌امید

چو خسرو دید کآن یار گرامی
ز دانش خواهد او را نیک‌نامی

بزرگ‌امّید را نزدیک خود خواند
به امّید بزرگش پیش بنشاند

که ای از تو بزرگ‌امّید مردان
مرا از خود بزرگ‌امّید گردان

اوّلین جنبش

خبر دِه کاوّلین جنبش چه چیز است؟
که این دانش برِ دانا عزیز است

جوابش داد ما دِه‌راندگانیم
وز اوّل پرده بیرون‌ماندگانیم

ز واپس‌ماندگان ناید درست این
نخستین را نداند جز نخستین

چگونگی فلك

دگرباره بپرسیدش جهان‌دار
که دارم زین قیاس اندیشه بسیار

نخستم در دل آید کاین فلک چیست؟
درونش جانور، بیرون او کیست؟

جوابش داد مرد نکته‌پرداز
که نکته تا بدین دوری مینداز

حسابی را کزین گنبد برون است
جز ایزد کس نمی‌داند که چون است

هر آنچ آمدشدِ این کوی دارد
در او روی آوریدن روی دارد

وز آن صورت که با چشم آشنا نیست
به گستاخی سخن راندن روا نیست

بلندانی که راز آهسته گویند
سخن‌های فلک سربسته گویند

فلک بر آدمی در بسته دارد
چو طرفه‌گو سخن سربسته دارد

اجرام کواکب

دگر ره گفت کَاجرام کواکب
ندانم بر چه مرکوب‌اند راکب

شنیدستم که هر کوکب جهانی‌ست
جداگانه زمین و آسمانی‌ست

جوابش داد کاین ما هم شنیدیم
درستی را بدان قایم ندیدیم

چو واجستیم از آن صورت که حال است
رصد بنمود کاین معنی محال است

مبدأ و معاد

دگر ره گفت ما اینجا چراییم؟
کجا خواهیم رفتن؟ وز کجاییم؟

جوابش داد و گفت از پرده این راز
نگردد کشف هم با پرده می‌ساز

که ره دور است از این منزل که ماییم
ندیده راه، منزل چون نماییم؟

چو زین ره‌بستگان یابی رهایی
بدانی خود که چونی وز کجایی

گذشتن از جهان

دگر ره گفت کِای دریای دُربار
چو دُر صافی و چون دریا عجبکار

عجب دارم ز یارانی که خفتند
که خواب دیده را با کس نگفتند

همه گفتند چون ما در زمین آی
نگوید کس چنین رفتم، چنین آی

جوابش داد دانای نهانی
که نقد این جهان است آن‌جهانی

نگنجد آن ترنّم اندرین ساز
مخالف باشد اَر برداری آواز

نفس در آتش آری دم بگیرد
وگر آتش در آب آری بمیرد

در بقای جان

دگر باره شه بیداربختش
سؤالی زیرکانه کرد سختش

که گر جان را جهان چون کالبد خورد
چرا با ما کند در خواب ناورد

وگر جان ماند و از قالب جدا شد
بگو تا جان چندین کس کجا شد

جوابش داد کاین محکم سؤال است
ولی جان بی‌جسد دیدن محال است

نه از جان بی‌جسد پرسید شاید
نه بی‌پرگار جنبش دید شاید

چو از پرگار تن بیکار گردد
فلک را جنبش پرگار گردد

در چگونگی دیدار کالبد در خواب

دگر ره گفت اگر جان هست حاصل
نه نقش کالبدها هست باطل؟

چو می‌بینم به خواب این نقش‌ها چیست؟
نگهدارندهٔ این نقش‌ها کیست؟

جوابش داد کز چندین شهادت
خیال مرده را با توست عادت

چو گردد خواب را فکرت خریدار
در آن عادت شود جان‌ها پدیدار

در یاد کردن دوره زندگی پس از مرگ

دگر ره گفت بعد از زندگانی
به یاد آرم حدیث این جهانی

جوابش داد پیر دانش‌آموز
که ای روشن چراغ عالم‌افروز

تو آن نوری که پیش از صحبت خاک
ولایت داشتی بر بام افلاک

ز تو گر بازپرسند آن نشان‌ها
نیاری هیچ حرفی یاد از آن‌ها

چو روزی بگذری زین محنت‌آباد
از آن ترسم کز این هم ناوَری یاد

کسی کاو یاد نارَد قصّهٔ دوش
تواند کردن امشب را فراموش

چگونگی زمین و هوا

دگر ره گفت کز دور فلک‌خیز
زمین را با هوا شرحی برانگیز

جوابش داد بِه کز پند پرسی
زمینی و هوایی چند پرسی؟

هوا بادی‌ست کز بادی بلرزد
زمین خاکی‌ست کاو خاکی نیرزد

جهان را اوّلین بطنی زَمی بود
زمین را آخرین بطن آدمی بود

در پاس تندرستی از راه اعتدال

دگرباره بگفتش کِای خردمند
طبیبانه درآموزم یکی پند

جوابش داد کِای باریک‌بینش
جهانِ جان و جانِ آفرینش

طبیبی در یکی نکته نهفته‌ست
خدا آن نکته را با خلق گفته‌ست

بیاشام و بخور، خوردی که خواهی
کم و بسیار نه، کآرَد تباهی

ز بسیار و ز کم بگذر که خام است
نگه‌دار اعتدال اینَت تمام است

دو زیرک خوانده‌ام کاندر دیاری
رسیدند از قضا بر چشمه‌ساری

یکی کم خورد کاین جان می‌گزاید
یکی پر خورد کاین جان می‌فزاید

چو بر حدّ عدالت ره نبردند
ز محرومی و سیری هر دو مردند

چگونگی رفتن جان از جسم

دگر ره بازپرسیدش که جان‌ها / چگونه برپرند از آشیان‌ها
جوابش داد کز راه ندیده / نشاید گفتن الّا از شنیده
شنیدم چار موبد بود هشیار / مسلسل گشته با هم جانِ هر چار
در این مشکل فروماندند یک‌چند / که از تن چون رَوَد جان خردمند

تمثیل موبد اوّل

یکی گفتا بدان ماند که در خواب / درانَدازد کسی خود را به غرقاب
بسی کوشد که بیرون آورد رخت / ندارد سودش از کوشیدن سخت
چو از خواب اندر آید تاب‌دیده / هراسی باشد اندر خواب‌دیده

تمثیل موبد دوم

دوم موبد به قصری کرد مانند / که بر گردون کشد گیتی خداوند
از او شخصی فروافتد گران‌سنگ / ز بیم جان زند در کنگره چنگ
ز ماندن دست و بازو ریش گردد / وز افتادن مضرّت بیش گردد
شکنجه گرچه پنجه‌ش را کُنَد سست / کند سرپنجه را در کنگره چست
هم آخر کار کاو بی‌تاب گردد / هم او، هم کنگره پرتاب گردد

تمثیل موبد سوم

سوم موبد چنان زد داستانی / که با گرگی گله رانَد شبانی
رباید گوسفندی گرگ خون‌خوار / درآویزد شبان با او به پیکار

کِشد گرگ از یکی سو تا تواند
ز دیگر سو شبان تا وارَهاند

چو گرگ افزون بوَد در چاره‌سازی
شبان را کرد باید خرقه‌بازی

تمثیل موبد چهارم

چهارم مرد موبد گفت کاین راز
به شخصی ماند اندر حجلهٔ ناز

عروسی در کنارش خوب چون ماه
بدو دریافته دیوانگی راه

نه بتوان خاطر از خوبیش پرداخت
نه از دیوانگی با وی توان ساخت

هم آخر چون شود دیوانگی چیر
گریزد مرد از او چون آهو از شیر

در این اندیشه لختی قصّه راندند
ورق نادیده حرفی چند خواندند

چو می‌مردند می‌گفتند هیهات
کز این بازیچه دور افتاد شهمات

ز مرده هرکسی افسانه رانَد
نمرده راز مرده کس نداند

مگر پیغمبران کایشان امین‌اند
به نامحرم نگویند آنچه بینند

در نبوّت پیغمبر اکرم

سخن چون شد به معصومان حوالت
ملک پرسیدش از تاج رسالت

که شخصی در عرب دعوی کند، کیست؟
به نسبت دین او با دین ما چیست؟

جوابش داد کآن حرف الهی
برون است از سپیدی و سیاهی

به گنبد در کنند این قوم ناورد
برون از گنبد است آواز آن مرد

نه زَ انجم گوید و نَز چرخ اعلاش
که نقش‌اند این دو، او شاگرد نقّاش

کند بالای این نُه پرده پرواز
نی‌ام زآن پرده، چون گویم از این راز؟

مکن بازی شها با دین تازی
که دین، حق است و با حق نیست بازی

بجوشید از نهیب اندام پرویز   چو اندام کباب از آتش تیز
ولی چون بخت پیروزی نبودش   صلای احمدی روزی نبودش
چو شیرین دید کآن دیرینه‌استاد   درِ گنج سخن بر شاه بگشاد
ثنا گفتش که ای پیر یگانه   ندیده چون تویی چشم زمانه
چو بر خسرو گشادی گنج کانی   نصیبی ده مرا نیز اَر توانی
کلیدی کن نه زنجیری در این بند   فروخوان از کلیله نکته‌ای چند

گفتن چهل قصّه از کلیله و دمنه با چهل نکته

بزرگ‌امّید چون گلبرگ بشکفت   چهل قصّه به چل نکته فروگفت

۱- گاو شتربه و شیر

نخستین گفت کز خود بر حذر باش   چو گاو شتربه زآن شیر جمّاش

۲- نجّاری بوزینه

هوا بشکن کز او یاری نیاید   که از بوزینه نجّاری نیاید

۳- روباه و طبل

به تلبیس آن توانی خورد از این راه   کزآن طبل دریده خورد روباه

٤- زاهد ممسک خرقه به دزد باخته

مکن تا در غمت ناید درازی   چو زاهد ممسکی در خرقه‌بازی

۵- زاغ و مار

مخور در خانهٔ کس هیچ زنهار   که با تو آن کند کآن زاغ با مار

۶- مرغ ماهی‌خوار و خرچنگ

همان پاداش بینی وقت نیرنگ   که ماهی‌خوار دید از چنگ خرچنگ

۷- خرگوش و شیر

رباخواری مکن این پند بنیوش   که با شیر رباخور کرد خرگوش

۸- سه ماهی و رستن یکی از شست

به خود کشتن توان زین خاکدان رست   چنانک آن پیرماهی ز آفتِ شست

۹- سازش شغال و گرگ و زاغ بر کشتن شتر

شغال و گرگ و زاغ این ساز کردند   که از شخص شتر سر باز کردند

۱۰- طیطوی با موج دریا

به چاره کین توان جستن ز اعدا   چنان کآن طیطوی از موج دریا

۱۱- بط و سنگ‌پشت

بسا سر کز زبان زیر زمین رفت   کَشَف را با بطان فصلی چنین رفت

۱۲- مرغ و کَپّی و کرم شب‌تاب

ز نااهلان همان بینی در این بند   که دید آن ساده‌مرغ از کَپّی‌ای چند

۱۳- بازرگان دانا و بازرگان نادان

به حیلت مال مردم خورد نتوان　　　چو بازرگان دانا مال نادان

۱۴- غوك و مار و راسو

چو بر دانا گشادی حیله را در　　　چو غوک مارکُش در سر کنی سر

۱۵- موش آهن‌خوار و بازِ کودك‌بر

حیَل بگذار و مشنو از حیل‌ساز　　　که موش آهن خورَد، کودک بَرَد باز

۱۶- زن نقّاش چادرسوز

چو نقش حیله بر چادر نشانی　　　بدان نقّاش چادرسوز مانی

۱۷- طبیب نادان که دارو را با زهر آمیخت

ز دانا تن سلامت بهر گردد　　　علاج از دست نادان زهر گردد

۱۸- کبوتر مطوّقه و رهانیدن کبوتران از دام

به دانایی توان رستن ز ایّام　　　چو آن مرغ نگارین رست از آن دام

۱۹- هم‌عهدی زاغ و موش و آهو و سنگ‌پشت

مکن شوخی، وفاداری درآموز　　　ز موش دامدر، زاغ دهن‌دوز

۲۰- موش و زاهد و یافتن زر

مبر یک جو ز کشت کس به بیداد　　　که موش از زاهد اَر جو بُرد، زر داد

خسرو و شیرین

فلک گر مملکت پاینده دادی
ز کیخسرو به خسرو کی فتادی؟
کسی کاو دل بر این گلزار بندد
چو گل زان بیشتر گرید که خندد
اگر دنیا نمانَد با تو مخروش
چنان پندار کُافتد بارَت از دوش
ز تو یا مال ماند یا تو مانی
پس آن بِه کاو نمانَد تا تو مانی
چو بربط هرکه او شادی‌پذیر است
ز درد گوشمالش ناگزیر است
بزن چون آفتاب، آتش درین دِیر
که بی‌عیسی نیابی در خران خیر
چه مار است اینکه چون ضحّاک خون‌خوار
هم از پشت تو انگیزد تو را مار
به شهوت‌ریزه‌ای کز پشت راندی
عقوبت بین که چون بی‌پشت ماندی
درین پشته مَنِه بر پشت باری
شکمواری طلب، نه پشتواری
به عِنّین و سِتَروَن بین که رَستند
که بر پشت و شکم چیزی نبستند
گرت عقلی‌ست بی‌پیوند می‌باش
بدانچت هست از او خرسند می‌باش
نه ایمن‌تر ز خرسندی جهانی‌ست
نه بِه زآسودگی نُزهَتْسِتانی‌ست
چو نانی هست و آبی پای درکش
که هست آزادطبعی کشوری خوَش
به خرسندی برآور سر که رستی
بلایی محکم آمد سرپرستی
همان زاهد که شد در دامن غار
به خرسندی مسلّم گشت از اغیار
همان کهبد که ناپیداست در کوه
به پرواز قناعت رست از انبوه
جهان چون مار افعی پیچ‌پیچ است
تو را آن بِه کزو در دست هیچ است
چو از دست تو ناید هیچ کاری
به دست دیگران می‌گیر ماری
چو در بندی بدان می‌باش خرسند
که تو گنجی، بوَد گنجینه در بند
وگر در چاه یابی پایهٔ خویش
سعادت‌نامهٔ یوسف بنه پیش

تأسّف بر مرگ شمس‌الدّین محمّد جهان‌پهلوان

چه می‌گفتم سخن؟ محمل کجا راند؟ کجا می‌رفتم و رختم کجا ماند؟
به سلطانی چو شه نوبت فروکوفت غبار فتنه از گیتی فروروفت
شکوهش پنج نوبت بر فلک برد نفاذش کرد هفت اقلیم را خُرد
خروش طبل وی گفتی دو میل است که می‌دانست کآن طبل رحیل است؟
نفیر کوس گفتی تا دو ماه است که را در دل که شه در کوچگاه است؟
بر آن اورنگش آرام اندکی بود چو برقش، زادن و مردن یکی بود
بری ناخورده از باغ جوانی چو ذوالقرنین از آب زندگانی
شهادت یافت از زخم بداندیش که باداش آن جهان پاداش، از این بیش
سه پایه بر فلک زد زین خرابی گذشت از پایهٔ خاکی و آبی
گر آن دریا شد این دُرها به‌جایند که بر ما بیش از آن درها گشایند
گر او را سوی گوهر گرم شد پای نسب‌داران گوهر باد بر جای
گر او را فیض رحمت گشت ساقی جهان بر وارثانش باد باقی
گر او را خاک داد از تخته‌بندی مباد این تخت‌گیران را گزندی
گر او بی‌تاج شد، تاجش رضا باد سر این تاجداران را بقا باد
خصوص آن وارث اعمار شاهان نظرگاه دعای نیک‌خواهان
مؤید نصرت‌الدّین کآفرینِش ز نام او پذیرد نور بینش
پناه خسروان، اعظم اتابک فریدون‌وار بر علم مبارک
ابوبکر محمّد کز سرِ داد ابوبکر و محمّد را کند شاد
به شاهی تاج‌بخش تاجداران به دولت یادگار شهریاران

۳۱- گرگی که از خوردن زه کمان جان داد

مشو مغرور چون گرگ کمان‌گیر   که بر دل چرخ ناگه می‌زند تیر

۳۲- زاغ و بوم

رها کن حرص کاین حمّال محروم   نسازد با خِرَد چون زاغ با بوم

۳۳- راندن خرگوش، پیلان را از چشمه آب

مبین از خردبینی خصم را خرد   ز پیلان بین که خرگوش آب چون برد

۳۴- گربه روزه‌دار با دُرّاج و خرگوش

ز حرص و زرق باید روی برتافت   ز روزه، گربه روزی بین که چون یافت

۳۵- ربودن دزد، گوسفند زاهد را به نام سگ

کسی کاین گربه باشد نقش‌بندش   نهد داغ سگی بر گوسپندش

۳۶- شوهر و زن دزد

ز فتنه در وفا کن روی در روی   چنان کز بیم دزد آن زن در آن شوی

۳۷- دیو و دزد و زاهد

رهی چون باشد از خصمانت ناورد   چنان کز دیو و دزد آن پارسا مَرد

۳۸- زن و نجّار و پدرزن

چه باید چشم دل را تخته بردوخت؟   چو نجّاری که لوح از زن درآموخت

۲۹- برگزیدن دختر موش، نژاد موش را

اگـر بـد نیـستی، بـا بـد مـشو یـار چنان کـآن مـوش‌نـسلِ آدمـی‌خـوار

۳۰- بوزینه و سنگ‌پشت

بـه واگشـتـن تـوانـی زیـن طـرف رست که کَپّی هم بدین فن زآن کَشَف رست

۳۱- فریفتن روباه، خر را و به شیر سپردن

چـو خـر غـافل نباید شـد در ایـن راه کـز ایـن غفلت دل خـر خـورد روبـاه

۳۲- زاهد نسیه‌اندیش و کوزهٔ شهد و روغن

حـسـاب نـسـیـه‌هـای کـژ مـیـنـدیش چـو زآن حـلـوای نقد آن مـرد درویش

۳۳- کشتن زاهد راسوی امین را

بِـه اَر بـر غـدر آن زاهـد کـنی پشت کـه راسـوی امـیـن را بـی‌گـنـه کشت

۳۴- کشتن کبوتر نر، کبوتر ماده را

مـزن بی‌پیش‌بینی بـر کـس انگشت چـنـان کـآن نـر کـبـوتـر مـاده را کشت

۳۵- بریدن موش دام گربه را

بـه هشیاری رهـان خـود را از ایـن غار چـو مـوش آن گـربـه را از دام تیمار

۳۶- قُبّره با شاه و شاهزاده

بـرون پـر تـا نـفرسایی در ایـن بند چـو مـرغ قُـبّـره زیـن قـبّـه‌ای چند

۳۷- شغال زاهد و سعایت جانوران پیش شیر

به صدق ایمن توانی شد ز شمشیر　　چو آن زاهد شغال از خشم آن شیر

۳۸- سیّاح و زرگر و مار

تو نیکی کن مترس از خصم خون‌خوار　　به نیکی بُرد جان، سیّاح از آن مار

۳۹- چهار بچه بازرگان و برزگر و شاهزاده و توانگر

به قدر مرد شد روزی نهاده　　ز بازرگان‌بچه تا شاهزاده

۴۰- رفتن شیر به شکار و شکار شدن بچّه‌های او

به خون‌خواری مکن چنگال را تیز　　کزین بی‌بچّه گشت آن شیر خون‌ریز

***

چو برگفت این سخن پیر سخن‌سنج　　دل خسرو حصاری شد بر این گنج
پشیمان شد ز بدعت‌های بیداد　　سرای عدل را نو کرد بنیاد

حکمت و اندرزسرایی حکیم نظامی

دلا از روشنی شمعی برافروز　　ز شمع، آتش پرستیدن بیاموز
بیارا خاطر اَر آتش‌پرستی　　از آتش‌خانهٔ خاطر نشستی
منِ خاکی کز این محراب هیچم　　چون او صد را به حکمت گوش پیچم
بسی دارم سخن کآن دل پذیرد　　چه گویم؟ چون کسم دامن نگیرد

منم دانسته در پرگار عالم	به تصریف و به نحو اسرار عالم
همه زیج فلک جدول به جدول	به اصطرلاب حکمت کرده‌ام حل
که پرسید از من اسرار فلک را	که معلومش نکردم یک به یک را؟
ز سر تا پای این دیرینه گلشن	کنم گر گوش داری بر تو روشن
از آن نقطه که خطّش مختلف بود	نخستین جنبشی کآمد الف بود
بدان خط، چون دگر خط بست پرگار	بسیطی زآن دوی آمد پدیدار
سه خط چون کرد بر مرکز محیطی	به جسم آماده شد شکل بسیطی
خط است، آنگه بسیط، آنگاه اجسام	که ابعاد ثلاثش کرده اندام
توان دانست عالم را به غایت	بدین ترتیب از اوّل تا نهایت
چو بر عقل این نمونه گشت ظاهر	به یک تک می‌دود ز اوّل به آخر
خدای است آن که حد ظاهر ندارد	وجودش اوّل و آخر ندارد
خدابین شو که پیش اهل بینش	تُنُک باشد حجاب آفرینش
بدان خود را که از راه معانی	خدا را دانی، اَر خود را بدانی
بدین نزدیکی‌ات آیینه در پیش	فلک چِبْوَد؟ بدان دوری میندیش
تو آن نوری که چرخت طشت شمع است	نمودار دو عالم در تو جمع است
نظامی بیش از این راز نهانی	مگو تا از حکایت وانمانی

صفت شیرویه و انجام کار خسرو

چو خسرو تختهٔ حکمت درآموخت	به آزادی جهان را تخته بردوخت

ز مریم بود یک فرزند خامش
چو شیران اَبخر و شیرویه نامش

شنیدم من که آن فرزند قتّال
در آن طفلی که بودش قرب نه سال

چو شیرین را عروسی بود می‌گفت
که شیرین کاشکی بودی مرا جفت

ز مهرش بازگویم یا ز کینش؟
ز دانش یا ز دولت یا ز دینش؟

سرای شاه ازو پر دود می‌بود
بدو پیوسته ناخشنود می‌بود

بزرگ‌امّید را گفت ای خردمند
دلم بگرفت از این وارونه فرزند

از این نافرّخ‌اختر می‌هراسم
فساد طالعش را می‌شناسم

ز بَدفعلی که دارد در سر خویش
چو گرگ ایمن نشد بر مادر خویش

ازین ناخوش نیاید خصلتی خوش
که خاکستر بوَد فرزند آتش

نگوید آنچه کس را دلکش آید
همه آن گوید او کاو را خوش آید

نه با فرّش همی‌بینم، نه با سنگ
ز فرّ و سنگ بگریزد به فرسنگ

چو دود از آتش من گشت خیزان
ز من زاده ولی از من گریزان

سرم تاج از سرافرازان ربوده‌ست
خلف بس ناخلف دارم چه سودست؟

نه بر شیرین، نه بر من مهربان است
نه با همشیرگان شیرین‌زبان است

به چشمی بیند این دیو آن پری را
که خر در پیشه‌ها پالانگری را

ز من بگذر که من خود گُرزه مارَم
بلی مارم که چون او مهره دارم

نه هر زن، زن بوَد، هر زاده فرزند
نه هر گل میوه آرد، هر نِی‌ای قند

بسا زاده که کُشت آن را کزو زاد
بس آهن کاو کند بر سنگ بیداد

بسا بیگانه کز صاحب‌وفایی
ز خویشان بیش دارد آشنایی

بزرگ‌امّید گفت ای پیش‌بین شاه
دل پاکت ز هر نیک و بد آگاه

گرفتم کاین پسر دردسر توست
نه آخر پاره‌ای از گوهر توست؟

نشاید خصمی فرزند کردن
دل از پیوند بی‌پیوند کردن

کسی بر ناربن نارد لگد را
که تاج سر کند فرزند خود را

درخت تود از آن آمد لگدخوار
که دارد بچهٔ خود را نگونسار

تو نیکی، بد نباشد نیز فرزند
بوَد تره به تخم خویش مانند

قبای زر چو در پیرایش افتد
ازو هم زر بوَد کآرایش افتد

اگر توسن شد این فرزند جمّاش
زمانه خود کند رامش تو خوش باش

جوانی داردش زین‌سان پر از جوش
به پیری توسنی گردد فراموش

نشستن خسرو به آتش‌خانه

چنان افتاد از آن پس رای خسرو
که آتش‌خانه باشد جای خسرو

نسازد با همالان همنشستی
کند چون موبدان آتش‌پرستی

چو خسرو را به آتش‌خانه شد رخت
چو شیر مست شد شیرویه بر تخت

به نوشانوش مِی در کاس می‌داشت
ز دورادور شه را پاس می‌داشت

بدان نگذاشت آخر بند کردش
به کنجی از جهان خرسند کردش

در آن تلخی چنان برداشت با او
که جز شیرین کسی نگذاشت با او

دل خسرو به شیرین آن‌چنان شاد
که با صد بند گفتا هستم آزاد

نشاندی ماه را گفتی میندیش
که روزی هست هرکس را چنین پیش

ز بادی کاو کلاه از سر کند دور
گیاه آسوده باشد سرو رنجور

هر آنچ او فحل‌تر باشد ز نخجیر
شکارافکن بدو خوش‌تر زند تیر

چو کوه از زلزله گردد به دو نیم
ز افتادن بلندان را بوَد بیم

هر آن پخته که دندانش بزرگ است
به دنبالش بسی دندان گرگ است

به هرجا کآتشی گردد زراندود
به سوی نیکوان خوش‌تر رَوَد دود

تو در دستی اگر دولت شد از دست
چو تو هستی همه دولت مرا هست

شکر لب نیز از او فارغ نبودی
دلش دادی و خدمت می‌نمودی

که در دولت چنین بسیار باشد
گهی شادی، گهی تیمار باشد

شکنج کار چون در هم نشیند
بمیرد هرکه در ماتم نشیند

گشاده‌روی باید بود یک‌چند
که پای و سر نباید هر دو در بند

نشاید کرد بر آزار خود زور
که بس بیمار واگشت از لب گور

نه هر کش صحّت، او را تب نگیرد
نه هرکس را که تب گیرد، بمیرد

بسا قفلا که بندش ناپدید است
چو وابینی نه قفل است آن کلید است

به دانایی ز دل پرداز غم را
که غم، غم را کشد چون ریگ نم را

اگر جای تو را بگرفت بدخواه
مقنّع نیز داند ساختن ماه

ولی چون چاه نَخشَب آب گیرد
جهان از آهنی کی تاب گیرد؟

در این کشور که هست از تیره‌رایی
شَبَه کافور و اَعمی روشنایی

بباید ساخت با هر ناپسندی
که اَرزد ریش گاوی ریشخندی

ستیز روزگار از شرم دور است
ازو دوری طلب کآزرم دور است

دو کس را روزگار آزرم داده‌ست
یکی کاو مُرد و دیگر کاو نزاده‌ست

نمانَد کس درین دِیر سپنجی
تو نیز اَر هم نمانی تا نرنجی

اگر بودی جهان را پایداری
به هرکس چون رسیدی شهریاری؟

به دانایی‌اش هفت اختر شکرخند — به مولایی‌اش نُه گردون کمربند
ستاره، پایهٔ تخت بلندش — فلک را بوسه‌گه سمّ سمندش
سریرش باد در کشورگشایی — وثیقت‌نامهٔ کشورخدایی
جهان را تا ابد شاه جهان باد — بر آنچ امّید دارد کامران باد
سعادت یار او در کامرانی — مساعد با سعادت زندگانی
سخن را بر سعادت ختم کردم — ورق کاینجا رساندم درنَوَردم
خدایا هرچه رفت از سهوکاری — بیامرز از کرم کآمُرزگاری
روانش باد جفت شادکامی — که گوید، باد رحمت بر نظامی

چو زیر از قدر تو جای تو باشد
علم دان هر که بالای تو باشد

تو پنداری که تو کم قدر داری؟
تویی تو کز دو عالم صدر داری

دل عالم تویی در خود مبین خُرد
بدین همّت توان گوی از جهان برد

چنان دان کایزد از خلقت گزیده‌ست
جهان خاص از پی تو آفریده‌ست

بدین اندیشه چون دلشاد گردی
ز بند تاج و تخت آزاد گردی

وگر باشی به تخت و تاج محتاج
زمین را تخت کن، خورشید را تاج

بدین تسکین ز خسرو سوز می‌برد
بدین افسانه خوش‌خوش روز می‌برد

شب آمد همچنان آن سرو آزاد
سخن می‌گفت و شه را دل همی‌داد

کشتن شیرویه خسرو را

شبی تاریک نور از ماه برده
فلک را غول‌وار از راه برده

زمانه با هزاران دست بی‌زور
فلک با صد هزاران دیده، شب‌کور

شهنشه پای را با بند زرّین
نهاده بر دو سیمین‌ساق شیرین

بت زنجیرموی از سیمگون‌دست
به زنجیر زرش بر مهره می‌بست

ز شفْقت ساق‌های بندسایش
همی‌مالید و می‌بوسید پایش

حکایت‌های مهرانگیز می‌گفت
که بر بانگ حکایت خوش توان خفت

به هر لفظی دهن پُرنوش می‌داشت
بر آواز شهنشه گوش می‌داشت

چو خسرو خفت و کمتر شد جوابش
به شیرین هم سرایت کرد خوابش

دو یار نازنین در خواب رفته
فلک بیدار و از چشم آب رفته

جهان می‌گفت کآمد فتنه سرمست
سیاهی بر لبش مسمار می‌بست

فرود آمد ز روزن دیوچهری
نبوده در سرشتش هیچ مهری

چو قصّاب از غضب خونی‌نشانی
چو نفّاط از بروت آتش‌فشانی

چو دزد خانه بر کالا همی‌جست
سریر شاه را بالا همی‌جست

به بالین شه آمد تیغ در مشت
جگرگاهش درید و شمع را کشت

چنان زد بر جگرگاهش سر تیغ
که خون برجست از او چون آتش از میغ

چو از ماهی جدا کرد آفتابی
برون زد سر ز روزن چون عقابی

ملک در خواب خوش پهلو دریده
گشاده چشم و خود را کشته دیده

ز خونش خوابگه طوفان گرفته
دلش از تشنگی از جان گرفته

به دل گفتا که شیرین را ز خوش‌خواب
کنم بیدار و خواهم شربتی آب

دگر ره گفت با خاطر نهفته
که هست این مهربان شب‌ها نخفته

چو بیند بر من این بیداد و خواری
نخسبد دیگر از فریاد و زاری

همان بِه کین سخن ناگفته باشد
شَوَم من مرده و او خفته باشد

به تلخی جان چنان داد آن وفادار
که شیرین را نکرد از خواب بیدار

تمثیل

شکفته گلبنی بینی چو خورشید
به سرسبزی جهان را داده امّید

برآید ناگه ابری تند و سرمست
به خون‌ریز ریاحین تیغ در دست

بدان سختی فروبارَد تگرگی
کزآن گلبن نماند شاخ‌وبرگی

چو گردد باغبان خفته بیدار
به باغ اندر نه گل بیند، نه گلزار

چه گویی کز غم گل خون نریزد؟
چو گل ریزد، گلابی چون نریزد؟

بیدار شدن شیرین

ز بس خون کز تن شه رفت چون آب | درآمد نرگس شیرین ز خوش‌خواب
دگر شب‌ها که بختش یار گشتی | به بانگ نای و نی بیدار گشتی
فلک بنگر چه سردی کرد این بار | که خون گرم شاهش کرد بیدار
پریشان شد چو مرغ تاب‌دیده | که بود آن سهم را در خواب دیده
پرند از خوابگاه شاه برداشت | یکی دریای خون دید آه برداشت
ز شب می‌جست نور آفتابی | دریغا چشمش آمد در خرابی
سریری دید سر بی‌تاج کرده | چراغی روغنش تاراج کرده
خزینه در گشاده گنج برده | سپه رفته سپهسالار مرده
به گریه ساعتی شب را سیه کرد | بسی بگریست وآنگه عزم ره کرد
گلاب و مشک با عنبر برآمیخت | بر آن اندام خون‌آلود می‌ریخت
فروشُستش به گلّاب و به کافور | چنان کز روشنی می‌تافت چون نور
چنان بزمی که شاهان را طرازند | بسازیدش کز آن بهتر نسازند
چو شه را کرده بود آرایشی چست | به کافور و گلاب اندام او شست
همان آرایش خود نیز نو کرد | بدین اندیشه صد دل را گرو کرد

خواستگاری شیرویه شیرین را

دل شیرویه شیرین را ببایست | ولیکن با کسی گفتن نشایست
نهانی کس فرستادش که خوش باش | یکی هفته در این غم بارکش باش

چو هفته بگذرد، ماه دوهفته
شود در باغ من چون گل شکفته

خداوندی دهم بر هر گروهش
ز خسرو بیشتر دارم شکوهش

چو گنجش زیر زر پوشیده دارم
کلید گنجها او را سپارم

چو شیرین این سخن‌ها را نیوشید
چو سرکه تند شد، چون می بجوشید

فریبش داد تا باشد شکیبش
نهاد آن کشتنی دل بر فریبش

پس آنگه هرچه بود اسباب خسرو
ز منسوخ کهن تا کسوت نو

به محتاجان و محرومان ندا کرد
ز بهر جان شاهنشه فدا کرد

جان دادن شیرین در دخمه خسرو

چو صبح از خواب نوشین سر برآورد
هلاک جان شیرین بر سر آورد

سیاهی از حبش کافور می‌برد
شد اندر نیمه‌ره کافوردان خرد

ز حلقه زنگی‌ای در ماه می‌دید
چو مه در قلعه شد، زنگی بخندید

بفرمودش به رسم شهریاری
کیانی مهدی از عود قُماری

گرفته مهد را در تختهٔ زر
برآموده به مروارید و گوهر

به آیین ملوک پارسی عهد
بخوابانید خسرو را در آن مهد

نهاد آن مهد را بر دوش شاهان
به مشهد برد وقت صبحگاهان

جهان‌داران شده یکسر پیاده
به گرداگرد آن مهد ایستاده

قلم ز انگشت رفته باربد را
بریده چون قلم انگشت خود را

بزرگ‌امّید، خردامّید گشته
به لرزانی چو برگ بید گشته

به آواز ضعیف افغان برآورد
که ما را مرگ شاه از جان برآورد

خسرو و شیرین

پناه و پشت شاهان عجم کو؟ / سپهسالار و شمشیر و علم کو؟
کجا کآن خسرو دُنییش خوانند؟ / گهی پرویز و گه کسریش خوانند
چو در راه رحیل آمد روارو / چه جمشید و چه کسری و چه خسرو
گشاده سر، کنیزان و غلامان / چو سروی در میان، شیرین خرامان
نهاده گوهرآگین حلقه در گوش / فکنده حلقه‌های زلف بر دوش
کشیده سرمه‌ها در نرگس مست / عروسانه نگار افکنده بر دست
پرندی زرد چون خورشید بر سر / حریری سرخ چون ناهید در بر
پسِ مهد ملک سرمست می‌شد / کسی کآن فتنه دید از دست می‌شد
گشاده پای در میدان عهدش / گرفته رقص در پایان مهدش
گمان افتاد هرکس را که شیرین / ز بهر مرگ خسرو نیست غمگین
همان شیرویه را نیز این گمان بود / که شیرین را بر او دل مهربان بود
همه ره پای‌کوبان می‌شد آن ماه / بدین‌سان تا به گنبدخانهٔ شاه
پسِ او در غلامان و کنیزان / ز نرگس بر سمن سیماب‌ریزان
چو مهد شاه در گنبد نهادند / بزرگان روی در روی ایستادند
میان دربست شیرین پیش موبد / به فرّاشی درون آمد به گنبد
درِ گنبد به روی خلق در بست / سوی مهد ملک شد دشنه در دست
جگرگاه ملک را مهر برداشت / ببوسید آن دهن کاو بر جگر داشت
بدان آیین که دید آن زخم را ریش / همان‌جا دشنه‌ای زد بر تن خویش
به خون گرم شست آن خوابگه را / جراحت تازه کرد اندام شه را
پس آورد آنگهی شه را در آغوش / لبش بر لب نهاد و دوش بر دوش

به نیروی بلند آواز برداشت
چنان کآن قوم از آوازش خبر داشت

که جان با جان و تن با تن بپیوست
تن از دوری و جان از داوری رست

به بزم خسرو آن شمع جهان‌تاب
مبارک باد شیرین را شکرخواب

به آمرزش رساد آن آشنایی
که چون اینجا رسد گوید دعایی

کِالهی تازه‌دار این خاکدان را
بیامرز این دو یار مهربان را

زهی شیرین و شیرین مردن او
زهی جان دادن و جان بردن او

چنین واجب کند در عشق مردن
به جانان، جان چنین باید سپردن

نه هر کاو زن بوَد نامرد باشد
زن آن مرد است کاو بی‌درد باشد

بسا رعنا زنا کاو شیرمرد است
بسا دیبا که شیرش در نَوَرد است

غباری بردمید از راه بیداد
شبیخون کرد بر نسرین و شمشاد

برآمد ابری از دریای اندوه
فروبارید سیلی، کوه تا کوه

ز روی دشت بادی تند برخاست
هوا را کرد با خاک زمین راست

بزرگان چون شدند آگه از این راز
برآوردند حالی یکسر آواز

که احسنت ای زمان و ای زمین زِه
عروسان را به دامادان چنین ده

چو باشد مطرب زنگی و روسی
نشاید کرد از این بهتر عروسی

دو صاحب‌تاج را همتخت کردند
درِ گنبد بر ایشان سخت کردند

وز آنجا باز پس گشتند غمناک
نوشتند این مثل بر لوح آن خاک

که جز شیرین که در خاک درشتست
کسی از بهر کس خود را نکشته‌ست

نکوهش جهان

منه دل بر جهان کین سرد ناکس
وفاداری نخواهد کرد با کس

چه بخشد مرد را این سفله ایّام
که یک‌یک بازنستاند سرانجام؟

به صد نوبت دهد جانی به آغاز
به یک نوبت ستاند عاقبت باز

چو بر پایی، طلسمی پیچ‌پیچی
چو افتادی، شکستی، هیچِ هیچی

در این چنبر که محکم شهربندی‌ست
نشان دِهٔ گردنی کاو بی‌کمندی‌ست

نه با چنبر توان پرواز کردن
نه بتوان بند چنبر باز کردن

در این چَنبَر، گشایش چون نماییم؟
چو نگشادست کس، ما چون گشاییم؟

همان بِه کَاندرین خاک خطرناک
ز جور خاک بنشینیم بر خاک

بگرییم از برای خویش یکبار
که بر ما کم کسی گریَد چو ما زار

***

شنیدستم که افلاطون شب و روز
به گریه داشتی چشم جهان‌سوز

بپرسیدند از او کاین گریه از چیست؟
بگفتا چشم کس بیهوده نگریست

از آن گِریَم که جسم و جان دمساز
به هم خو کرده‌اند از دیرگه باز

جدا خواهند گشت از آشنایی
همی‌گریَم بدان روز جدایی

***

رهی خواهی شدن کآن ره دراز است
به بی‌برگی مشو، بی‌برگ و ساز است

به پای جان توانی شد بر افلاک
رها کن شهربند خاک بر خاک

مگو بر بام گردون چون توان رفت
توان رفت اَر ز خود بیرون توان رفت

بپرس از عقل دوراندیش گستاخ   که چون شاید شدن بر بام این کاخ

چنان کز عقل فتوی می‌ستانی   علم برکش بر این کاخ کیانی

خرد شیخ الشّیوخ رای تو بس   از او پرس آنچه می‌پرسی، نه از کس

سخن کز قول آن پیر کهن نیست   برِ پیران وبال است آن سخن نیست

خرد پای و طبیعت بند پای است   نفس یک‌یک چو سوهان بندسای است

بدین زرّین‌حصار آن شد برومند   که از خود برگرفت این آهنین بند

چو این خصمان که از یارَت برآرند   بر آن کارند کز کارَت برآرند

از این خرمن مخور یک دانه گاوَرس   بر او می‌لرز و بر خود نیز می‌ترس

چو عیسی خر برون بر، زین تنی چند   بمان در پای گاوان خرمنی چند

از این نُه گاوپشتِ آدمی‌خوار   بُنه بر پشت گاو افکن زمین‌وار

اگر زهره شوی، چون بازکاوی   در این خرپشته هم بر پشتِ گاوی

بسا تشنه که بر پندار بهبود   فریب شوره‌ای کردش نمکسود

بسا حاجی که خود را زُ اشتر انداخت   که تلخک را ز ترشک بازنشناخت

حصار چرخ چون زندان‌سرایی‌ست   کمر دربسته گِردَش اژدهایی‌ست

چگونه تلخ نبوَد عیش آن مرد   که دم با اژدهایی بایدش کرد؟

چو بهمن زین شبستان رخت بربند   حریفی کردنت با اژدها چند؟

گرت خود نیست سودی زین جدایی   نه آخر ز اژدها یابی رهایی؟

چه داری دوست، آن کش وقت مردن   به دشمن‌تر کسی باید سپردن؟

به حرمت شو کز این دیر مَسیلی   شود عیسی به حرمت، خر به سیلی

سلامت بایدت کس را میازار   که بد را در عوض تیز است بازار

از آن جنبش که در نَشوِ نبات است
درختان را و مرغان را حیات است

درخت‌افکن بود کم‌زندگانی
به درویشی کشد نخجیربانی

عَلَم بفکن که عالم تنگ‌نای است
عنان درکش که مرکب لنگ‌پای است

نفس بردار از این نای گلوتنگ
گره بگشای از این پای کهن‌لنگ

به ملکی در چه باید ساختن جای
که غل بر گردن است و بند بر پای؟

از این هستی که یابد نیستی زود
بباید شد به هست و نیست خشنود

ز مال و ملک و فرزند و زن و زور
همه هستند همراه تو تا گور

روند این همرهان غمناک با تو
نیاید هیچکس در خاک با تو

رفیقانت همه بدساز گردند
ز تو هر یک به راهی بازگردند

به مرگ و زندگی در خواب و مستی
تویی با خویشتن هرجا که هستی

از این مشتی خیال کاروان‌زن
عنان بِستان علَم بر آسمان زن

خلاف آن شد که در هر کارگاهی
مخالف دید خواهی بارگاهی

نفس کاو بر سپهر آهنگ دارد
ز لب تا ناف، میدان تنگ دارد

بده گر عاقلی پرواز، خود را
که کشتند از تو بِه صد بار صد را

زمین کز خون ما باکی ندارد
به بادش ده که جز خاکی ندارد

در موعظه

دلا منشین که یاران برنشستند
بُنه بربند کایشان رخت بستند

در این کشتی چو نتوان دیر ماندن
بباید رخت بر دریا فشاندن

در این دریا سر از غم برمیاور
فروخور غوطه و دم برمیاور

بدین خوبی جمالی کآدمی راست — اگر بر آسمان باشد، زَمی راست
بفرساید زمین و بشکند سنگ — نماند کس در این بیغولهٔ تنگ
پی غولان در این بیغوله بگذار — فرشته شو قدم زین فرش بردار
جوانمردان که در دل جنگ بستند — به جان و دل ز جان آهنگ رستند
ز جان کندن کسی جان بُرد خواهد — که پیش از دادن جان مُرد خواهد
نمانی گر بماند خو بگیری — بمیران خویشتن را تا نمیری
بسا پیکر که گفتی آهنین است — به صد زاری کنون زیر زمین است
گر اندام زمین را بازجویی — همه خاک زمین بودند گویی
کجا جمشید و افریدون و ضحّاک — همه در خاک رفتند، ای خوشا خاک
جگرها بین که در خوناب خاک است — ندانم کاین چه دریای هلاک است؟
که دیدی کآمد اینجا کوس پیلش — که برنامَد ز پی، بانگ رحیلش؟
اگر در خاک شد خاکی ستم نیست — سرانجام وجود الّا عدم نیست
جهان بین تا چه آسان می‌کند مست — فلک بین تا چه خرّم می‌زند دست
نظامی بس کن این گفتار خاموش — چه گویی با جهانی پنبه در گوش؟
شکایت‌های عالم چند گویی؟ — بپوش این گریه را در خنده‌رویی
چه پیش آرَد زمان کآن درنگردد؟ — چه افرازد زمین کآن برنگردد؟
درختی را که بینی تازه بیخش — کند روزی ز خشکی چار میخش
بهاری را کند گیتی‌فروزی — به بادش بردهد ناگاه روزی
دهد، بستاند و عاری ندارد — به‌جز دادوستد کاری ندارد
جنایت‌های این نُه شیشهٔ تنگ — همه در شیشه کن بر شیشه زن سنگ

مگر در پایِ دورِ گرمکینه	شکسته گردد این سبز آبگینه
بده دنیی مکن کز بهر هیچت	دهد این چرخ پیچاپیچ پیچت
ز خود بگذر که با این چار پیوند	نشاید رست از این هفت آهنین بند
گل و سنگ است این ویرانه منزل	در او، ما را دو دست و پای در گل
در این سنگ و در این گل، مرد فرهنگ	نه گل بر گل نهد، نه سنگ بر سنگ

نتیجه افسانه خسرو و شیرین

تو کز عبرت بدین افسانه مانی	چه پنداری؟ مگر افسانه‌خوانی؟
در این افسانه شرط است اشک راندن	گلابی تلخ بر شیرین فشاندن
به حکم آنکه آن کم‌زندگانی	چو گل بر باد شد روز جوانی
سبک‌رُو چون بت قِبچاق من بود	گمان افتاد خود کآفاق من بود
همایون‌پیکری نغز و خردمند	فرستاده به من دارای دربند
پرندش دِرع و از دِرع آهنین‌تر	قباش از پیرهن، تنگ‌آستین‌تر
سران را گوش بر مالش نهاده	مرا در همسری بالش نهاده
چو ترکان گشته سوی کوچ محتاج	به ترکی داده رختم را به تاراج
اگر شد ترکم از خرگه نهانی	خدایا ترک‌زادم را تو دانی

در نصیحت فرزند خود، محمّد، گوید

ببین ای هفت ساله قرّةُالعین	مقام خویشتن در قاب قوسین
مَنَت پروردم و روزی خدا داد	نه بر تو نام من، نام خدا باد
در این دور هلالی شاد می‌خند	که خندیدیم ما هم روزکی چند

چو بدر انجمن گردد هلاکت	برافروزند انجم را جمالت
قلم درکش به حرفی کآن هوایی‌ست	علم برکش به علمی کآن خدایی‌ست
به ناموسی که گوید عقل نامی	زهی فرزانه فرزند نظامی

در خواب دیدن خسرو، پیغمبر اکرم را

چنین گفت آن سخن‌پرداز شبخیز	کز آن آمد خلل در کار پرویز
که از شبها شبی روشن چو مهتاب	جمال مصطفی را دید در خواب
خرامان گشته بر تازی سمندی	مسلسل کرده گیسو چون کمندی
به‌چربی گفت با او کِای جوانمرد	ره اسلام گیر از کفر برگرد
جوابش داد تا بی‌سر نگردم	از این آیین که دارم برنگردم
سوار تند از آنجا شد روانه	به‌تندی زد بر او یک تازیانه
ز خواب خوش چو خسرو اندر آمد	چو آتش دودی از مغزش برآمد
سه ماه از ترسناکی بود بیمار	نخفتی هیچ شب ز اندوه و تیمار
یکی روز از خمار تلخ شد تیز	به خلوت گفت شیرین را که برخیز
بیا تا در جواهرخانه و گنج	ببینیم آنچه از خاطر بَرَد رنج
ز عطر و جوهر و ابریشمینه	بسنجیم آنچه باشد از خزینه
وزآن بی‌مایگان را مایه بخشیم	روان را زین روش پیرایه بخشیم
سوی گنجینه رفتند آن دو همرای	ندیدند از جواهر بر زمین جای
خریطه بر خریطه بسته زنجیر	ز خسرو تا به کیخسرو همی‌گیر
چهل خانه که او را گنجدان بود	یکی زآن آشکارا، دَه نهان بود

خسرو و شیرین

به هر گنجینه‌ای یک‌یک رسیدند / متاعی را که ظاهر بود دیدند
دگرها را به نُسخَت راز جستند / ز گنجوران کلیدش بازجستند
کلید و نسخه پیش آورد گنجور / زمین از بار گوهر گشت رنجور
چو شه گنجی که پنهان بود دیدش / همان با قفل هر گنجی کلیدش
کلیدی در میان دید از زر ناب / چو شمعی روشن از بس رونق و تاب
ز مردم بازجست آن گنج را در / که قفلِ آن کلیدش نیست در بر
نشان دادند و چون آگاه شد شاه / زمین را داد کندن بر نشانگاه
چو خاریدند خاک از سنگ خارا / پدید آمد یکی طاق آشکارا
در او دربسته صندوقی ز مرمر / بر آن صندوق سنگین قفلی از زر
به فرمان شه آن در برگشادند / درون قفل را بیرون نهادند
طلسمی یافتند از سیم ساده / بر او یک‌پاره لوح از زر نهاده
بر آن لوح زر از سیم سرشته / زر اندر سیم‌ترکیبی نوشته
طلب کردند پیری کآن فروخواند / شهنشه زآن فروخواندن فروماند
چو آن ترکیب را کردند خارش / گزارنده چنین کردش گزارش
که شاهی کَاردشیر بابکان بود / به چستی پیشوای چابکان بود
ز راز انجم و گردون خبر داشت / در احکام فلک نیکو نظر داشت
ز هفت اختر چنین آورد بیرون / که در چندین قران از دور گردون
بدین پیکر پدید آید نشانی / در اقلیم عرب صاحب‌قرانی
سخن‌گوی و دلیر و خوب‌کردار / امین و راست‌عهد و راست‌گفتار
به معجز گوش مالَد اختران را / بدین خاتم بوَد پیغمبران را

ز ملّت‌ها برآرَد پادشایی
به شرع او رسد ملّت‌خدایی
کسی را پادشاهی خویش باشد
که حکم شرع او در پیش باشد
بدو باید که دانا بگرَود زود
که جنگ او زیان شد، صلح او سود
چو شاهنشه در آن صورت نظر کرد
سیاست در دل و جانش اثر کرد
بعینه گفت کاین شکل جهان‌تاب
سواری بود کآن شب دید در خواب
چنان در کالبد جوشید جانش
که بیرون ریخت مغز از استخوانش
بپرسید از بَریدان جهانگرد
که در گیتی که دیده‌ست این‌چنین مرد؟
همه گفتند کاین تمثال منظور
که دل را دیده بخشد، دیده را نور
نمانَد جز بدان پیغمبر پاک
کز او در کعبه عنبربوی شد خاک
محمّد کایزد از خلقش گزیده‌ست
زبانش قفل عالم را کلید است
برون شد شاه از آن گنجینه دل‌تنگ
از آن گوهر فتاده بر سرش سنگ
چو شیرین دید شه را جوش در مغز
پریشان پیکرش زآن پیکر نغز
به شه گفت ای به دانایی و رادی
طراز تاج و تخت کیقبادی
در این پیکر که پیش از ما نهفتند
سخن، دانی که بیهوده نگفتند
به چندین سال پیش از ما بدین کار
رصد بستند و کردند این نمودار
چنین پیغمبری صاحب‌ولایت
کز او پیشینه کردند این ولایت
به‌خاصه حجّتی دارد الهی
دهد بر دین او حجّت گواهی
ره و رسمی چنین، بازی نباشد
بر او جای سرافرازی نباشد
اگر بر دین او رغبت کند شاه
نماند خار و خاشاکش در این راه
ز بادافراه ایزد رسته گردد
به اقبال ابد پیوسته گردد

بر او نام نکوخواهی بماند — همان در نسل او شاهی بماند
به شیرین گفت خسرو راست گویی — بدین حجّت اثر پیداست گویی
ولی زآنجا که یزدان آفریده‌ست — نیاکان مرا ملّت پدید است
ره و رسم نیاکان چون گذارم؟ — ز شاهان گذشته شرم دارم
دلم خواهد، ولی بختم نسازد — نوآیین آن که بخت او را نوازد
در آن دوران که دولت رام او بود — ز مشرق تا به مغرب نام او بود
رسول ما به حجّت‌های قاهر — نبوّت در جهان می‌کرد ظاهر
گهی می‌کرد مه را خرقه‌سازی — گهی مه کرد با مه خرقه‌بازی
گهی با سنگ خارا راز می‌گفت — گهی سنگش حکایت بازمی‌گفت
شکوهش کوه را بنیاد می‌کند — بروت خاک را چون باد می‌کند
عطایش گنج را ناچیز می‌کرد — نسیمش گنج‌بخشی نیز می‌کرد
خلایق را ز دعوت جام می‌داد — به هر کشور صلای عام می‌داد
بفرمود از عطا عطری سرشتن — به نام هرکسی حِرزی نوشتن
حبش را تازه کرد از خط جمالی — عجم را برکشید از نقطه خالی
چو از نقش نجاشی بازپرداخت — به مُهر نامِ خسرو، نامه‌ای ساخت

نامه نبشتن پیغمبر به خسرو

خداوندی که خلّاق‌الوجود است — وجودش تا ابد فیّاض جود است
قدیمی کاوّلش مطلع ندارد — حکیمی کآخرش مقطع ندارد
تصرّف با صفاتش لب بدوزد — خرد گر دم زند حالی بسوزد

اگر هر زاهدی کاندر جهان است		به دوزخ درکشد، حکمش روان است
وگر هر عاصی‌ای کاو هست غمناک		فرستد در بهشت از کیستَش باک؟
خداوندیش را علّت سبب نیست		ده و گیر از خداوندان عجب نیست
به یک پشه کُشد پیل‌افسری را		به موری بر دهد پیغمبری را
ز سیمرغی برد قَلّاب‌کاری		دهد پروانه‌ای را قلب‌داری
سپاس او را کن اَر صاحب‌سپاسی		شناسایی بس آن کاو را شناسی
ز هر یادی که بی‌او، لب بگردان		ز هرچ آن نیست او، مذهب بگردان
به هر دعوی که بنمایی اله اوست		به هر معنی که خواهی پادشاه اوست
ز قدرت درگذر، قدرت قضا راست		تو فرمان‌رانی و فرمان خدا راست
خدایی ناید از مشتی پرستار		خدایی را خدا آمد سزاوار
تو ای عاجز که خسرو نام داری		وگر کیخسروی، صد جام داری
چو مخلوقی، نه آخر مُرد خواهی؟		ز دست مرگ، جان چون برد خواهی؟
که می‌داند که مشتی خاک محبوس		چه در سر دارد از نیرنگ و ناموس؟
اگر بی‌مرگ بودی پادشایی		بسا دعوی که رفتی در خدایی
مبین در خود که خودبین را بصر نیست		خدابین شو که خود دیدن هنر نیست
ز خود بگذر که در قانون مقدار		حساب آفرینش هست بسیار
زمین از آفرینش هست گردی		وز او این رُبع مسکون آبخوردی
عراق از ربع مسکون است بهری		وزآن بهره، مداین هست شهری
در آن شهر آدمی باشد به هر باب		تویی زآن آدمی، یک شخص در خواب
قیاسی بازگیر از راه بینش		حد و مقدار خود از آفرینش

ببین تا پیش تعظیم الهی / چه دارد آفرینش؟ جز تباهی
به ترکیبی کز این‌سان پایمال است / خداوندی طلب کردن محال است
گواهی ده که عالم را خدایی‌ست / نه بر جای و نه حاجتمند جایی‌ست
خدایی کآدمی را سروری داد / مرا بر آدمی پیغمبری داد
ز طبع، آتش پرستیدن جدا کن / بهشت شرع بین، دوزخ رها کن
چو طاووسان تماشا کن درین باغ / چو پروانه رها کن آتشین داغ
مجوسی را مَجَس پردود باشد / کسی کآتش کند، نمرود باشد
در آتش مانده‌ای، وین هست ناخَوش / مسلمان شو، مسلّم گرد از آتش
چو نامه ختم شد، صاحب‌نَوَردش / به عنوان محمّد ختم کردش
به دست قاصدی جَلد و سبک‌خیز / فرستاد آن وَثیقت سوی پرویز
چو قاصد عرضه کرد آن نامهٔ نو / بجوشید از سیاست خون خسرو
به هر حرفی کز آن منشور برخواند / چو افیون‌خوردهٔ مخمور درماند
ز تیزی گشت هر مویش سنانی / ز گرمی هر رگش آتش‌فشانی
چو عنوانگاه عالم‌تاب را دید / تو گفتی سگ‌گزیده آب را دید
خطی دید از سواد هیبت‌انگیز / نوشته کز محمّد سوی پرویز
غرور پادشاهی بردش از راه / که گستاخی که یارَد با چو من شاه؟
که را زَهره که با این احترامم / نویسد نام خود بالای نامم؟
رخ از سرخی چو آتشگاه خود کرد / ز خشم، اندیشهٔ بد کرد و بد کرد
درید آن نامهٔ گردن‌شکن را / نه نامه، بلکه نام خویشتن را
فرستاده چو دید آن خشمناکی / به رجعت پای خود را کرد خاکی

از آن آتش که آن دود تهی داد — چراغ آگهان را آگهی داد
ز گرمی آن چراغ گردن‌افراز — دعا را داد چون پروانه پرواز
عجم را زآن دعا کسری برافتاد — کلاه از تارک کسری درافتاد
ز معجزهای شرع مصطفایی — بر او آشفته گشت آن پادشایی
سریرش را سپهر از زیر برداشت — پسر در کشتنش شمشیر برداشت
برآمد ناگه از گردون، طَراقی — ز ایوانش فروافتاد طاقی
پلی بر دجله ز آهن بود بسته — درآمد سیل و آن پل شد گسسته
پدید آمد سَمومی آتش‌انگیز — نه گلگون ماند بر آخور، نه شبدیز
تبه شد لشکرش در حرب ذی‌قار — عقابش را کبوتر زد به منقار
درآمد مردی از در، چوب در دست — به خشم آن چوب را بگرفت و بشکست
بدو گفتا من آن پولاددستم — که دینت را بدین خواری شکستم
در آن دولت ز معجزهای مختار — بسی عبرت چنین آمد پدیدار
تو آن سنگین‌دلان را بین که دیدند — به تأیید الهی نگرویدند
اگرچه شمعِ دین دودی ندارد — چو چشم اَعمی بوَد، سودی ندارد
هدایت چون بدین‌سان راند آیَت — بدان ماندند محروم از عنایت
زهی پیغمبری کز بیم و امّید — قلم رانَد بر افریدون و جمشید
زهی گردن‌کشی کز بیم تاجش — کشد هر گردنی طوق خراجش
زهی ترکی که میر هفت خیل است — ز ماهی تا به ماه او را طفیل است
زهی بدری که او در خاک خفته‌ست — زمین تا آسمان نورش گرفته‌ست
زهی سلطان‌سواری کآفرینِش — ز خاک او کشد طُغرای بینش

زهی سرخیل سرهنگان اسرار | سخن را تا قیامت نوبتی‌دار
سحرگه پنج نوبت کوفت در خاک | شبانگه چار بالش زد بر افلاک

معراج پیغمبر

شبی رخ تافته زین دیر فانی | به خلوت، در سرای اُمّ هانی
رسیده جبرئیل از بیت معمور | بُراقی برق‌سیر آورده از نور
نگارین‌پیکری چون صورت باغ | سرش بکر از لگام و رانش از داغ
نه ابر، از ابر نیسان دُرفِشان‌تر | نه باد، از بادِ بستان خوش‌عنان‌تر
چو دریایی ز گوهر کرده زینش | نگشته وهم کس زورَق‌نشینش
قوی‌پشت و گران‌نعل و سبک‌خیز | به دیدن تیزبین و در شدن تیز
وُشاق تنگ‌چشم هفت خرگاه | بُد آن خَتلی، شده پیش شهنشاه
چو مرغی از مدینه برپریده | به اقصی‌الغایت اقصی رسیده
نموده انبیا را قبلهٔ خویش | به تفضیل امانت رفته در پیش
چو کرده پیشوایی انبیا را | گرفته پیش راه کبریا را
برون رفته چو وهم تیزهوشان | ز خرگاه کبود سبزپوشان
از این گردابه چون باد بهشتی | به ساحلگاه قطب آورده کشتی
فلک را قلب در عقرب دریده | اسد را دست بر جبهت کشیده
مَجَرّه کَه‌کِشان پیش براقش | درخت خوشه جُوجُو ز اشتیاقش
کمان را استخوان بر گنج کرده | ترازو را سعادت‌سنج کرده
رَحِم بر مادرانِ دهر بسته | ز حیض دختران نعش رسته

ز رفعت تاج داده مشتری را ربوده ز آفتاب انگشتری را
به دفع نُزلیان آسمان‌گیر ز جعبه داده جوزا را یکی تیر
چو یوسف شربتی در دَلو خَورده چو یونس وقفه‌ای در حوت کرده
ثریّا در رکابش مانده مدهوش به سرهنگی حمایل بسته بر دوش
به زیرش نسر طایر پر فشانده وز او چون نسر واقع بازمانده
ز رنگ‌آمیزی ریحانِ آن باغ نهاده چشم خود را مُهر مازاغ
چو بیرون رفت از آن میدان خضرا رکاب افشاند از صحرا به صحرا
بدان پرّندگی طاووس اخضر فکند از سرعتش هم بال و هم پر
چو جبریل از رکابش باز پس گشت عنان برزد ز میکاییل بگذشت
سرافیل آمد و بر پر نشاندش به هُودَج‌خانهٔ رَفرَف رساندش
ز رفرف بر رف طوبی علم زد وز آنجا بر سر سدره قدم زد
جریده بر جریده نقش می‌خواند بیابان در بیابان رخش می‌راند
چو بنوشت آسمان را فرش بر فرش به استقبالش آمد تارک عرش
فرس بیرون جهاند از کلّ کَونَین علم زد بر سریر قاب قوسین
قِدَم برقع ز روی خویش برداشت حجاب کاینات از پیش برداشت
جهت را جعد بر جبهت شکستند مکان را نیز برقع بازبستند
محمّد در مکان بی‌مکانی پدید آمد نشان بی‌نشانی
کلام سرمدی بی‌نَقل بشنید خداوند جهان را بی‌جهت دید
به هر عضوی تنش رقصی درآورد ز هر مویی دلش چشمی برآورد
وزآن دیدن که حیرت حاصلش بود دلش در چشم و چشمش در دلش بود

خطاب آمد که ای مقصود درگاه
هر آن حاجت که مقصود است درخواه

سرای فضل بود از بخل خالی
برات گنج رحمت خواست حالی

گنهکاران امّت را دعا کرد
خدایش جمله حاجت‌ها روا کرد

چو پوشید از کرامت خلعت خاص
بیامد بازپس با گنج اخلاص

گلی شد، سرو قدری بود کآمد
هلالی رفت و بدری بود کآمد

خلایق را برات شادی آورد
ز دوزخ نامهٔ آزادی آورد

ز ما بر جانِ چون او نازنینی
پیاپی باد هردم آفرینی

اندرز و ختم کتاب

نظامی هان و هان! تا زنده باشی
چنان خواهم چنان کَافکنده باشی

نبینی دُر که دریاپرور آمد
از افتادن چگونه بر سر آمد؟

چو دانه گر بیفتی بر سر آیی
چو خوشه سر مکش کز پا درآیی

مدارا کن که خوی چرخ تند است
به همّت رو که پای عمر کُند است

هوا مسموم شد با گرد می‌ساز
دوا معدوم شد با درد می‌ساز

طبیب روزگار افسون‌فروش است
چو زرّاقان از آن دَه‌رنگ‌پوش است

گهی نیشی زند کاین نوش اعضاست
گه آرَد ترشی‌ای کاین دفع صفراست

علاج‌الرّأس او انجیدن گوش
دم‌الإخوَین او خون سیاووش

بدین مرهم جراحت بست نتوان
بدین دارو ز علّت رست نتوان

چو طفل انگشت خود می‌مَز در این مهد
ز خون خویش کن هم شیر و هم شهد

بگیر آیین خرسندی ز انجیر
که هم طفل است و هم پستان و هم شیر

بر این رقعه که شطرنج زیان است / کمینه بازی‌اش بین‌الرّخان است
دریغ آن شد که در نقش خطرناک / مقابل می‌شود رخ با رخ خاک
در این خیمه چه گردی بند بر پای؟ / گلو را زین طنابی چند بگشای
برون کش پای از این پاچیلهٔ تنگ / که کفش تنگ، دارد پای را لنگ
قدم درنه که چون رفتی، رسیدی / همان پندار کاین ده را ندیدی
اگر عیشی‌ست، صد تیمار با اوست / وگر برگ گلی، صدخار با اوست
به تلخیّ و به ترشی شد جوانی / به صفرا و به سودا زندگانی
به وقت زندگی رنجورحالیم / که با گرگان وحشی در جوالیم
به وقت مرگ با صد داغ حِرمان / ز گرگان رفت باید سوی کرمان
ز گرگان تا به کرمان راه کم نیست / ز ما تا مرگ، مویی نیز هم نیست
سری داریم و آن سر هم شکسته / به حسرت بر سر زانو نشسته
سری کاو هیبت جلّاد بیند / صواب آن شد که بر زانو نشیند
ولایت بین که ما را کوچگاه است / ولایت نیست این زندان و چاه است
ز گرمایی چو آتش تاب گیریم / جگر در تَرّی برفاب گیریم
چو مویی برف ریزد پر بریزیم / همه در موی دام و دد گریزیم
بدین پا تا کجا شاید رسیدن؟ / بدین پر تا کجا شاید پریدن؟
ستمکاری کنیم آنگه به هر کار / زهی مشتی ضعیفان ستمکار
کسی کاو بر پر موری ستم کرد / هم از ماری قفای آن ستم خورد
به چشم خویش دیدم در گذرگاه / که زد بر جان موری، مرغکی راه
هنوز از صید، منقارش نپرداخت / که مرغی دیگر آمد، کار او ساخت

چو بد کردی مباش ایمن ز آفات	که واجب شد طبیعت را مکافات
سپهر آیینهٔ عدل است و شاید	که هرچ آن از تو بیند وانماید
منادی شد جهان را هرکه بد کرد	نه با جان کسی، با جان خود کرد
مگر نشنیدی از فرّاش این راه	که هر کاو چاه کند، افتاد در چاه
سرای آفرینش سرسری نیست	زمین و آسمان بی‌داوری نیست
هر آن سنگی که دریایی و کانی‌ست	در او دُرّیّ و یاقوتی نهانی‌ست
چو عیسی هرکه دارد توتیایی	ز هر بیخی کند داروگیایی
چو ما را چشم عبرت‌بین تباه است	کجا دانیم کاین گل یا گیاه است؟
گرفتم خود که عطّار وجودی	تو نیز آخر بسوزی گرچه عودی
وگر خود علم جالینوس دانی	چو مرگ آمد به جالینوس مانی
چو عاجزوار باید عاقبت مُرد	چه افلاطون یونانی، چه آن کُرد
همان بِه کاین نصیحت یاد گیریم	که پیش از مرگ یک نوبت بمیریم
ز محنت رست هر کاو چشم دربست	بدین تدبیر طوطی از قفس رست
اگر با این کهن‌گرگ خشن‌پوست	به صد سوگند چون یوسف شوی دوست
لَبادەت را چنان بر گاو بندد	که چشمی گرید و چشمیت خندد
چه پنداری کز این‌سان هفت‌خوانی	بوَد موقوفِ خونی وُ استخوانی؟
بدین قاروره تا چند آب ریزی؟	بدین غربال تا کی خاک بیزی؟
نخواهد ماند آخر جاودانه	در این نُه مطبخ، این یک چارخانه
چو وقت آید که وقت آید به آخر	نهانی‌ها کنند از پرده ظاهر
نبینی گرد از این دوران که بینی	جز آن قالب که در قلبش نشینی

از اینجا توشه بر کآنجا علف نیست
دُر اینجا جو که آنجا جز صدف نیست

در این مشکین صدف‌های نهانی
بسا دُرها که بینی ارمغانی

نوآیین پرده‌ای بینی دلاویز
نوای او نوازش‌های نوخیز

کهن‌کاران سخن پاکیزه گفتند
سخن بگذار، مروارید سفتند

سخن‌های کهن‌زالی مُطَرّاست
وگر زال زر است، انگار عنقاست

درنگ روزگار و گونهٔ گرد
کند رخسار مروارید را زرد

نگویم زرّ پیشین نو نیرزد
چو دقیانوس گفتی جو نیرزد

گذشت از پانصد و هفتاد، شش سال
نزد بر خطّ خوبان کس چنین خال

چو دانستم که دارد هر دیاری
ز مهر من عروسی در کناری

طلسم خویش را از هم گسستم
به هر بیتی نشانی بازبَستم

بدان تا هرکه دارد دیدنم دوست
ببیند مغز جانم را در این پوست

اگر من جان محجوبم، تن این است
وگر یوسف شدم، پیراهن این است

عروسی را که فرش گل نپوشد
اگر پوشد ز چشم، از دل نپوشد

همه پوشیده‌ای با ماست ظاهر
چو گفتی خضر، خضر آنجاست حاضر

نظامی نیز کاین منظومه خوانی
حضورش در سخن یابی عیانی

نهان کی باشد از تو جلوه‌سازی
که در هر بیت گوید با تو رازی

پس از صد سال اگر گویی کجا او؟
ز هر بیتی ندا خیزد که ها، او

چو کرم قَز شدم از کردهٔ خویش
بَریشم بخشم اَر برگی کنم ریش

حرامم باد اگر آبی خورم خام
حلالی برنیارم پخته از کام

نخسبم شب که گنجی برنسنجم
دری بی‌قفل دارد کانِ کنجم

زمین اصلی‌ام در بردن رنج / که از یک جو پدید آرَم بسی گنج
ز دانه گر خورم مشتی به آغاز / دَهَم وقت درودن خرمنی باز
بر آن خاکی هزاران آفرین بیش / که مشتی جو خورَد گنجی کند پیش

نکوهش حسودان

کسی کاو بر نظامی می‌برد رشک / نفس بی‌آه بیند، دیده بی‌اشک
بیا گو شب ببین کان کندنم را / نه کان کندن، ببین جان کندنم را
به هر دُر کز دهن خواهم برآورد / زنم پهلو به پهلو چند ناورد
به صد گرمی بسوزانم دماغی / به دست آرم به شبها شب‌چراغی
فرستم تا ترازودارِ شاهان / جوی چندم فرستد عذرخواهان
خدایا حرف‌گیران در کمین‌اند / حصاری دِه که حرفم را نبینند
سخن بی‌حرفِ نیک و بد نباشد / همه‌کس نیک خواهد، خود نباشد
ولی آن کز معانی با نصیب است / بداند کاین سخن طرزی غریب است
اگر شیری، غریبان را میفکن / غریبان را سگان باشند دشمن
بسا منکر که آمد تیغ در مشت / مرا زد تیغ و شمع خویش را کشت
بسا گویا که با من گشت خاموش / درازیش از زبان آمد سوی گوش
چو عیسی بر دو زانو پیش بنشست / خری با چارپا آمد فرا دست
چه باک از طعنهٔ خاکیّ و آبی / چو دارم دِرع زرّین آفتابی
گر از من کوکبی شمعی برافروخت / کس از من آفتابی درنیاموخت
که گر در راه خود یک ذرّه دیدم / به صد دستش علَم بالا کشیدم

خسرو و شیرین

وگر سنگی، دهن در کاس من زد ... دُری شد چون که در الماس من زد
تحمّل بین که بینم هندوی خویش ... چو ترکانش جنیبت می‌کشم پیش
گه آن بی‌پرده را موزون کنم ساز ... گه این گنجشک را گویم زهی باز
ز هر زاغی به‌جز چشمی نجویم ... به هر زیفی جز احسنتی نگویم
به گوشی، جام تلخی‌ها کنم نوش ... به دیگر گوش، دارم حلقه در گوش
نگه دارم به چندین اوستادی ... چراغی را در این طوفان بادی
ز هر کشور که برخیزد چراغی ... دهندش روغنی از هر ایاغی
ور اینجا عنبرین شمعی دهد نور ... ز باد سردش افشانند کافور
به شکّر زهر می‌باید چشیدن ... پسِ هر نکته دشنامی شنیدن
من از دامن چو دریا ریخته دُر ... گریبانم ز سنگ طعنه‌ها پر
کلوخ انداخته چون خشت در آب ... کلوخ‌اندازی‌ای ناکرده دُریاب
دهان خلق، شیرین از زبانم ... چو زهر قاتل از تلخی، دهانم
چو گاوی در خَراس افکنده پویان ... همه ره دانه‌ریز و دانه‌جویان
چو برقی کاو نماید خندهٔ خَوش ... غریق آب و می‌سوزد در آتش
نه گنجی؟ ای دل از ماران چه نالی؟ ... که از ماران نباشد گنج خالی
چو طاووس بهشت آید پدیدار ... به جای حلقه دربانی کند مار
بدین طاووس، ماران مهره باشند ... که طاووسان و ماران خواجه‌تاشند
نگاری اِکدش است این نقش دمساز ... پدر هندو و مادر ترک طنّاز
مسی پوشیده زیر کیمیایی ... غلط گفتم که گنجی و اژدهایی
دُری در ژرف دریایی نهاده ... چراغی بر چلیپایی نهاده

تو دُر بردار و دریا را رها کن / چراغ از قبلهٔ ترسا جدا کن

مبین کآتشگهی را رهنمون است / عبارت بین که طلق‌اندود خون است

عروسی بکر بین با تخت و با تاج / سر و بن بسته در توحید و معراج

طلب کردن طغرل‌شاه حکیم نظامی را

چو داد اندیشهٔ جادو دماغم / ز چشم‌افسای این لعبت فراغم

ز هر عقلی مبارک بادم آمد / «طریقُ العقلِ واحد» یادم آمد

شکایت‌گونه‌ای می‌کردم از بخت / که در بازو کمانی داشتم سخت

بسی تیر از کمان افکنده بودم / نشد بر هیچ کاغذ کآزمودم

شکایت چون برانگیزد خروشی / نماند بی‌بها گوهرفروشی

چنین مهدی که ماهش در نقاب است / ز مه بگذر سخن در آفتاب است

خریدندش به چندان دل‌پسندی / رساندندش به چرخ از سربلندی

پذیرفتند چندان ملک و مالم / که باورکردنش آمد محالم

بسی چینی نورد نابریده / به‌جز مشک از هوا گردی ندیده

همان خَتلی خرام خسروانی / سرافسار زر و طوق کیانی

به تشریفم حدیث از گنج می‌رفت / غلام از دَه، کنیز از پنج می‌رفت

پذیرش‌ها نگر در کار چون ماند / ستورم چون سقط شد، بار چون ماند

پذیرنده چگونه رخت برداشت / زمینِ کِشته را نَدروده بگذاشت

بدین افسوس می‌خوردم دریغی / زدم بر خویشتن چون شمع تیغی

که ناگه پیکی آمد نامه در دست / به تعجیلم درودی داد و بنشست

که سی روزه سفر کن کاینک از راه / به سی فرسنگی آمد موکب شاه
تو را خواهد که بیند روزکی چند / کلید خویش را مگذار در بند
مثالم داد کاین توقیع شاه است / هَمَت شِحنه، هَمَت تعویذ راه است
مثال شاه را بر سر نهادم / سه جا بوسیدم و سر برگشادم
فروخواندم مر آن فرمان به فرهنگ / کلیدم ز آهن آمد، آهن از سنگ
به عزم خدمت شه جَستم از جای / درآوردم به پشت بارگی پای
برون راندم سوی صحرا شتابان / گرفته رقص در کوه و بیابان
ز گوران تک ربودم در دویدن / گرو بردم ز مرغان در پریدن
ز رقص ره نمی‌شد طبع سیرم / ز من رقّاص‌تر، مرکب به زیرم
همه ره سجده می‌بردم قلم‌وار / به تارک راه می‌رفتم چو پرگار
به هر منزل کز آن ره می‌بریدم / دعای دولت شه می‌شنیدم
به هر چشمه که آبی تازه خَوردم / به شکر شه دعایی تازه کردم
نسیم دولت از هر کوه و رودی / ز لطف شاه می‌دادم درودی
ز مشکین بوی آن حضرت به هر گام / زمین در زیر من چون عنبر خام
چو بر خود رنج ره کوتاه کردم / زمین‌بوس بساط شاه کردم
درون شد قاصد و شه را خبر کرد / که چشمه بر لب دریا گذر کرد
برون آمد ز درگه حاجب خاص / ز دریا داد گوهرها به غوّاص
مرا در بزمگاه شاه بردند / عطارد را به برج ماه بردند
نشسته شاه چون تابنده خورشید / به تاج کیقباد و تخت جمشید
زمین‌بوسش فلک را تشنه کرده / مه از سرهنگ پاسش دشنه خورده

خسرو و شیرین

شکوه تاجش از فرّ جهان‌گیر / فکنده قیروان را جامه در قیر
طرفداران ز سَقسین تا سمرقند / به نوبتگاه درگاهش کمربند
درش بر حمل کشورها گشاده / همه در حمل بر حمل ایستاده
به دریا ماند موج نیل‌رنگش / که در دل بود هم دُر، هم نهنگش
سر تاج قزل‌شاه از سر تخت / نهاده تاج دولت بر سر بخت
بهشتی بزمش از بزم بهشتی / ز حوضکهای می پر کرده کشتی
کف رادش به هرکس داده بهری / گهی شهریّ و گاهی حمل شهری
ز تیغ تنگ‌چشمان حصاری / قدرخان را در آن در تنگباری
خروش ارغنون و نالهٔ چنگ / رسانیده به چرخ زهره آهنگ
بریشم‌زن نواها برکشیده / بریشم‌پوش پیراهن‌دریده
نواها مختلف در پرده‌سازی / نوازش متفق در جان‌نوازی
غزل‌های نظامی را غزالان / زده بر زخمه‌های چنگ نالان
گرفته ساقیان می بر کف دست / شهنشه خورده می، بدخواه شه مست
چو دادندش خبر کآمد نظامی / فزودش شادی‌ای بر شادکامی
شکوه زهد من بر من نگه داشت / نه زآن پشمی که زاهد در کُلَه داشت
بفرمود از میان مِی برگرفتن / مدارای مرا پی برگرفتن
به خدمت ساقیان را داشت در بند / به سجده مطربان را کرد خرسند
اشارت کرد کاین یک روز تا شام / نظامی را شَویم از رود و از جام
نوای نظم او خوشتر ز رود است / سراسر قول‌های او سرود است
چو خضر آمد ز باده سر بتابیم / که آب زندگی با خضر یابیم

پس آنگه حاجب خاص آمد و گفت درآی ای طاقِ با هر دانشی جفت

درون رفتم تنی لرزنده چون بید چو ذرّه کاو گراید سوی خورشید

سر خود همچنان بر گردن خویش سرافکنده فکنده هر دو در پیش

بدان تا بوسم او را چون زمین پای چو دیدم آسمان برخاست از جای

گرفتم در کنار از دل‌نوازی به موری چون سلیمان کرد بازی

من از تمکین او جوشی گرفتم دو عالم را در آغوشی گرفتم

چو بر پای ایستادم گفت بنشین به سوگندم نشاند، این منزلت بین

قیام خدمتش را نقش بستم چو گفت اقبال او بنشین، نشستم

سخن گفتم چو دولت وقت می‌دید سخن‌هایی که دولت می‌پسندید

از آن بذله که رضوانش پسندد زبانی گر به گوش آرد بخندد

نصیحت‌ها که شاهان را بشاید وصیّت‌ها کز او درها گشاید

بسی پالوده‌های زعفرانی به شکّرخندشان دادم نهانی

گهی چون ابرشان گریه گشادم گهی چو گل نشاط خنده دادم

چنان گفتم که شاه احسنت می‌گفت خرد بیدار می‌شد، جهل می‌خفت

سماعم ساقیان را کرده مدهوش مغنّی را شده دستان فراموش

درآمد راوی و برخواند چون دُر ثنایی کآن بساط از گنج شد پر

حدیثم را چو خسرو گوش می‌کرد ز شیرینی دهن پُرنوش می‌کرد

حکایت چون به شیرینی درآمد حدیث خسرو و شیرین برآمد

شهنشه دست بر دوشم نهاده ز تحسین حلقه در گوشم نهاده

شکرریزان همی‌کرد از عنایت حدیث خسرو و شیرین حکایت

که گوهربند بنیادی نهادی		در آن صنعت سخن را داد دادی
گزارش‌های بی‌اندازه کردی		بدان تاریخِ ما را تازه کردی
نه گل دارد بدین تری هوایی		نه بلبل زین نوآیین‌تر نوایی
گشاده خواندن او بیت بر بیت		رگ مفلوج را چون روغن زیت
ز طلق‌اندودگی کآمد حریرش		هم آتش دایه شد، هم زمهریرش
چه حلوا کرده‌ای در جوش این جِیش		که هر کاو می‌خورَد، می‌گوید العِیش؟
در آن پالودهٔ پالوده چون شیر		ز شیرینی نکردی هیچ تقصیر
عروسی را بدان شیرین‌سواری		که بودش برقع شیرین عماری
چو بر دندان ما کردی حلالش		چه دندان‌مزد شد با زلف و خالش؟
تو را هم بر من و هم بر برادر		معاشی فرض شد چون شیر مادر
برادر کاو شهنشاه جهان بود		جهان را هم ملک، هم پهلوان بود
بدان نامه که بردی سال‌ها رنج		چه دادت دستمزد از گوهر و گنج؟
شنیدم قرعه‌ای زد بر خلاصت		دو پاره دِه نوشت از ملک خاصت
چه گویی؟ آن دِهَت دادند یا نه؟		مثال دِه فرستادند یا نه؟
چو دانستم که خواهد فیض دریا		که گردد کار بازرگان مهیّا
همان خاک خراب آباد گردد		به‌بندافتاده‌ای آزاد گردد
دعای تازه‌ای خواندم چو بختش		به گوهر برگرفتم پای تختش
چو برخواندم دعای دولت شاه		ز بازی‌های چرخَش کردم آگاه
که من یاقوت این تاج مکلّل		نه از بهر بها بربستم اوّل
دَری دیدم به کیوان برکشیده		به بی‌مثلی جهان مثلش ندیده

بر او نقشی نوشتم تا بماند / دهد بر من درودی آن که خواند
مرا مقصود از این شیرین فسانه / دعای خسروان آمد بهانه
چو شکر خسرو آمد بر زبانم / فسون شکّر و شیرین چه خوانم؟
بلی شاه سعید از خاص خویشم / پذیرفت آنچه فرمودی ز پیشم
چو بحر عمر او کشتی روان کرد / مرا نه، جمله عالم را زیان کرد
ولی چون هست شاهی چون تو بر جای / همان شهزادگان کشورآرای
از آن پذرفته‌های رغبت‌انگیز / دگرباره شود بازار من تیز
پذیرفت آن دعا و حمد را شاه / به اخلاصی که بود از دل بدو راه
چو خو با حمد و با اخلاص من کرد / دِه حمدونیان را خاص من کرد
به مملوکی خطی دادم مسلسل / به توقیع قزل‌شاهی مسجّل
که شد بخشیده این دِه بر تمامی / ز ما بر زادبرزادِ نظامی
به ملک طلق دادم بی‌غرامت / به طلقی ملک او شد تا قیامت
کسی کاین راستی را نیست باور / منش خصم و خدایش باد داور
اگر طعنی زند بر وی خسیسی / به‌جز وحشت مباد او را انیسی
به لعنت باد تا باشد زمانه / تبارش تیر لعنت را نشانه
چو کارافتاده‌ای را کار شد راست / درِ گنجینه بگشاد و برآراست
درونم را به تأیید الهی / برونم را به خلعت‌های شاهی
چو از تشریف خود منشوری‌ام داد / به طاعتگاه خود دستوری‌ام داد
شدم نزدیک شه با بخت مسعود / وز او بازآمدم با تخت محمود
چنان رفتم که سوی کعبه حجّاج / چنان بازآمدم کَاحمد ز معراج

شنیدم حاسدی ز آن‌ها که دانی — که دزد کیسه‌بُر باشد نهانی
به یوسف‌صورتی، گرگی همی‌زاد — به لوزینه درون الماس می‌داد
که ای گیتی نگشته حق‌شناسَت — ز بهر چیست چندینی سپاسَت؟
عروسی کآسمان بوسید پایش — دِهی ویرانه باشد رونمایش؟
دِهی وآنگه چه دِه؟ چون کوره‌ای تنگ — که باشد طول و عرضش نیم‌فرسنگ
ندارد دخل و خرجش کیسه‌پرداز — سوادش نیم‌کار ملک اَبخاز
چنین دادم جواب حاسد خویش — که نعمت‌خواره را کفران میندیش
چرا می‌باید ای سالوک نَقّاب — در آن ویرانه افتادن چو مهتاب؟
به حمد من نگر، حمدونیان چیست؟ — که یک حمد این‌چنین بِه کان‌چنان بیست
اگر بینی در آن ده کار و کِشتی — مرا در هر سخن بینی بهشتی
گر او دارد ز دانه خوشهٔ پُر — من آرَم خوشه‌خوشه دانهٔ دُر
گر او را ز ابرِ فیض آب فرات است — مرا در فیض لب، آب حیات است
گر او را بیشه‌ای با استواری‌ست — مرا صد بیشه از عود قماری‌ست
سپاس من نه از وجه منال است — بدان وجه است کاین وجهی حلال است
وگر دارد خرابی سوی او راه — خراب‌آباد کن بس دولت شاه
ز خرواری صدف، یک دانه دُر به — زلالِ اندک از طوفانِ پُر به
نه این دِه، شاه عالم، رایِ آن داشت — که دَه بخشد، چو خدمت جای آن داشت
ولی چون ملک خرسندیم را دید — ولایت درخور خواهنده بخشید
چو من خرسندم و بخشنده خشنود — تو نقد بوالفضولی خرج کن زود